公正な裁判原則の研究

水 野 陽 一 著

成 文 堂

はしがき

本書は、広島大学大学院社会科学研究科に提出した博士論文「刑事手続における公正な裁判原則に関する研究」を必要な範囲で加筆、修正したものである。

国際化・グローバル化という現象は、様々な分野における我々の社会生活に大きな影響を与えている。これは、刑事司法の領域においても例外ではなく、国際社会からの批判に耐えうる刑事手続全般の運用が求められている。本書が検討の対象とする「公正な裁判原則」は、ヨーロッパ域内において刑事司法の中心的基準であるとされており、国家という枠組みを超えて、公正な裁判とは何かという問いに対する答えの一つを示すものである。

本書の刊行に際して、多くの方から有形、無形のご助力を賜った。この場を借りて心からのお礼を申し上げたい。

山本光英先生は、最初に刑事法研究の深淵を示してくれた方である。先生との出会いがなければ、私が刑事法研究の道へ入ることはなかった。

吉中信人先生からは、学部生時代から現在に至るまで、公私にわたりご指導頂いている。また、ドイツ留学中、ヨアヒム・フォーゲル先生からは、ヨーロッパ法に関する知見を授けて頂き、これは、本書のテーマである「公正な裁判原則」の研究に従事する契機となった。吉中先生、フォーゲル先生からは、既存の価値観に囚われることなく常に新しい視点を持ちつづけることの重要性を学んだ。特に吉中先生から頂いた「自分から自由にならなければならない」という言葉は、私の人生にとって大切な指針となっている。

私は、現在、北九州市立大学で研究、教育に従事している。本書の執筆に際して、ご助力、ご配慮いただいた、小野憲昭先生、二宮正人先生、中村英樹先生をはじめとする法律学科の先生ならびに法学部の先生方に深く感謝したい。特に、大澤津先生、濱本真輔先生、福重さと子先生、山口亮介先生をはじめとする同世代の優秀な研究者との議論から得た成果は大きい。また、石塚荘太郎先生、近藤卓也先生、堀澤明夫先生とは、学内以外でも北部九州若手公法研究会において交流させて頂いている。

更に、大学院時代を過ごした中国地区の他、関西地区の研究会に所属する先生方、ドイツ留学中に知己を得ることができた先生方とも有益な議論の機会を持たせて頂いた。瀬戸内刑事法研究会では、神例康博先生、松原英世先生、明照博章先生をはじめとする多くの先生方に励ましの言葉を頂いた。また、河村有教先生が主催される瀬戸内刑事判例研究会では、佐藤建先生をはじめとする多くの刑事法実務家の先生方との貴重な意見交換の機会を頂いた。日本刑法学会関西部会、大会において、本書のテーマである「公正な裁判原則」について個別報告の機会を頂いた際には、三島聡先生、水谷規男先生に司会をお引き受けいただき、貴重なご意見を賜った。大学院在学中には、河辺幸雄先生、荻野太司先生、塩盛俊明先生、山川秀道氏、神代貴志氏をはじめとする同門の先輩方、後輩達と席を並べて研究することができたことも貴重であった。更に、ドイツでの在外研究の際には、安達光治先生、玉蟲由樹先生をはじめとする日本人研究者との知己を得ることができたことに加え、マティアス・ヤーン先生、カステン・ゲーデ先生、フォーゲル門下のクリストフ・ブヒャルト、ドミニク・ブロドフスキーをはじめとする、多くのドイツ人研究者との貴重な交流の機会を得た。これら以外にも、大学、分野の垣根を越えて多くの先生方から多くの教えを頂いた。本来であれば、全ての方の名を記すべきであるが、それだけで紙幅がつきてしまいかねない。ここで、まとめて謝意を述べることで、ご海容頂きたい。

渡辺直行先生には、本書の出版を勧めて頂き、お口添えを頂いた。先生の勧めがなければ、本書が公刊されることはなかったであろう。また、阿部成一社長はじめ成文堂の皆様には、近年の厳しい出版事情にもかかわらず本書の出版を快くお引き受け頂いた。特に、編集部の篠崎雄彦氏には、様々な点でご配慮頂いた。心からお礼申し上げたい。

私事に渡るが、父親不在の中私を育ててくれた、祖父正夫、祖母タマ子、母朝子にも感謝したい。妹の美加を加えた、家族の存在なくして、今日まで研究はもちろん、生き抜くことはできなかった。そして、最後に、私を常に癒やし支えてくれる妻かおり、息子陽希に感謝したい。大学院時代の苦しい時を、妻からの励まし、献身的な支えなしに乗り越えることはできなかった。息子陽希を産み、私の人生に新たな喜びをもたらしてくれた妻に心から感謝しています。

本書の刊行に際して、北九州市立大学法学部法政叢書刊行会からの助成を受けた。感謝申し上げる。

2019年2月

隣室からする陽希の元気な声を聞きながら

水　野　陽　一

目　次

序　章　問題の所在と本研究の目的

わが国の憲法は、世界に類を見ないほど刑事手続上の人権保障に関する規定を設けており[1]、刑事手続全般の運用に際してこれが憲法上の要請を満たしたものであることが求められる。憲法的刑事手続について、戦後わが国の刑事訴訟法学においてその重要性が強調され、とりわけ合衆国におけるデュー・プロセス革命に影響を受けた適正手続論を通じて幅広く発展してきたことは周知の通りであるが、その国内法的根拠となる憲法31条以下の解釈が十分にされてきたかについては疑問が残る。また、わが国の刑事訴訟法学において、公正な裁判の実現についても適正手続の保障と並んでその重要性に異議を挟む者はいないものと考えられるが、公正な裁判の中身についても十分な検討がなされているとはいえず、その定義についても曖昧なままであるように思われる。「公正な裁判」の実現は、刑事手続の目的の一つであると考えることができるように思われるが、その内容については未だに具体化された共通解が存在しているとはいえない状況にあり、これが一種のマジックワード化している実情がある。

他方、ドイツ等ヨーロッパ諸国においても、刑事手続における公正な裁判実現の重要性がいわれる。ヨーロッパ評議会（Council of Europe）[2]によって採択されたヨーロッパ人権条約（European Convention on Human Rights）6条は、被疑者・被告人の公正な裁判を求める権利について定めており、ここでは、刑事手続において最低限認められなければならない被疑者・被告人の権利保障について言及され、公平な裁判所における公正な聴聞を通じた公正な裁判の実現が求められる。これは一般に公正な裁判原則（principle of fair trial）と呼ばれ、ヨーロッパ域内の刑事手続において中心的基準としての役割を果たすものであるとされており[3]、被疑者・被告人の側から見た公正な裁判実現のために必要となる最低限基準を定める。ヨーロッパ人権条約は、ヨーロッパ人権裁判所（European Court of Human Rights）によってその解釈、運用が行われるものであり、同裁判所における判決がヨーロッパ諸国に与える影響は計り知れない。周知の通り、ヨーロッパにおいては、第二次世界大戦後、相互経済協力を目的とした地域経済共同体が発展してきた。その結果、2004年マーストリヒト条約が発効、ヨーロッパ連合（European Union、以下 EU とする）の成立に至る[4]。EU 域内における「ヒト・モノ・カネ」の移動の自由化は、ヨーロッパに多大な経済的利益をもたらしたのではあるが、同時に犯罪の流動化、ヨーロッパ化という厄介な問題をももたらしたのである。その結果、EU 市民に対して、自国以外において刑事捜査・訴追される可能性が生じたのであり、その場合の防御活動を円滑に行うために、近年刑事手続の共通基準を構築しようとする動きがみられる。その際に注目されるのがヨーロッパ人権条約における人権保障基準なのであり、特に公正な裁判原則について定める６条に関する議論が重要となる[5]。既述の通り、ヨーロッパ人権条約６条は、ヨーロッパ域内の刑事手続においてその重要性が認識され、これまでも人権条約締約国においてこれを遵守するための努力がされてきた。実際に、ヨーロッパ人権裁判所における判決を受けてヨーロッパ各国における刑事司法制度改革が行われた例も多く、公正な裁判原則は名実ともにヨーロッパ域内の刑事手続における最重要基準の一つということになろう[6]。

わが国は、ヨーロッパ人権条約の締約国ではなく、そのオブザーバー国に過ぎないのではあるが[7]、わが国が批准する市民的及び政治的権利に関する国際規約（International Covenant on Civil and Political Rights）、いわゆる国際自由権規約14条においても、公正な裁判原則についてヨーロッパ人権条約６条におけるそれとほぼ同一の構成で規定される。それ故、わが国の刑事手続においても、ヨーロッパ人権条約に関する議論、人権裁判所の示す判断基準について、国際自由権規約14条を通じて参照できる可能性がある。公正な裁判原則の法的根拠について、先に挙げた国際法的根拠の他に国内憲法規範にもこれを求めることができるとする主張もある。公正な裁判原則は、第一に被疑者・被告人の刑事手続における主体的地位の尊重を求めるが、これはドイツにおいて人間の尊厳と重なる部分が多いものとされており、わが国の憲法13

条も個人の尊重について規定する。更に、ドイツにおける法治国家原則は、その実質的内容の一つとして公正な裁判の実現を挙げており、これはわが国における憲法31条以下の規定の具体的内容と重なる部分が多い。適正手続保障と公正な裁判原則との関係をどのように考えるのか、ということも問われるように思われるが、ドイツ等、ヨーロッパ域内において両概念の内容的類似性が指摘されており、適正手続の保障と公正な裁判の実現の条件について共通する部分が多いと考えられる。しかしながら、わが国における刑事手続に関する憲法解釈は、公正な裁判原則の示す具体的内容と比して不十分である。適正手続論及び公正な裁判原則は、ともに被疑者・被告人の主体的地位の尊重及びこれに見合った制度的保障を国家に対して求めるという性質を有する刑事手続上の原則として理解されるものであり、ドイツにおける公正な裁判原則に関する議論を参照してわが国における刑事手続に関する憲法規範及び刑事法規範の発展的解釈を行うことができるのではないかと考える。

以下では、まずヨーロッパ人権条約を中心としてその構築が模索される刑事手続におけるヨーロッパ共通基準について概観し、ヨーロッパ域内の刑事司法制度において、これがどのように発展し理解されてきたかについて見ていく[8]。その後に、ヨーロッパ共通基準の中核となるヨーロッパ人権条約6条の具体的内容について概観、検討し、わが国における適正手続及び公正な裁判の実質について、国際自由権規約14条に関する議論についても参照しながら考察を進める。また、国際人権条約上の原則である公正な裁判原則がいかなる根拠をもって国内刑事手続に妥当するか、国内憲法規範、刑事法規範を窓口として国内法解釈に援用可能なものであるかを検討する。以上の議論を踏まえた上で、わが国の現行法に基づく刑事手続に関する運用が公正な裁判の実現という観点から妥当なものであるのかを検証し、最後に「公正な裁判の実現」の為に必要となる条件を示す[9]。

注

1　鈴木茂嗣「憲法と刑事訴訟法との関係」松尾浩也編『刑事訴訟法の争点〔新版〕』ジュリスト増刊 4 頁（1979）。

2　ヨーロッパ評議会加盟国は、2018年11月1日現在、フランス、イタリア、イギリス、ベルギー、オランダ、スウェーデン、デンマーク、ノルウェー、アイルランド、ルクセンブルク（以上原加盟国）ギリシャ、トルコ（以上1949年）、アイスランド（1950年）、ドイツ（1951年）、オーストリア（1956年）、キプロス（1961年）、スイス（1963年）、マルタ（1965年）、ポルトガル（1976年）、スペイン（1977年）、リヒテンシュタイン（1978年）、サンマリノ（1988年）、フィンランド（1989年）、ハンガリー（1990年）、ポーランド（1991年）、ブルガリア（1992年）、エストニア、リトアニア、スロベニア、チェコ、スロバキア、ルーマニア（以上1993年）、アンドラ（1994年）、ラトビア、モルドバ、アルバニア、ウクライナ、マケドニア旧ユーゴスラビア共和国（以上1995年）、ロシア、クロアチア（以上1996年）、ジョージア（1999年）、アルメニア、アゼルバイジャン（以上2001年）、ボスニア・ヘルツェゴビナ（2002年）、セルビア（2003年）、モナコ（2004年）、モンテネグロ（2007年）の47ヶ国である。( )内はヨーロッパ評議会加盟年を示す。

3　*Satzger*, Internationales und Europäisches Strafrecht, 4. Aufl. 2010, §11 R58.

4　2018年11月1日現在、EU加盟国は、ベルギー、ブルガリア、チェコ、デンマーク、ドイツ、エストニア、アイルランド、ギリシャ、スペイン、フランス、クロアチア、イタリア、キプロス、ラトビア、リトアニア、ルクセンブルク、ハンガリー、マルタ、オランダ、オーストリア、ポーランド、ポルトガル、ルーマニア、スロベニア、スロバキア、フィンランド、スウェーデン、イギリスの28ヶ国である。しかしながら、2016年6月23日、イギリスにおける国民投票によって同国のEU離脱が決議された。これを受けてイギリスの将来的なEU離脱は決定的なものとなっている。

5　*Vogel/Matt*, StV 2007, 206ff.

6　ヨーロッパ人権条約及び人権裁判所が与えるヨーロッパ刑事司法への影響について、*Hecker*, Europäisches Strafrecht, 3.Aufl. 2010, §3 Rn.18ff.

7　1996年1月、わが国は、米国、カナダに次いでヨーロッパ評議会のオブザーバー国となった。

8　なお、本書において単に「ヨーロッパ」という語を用いる場合、ヨーロッパ評議会加盟国とEU加盟国双方を対象とし、評議会、連合加盟国を区別する場合はこれを明記する。特にEU加盟国間において、活発な「ヒト・モノ・カネ」の移動の自由が認められるため、刑事手続における共通基準の必要性の度合いは高くなることが予想される。また、本書においてドイツにおける公正な裁判原則の議論を参照予定であるが、ドイツはヨーロッパ評議会、EU双方の加盟国である。

9　わが国において、«fair»の訳語として「公正」という語が用いられるのが一般的である。しかしながら、英語を母国語としない国々において、«fair»を無理に翻訳することはせず、«fair»は«fair»としてしか表現できないとされることがある。例えば、ドイツにおいて«principle of fair trial»は、«Der fair-trial Grundsatz»とされる。わが国においても同様の問題が生ずるように思われるが、本書においては前例にならい、さしあたり«fair»を「公正」という語を用いて翻訳することにする。

第１章　ヨーロッパ域内の刑事手続における共通基準

第１節　はじめに

ヨーロッパ市民に「自由で、安全で、公正な」領域を提供することを目的として[1]、実体刑法の領域においてハーモナイゼーションが進んでいる[2]。これは、各EU加盟国において、共通して処罰されなければならないとされる犯罪構成要件、それに対して科される刑罰等に関する最低規則を設けるという方法で実践されている（Art.83 AEUV）[3]。これに伴い、刑事手続の領域においても、基本原則の連合加盟国間での相互承認[4]が促進される。相互承認は、すべての連合加盟国において、刑事手続の共通基準が法的に効力を持ち、かつ実務において実践されている場合においてのみ存在する、相互信頼に基づくものでなければならない[5]。

これまでEU内の刑事法のハーモナイゼーションに関する提案は、伝統的にヨーロッパ委員会（Kommission）における、いわゆる緑書（Grünbuch）及び白書（Weißbuch）において公表されてきた。近年では、2003年２月19日公正な刑事手続の保障に関する緑書が提出され[6]、同年６月16日、上記テーマについての議論がブリュッセルにて行われた。当地での議論に基づき2004年４月28日、ヨーロッパ委員会は、刑事手続における特定の権利に関するヨーロッパ枠組決定を提出した。本ヨーロッパ枠組決定は、主に弁護人依頼権（Art.２-５）、通訳及び翻訳権（Art.６-８）、特別な保護を要する被疑者の権利（Art.10-11）、領事館による訴訟補助人に関する権利（Art.13）、被疑者が自らに認められた権利に関して通知される権利（Art.14）に関する規定からなる。また2005年には、刑事手続における二重処罰の禁止に関する緑書が提出されている。

2004年11月、EU における自由及び安全に関する権利を強化することを目的とした5カ年計画であるハーグプログラム[7]がヨーロッパ理事会（Europäischer Rat）において採択された。本プログラムの成果として、連合加盟国間における刑事事件の情報共有に関するヨーロッパ枠組決定[8]が採択され、EU 域内における刑事事件に関する情報共有システムが設置されるに至った。なおハーグプログラムは2009年をもって終了し、その後はこれに代わるストックホルムプログラム[9]に基づいて EU 域内における刑事司法協力の更なる発展が進められた。また、2009年のリスボン条約[10]発効によって、これまでヨーロッパ共同体についてのみ認められていた法人格が EU に対しても付与されることになった。刑事法の領域において特に重要となるのは、自由で安全かつ公正な領域の提供、司法的権利、司法及び警察レヴェルにおける協力、ハーモナイゼーションに関する権限等についての規定が拡充されたことであろう。これによって刑事法領域における統合は益々進むこととなり、ヨーロッパ、特に連合加盟国間における刑事手続の共通基準は、その重要性を増すことが予想される。

第2節　ヨーロッパ域内における刑事手続の共通基準

ヨーロッパ共通基準の具体的内容について論ずる前に、まず我々は、本章において問題とされる「刑事手続」（Strafverfahren）という語がどのようにして定義付けられるのか、またいかなる場合に問題とされる基準が、ヨーロッパ域内において「共通」（gemeinsam）であるといえるのかを論じなければならない[11]。

国際及びヨーロッパ刑法の領域における「刑事手続」という概念は、国内法レヴェルの法解釈によって国際・ヨーロッパ法レヴェルにおける共通基準の射程範囲が限定されることのないように、広く機能的に定義されなければならない。ヨーロッパ人権裁判所の判例によれば、刑事手続とは、「惹起された可罰的行為に向けられた嫌疑を明らかにし、それについて責任を負うべきであるとされた自然人及び法人に対して、いかなる種類の刑の宣告がなされ、かつ執行されるべきかについて決することを目的とした手続きをさすものである」とされる[12]。

また本章で扱う「ヨーロッパ域内における刑事手続の共通基準」とは、各国の刑事手続において、最低限遵守されなければならない基準及び原則をさす。ここにいう共通基準が、ヨーロッパ域内においてその効力を発揮するためには、当該基準が全てのヨーロッパ諸国において内容的に一致し、かつ法的拘束力を有しているということが前提となる。その為には、全ての法規範、即ち国際法、EU 法、ヨーロッパ各国における共通の制度的慣習及び国内憲法規範、一般法規範が考慮されなければならない[13]。

以上の理解を前提として、本章では国際法を根拠とする共通基準、ヨーロッパ人権条約を根拠とする共通基準、EU 法を根拠とする共通基準について概観し、上記諸規準が刑事法実務においてどの様な役割を果たしているかについて、とりわけドイツにおける状況を中心に考察を進めていく。

第3節　国際法を根拠とする共通基準

1　国際慣習法を根拠とする共通基準

ヨーロッパ域内で問題とされる刑事手続の共通基準のなかには、国際慣習法をその根拠とするものがある。とりわけ自力救済（Fehde）、私刑（Lynch-justiz）及び私的訴追の禁止（private Strafverfolgung）[14]がその代表的なものとして挙げられる。また法律によって設置された裁判所において裁判を受ける権利は常に保障されなければならず、正式な裁判を経ずにされる処罰の禁止、拷問[15]の禁止[16]、被疑者及び被告人の強制失踪（Verschwindenlassen von Beschul-digten）[17]の禁止、刑事手続における被疑者・被告人に対する非人道的取り扱いの禁止は、徹底して実践されなければならない。これらの共通基準は、国際法上の強行規定（ius cogens）[18]として理解されるものであり、基本的にヨーロッパ各国の留保によって効力を制限することは許されない。ここで問題とされた基準について、基本的には国内法制化されることが望ましいが、そうでない場合においてもこれら諸基準は常に遵守されなければならない[19]。

2　国際条約法を根拠とする共通基準

国際条約法を根拠とする基準にとってとりわけ重要となるのは、国際自由権規約7、9-11条及び14条の規定であり[20]、これはヨーロッパ人権条約3、5、6条の規定、領事関係に関するウィーン合意の領事派遣国構成員の往来に関する規定（Wiener Übereinkommen über konsularische Beziehung vom 24.4.1963（WÜKB）in Art.36 Abs.1 lit.b)、拷問及び他の残虐な、非人道的な又は品位を傷つける取扱い又は刑罰に関する条約（United Nations Convention against Torture and Other Cruel, Inhuman or Degrading Treatment or Punishment）等をもとに起案されたものである[21]。

上述した国際法を根拠とする共通基準は、国際法理論上ヨーロッパ各国における法的拘束力が認められるのではあるが、各国の学界、実務においてそれが徹底されているとはいえないのが現状である。その理由として上記諸基準の実施手段に欠けることが挙げられる。国際法レヴェルにおいて、人権保障の実践を目的とした独自の裁判所は存在せず、人権保障の規定について、その遵守を担保するための手段に欠ける。例えば、国際司法裁判所に対する提訴権は、国家に対してのみ認められるため[22]、国際自由権規約にその管轄権は及ばないことになる[23]。

第4節　ヨーロッパ人権条約を根拠とする共通基準

ヨーロッパ域内における刑事手続の共通基準にとって、最も深い意義を有するのはヨーロッパ評議会の定める条約、特にヨーロッパ人権条約である。ヨーロッパ人権条約3条は拷問の禁止[24]について、5条において自由及び安全に関する権利[25]、6条において公正な裁判を求める権利[26]、7条において罪刑法定主義[27]について、8条では私的生活及び家族生活が保護される権利[28]について、13条において異議申立ての権利[29]についてそれぞれ規定する[30]。

更にヨーロッパ人権条約に関する追加議定書、例えば、刑事事件における上訴権、誤判及び一事不再理違反が認められた場合の刑事補償請求権について定めた追加議定書（Art. 2 - 4 of Protocol No. 7 to ECHR）等も、ヨーロッパ共通基準にとって重要である。

以上の諸基準について、各条約締約国がこれを遵守しているかについての判断は、ヨーロッパ人権裁判所によって行われる。同裁判所は、ヨーロッパ人権条約を「生きた道具」(living instrument)、即ち判例法的性格を持つものとして捉える[31]。ヨーロッパ人権条約の規定は、各条約締約国の国内法解釈とは独立した自己形成的規範であると解される[32]。2009年12月1日リスボン条約が発効し、EU 条約（Vertrag über die Europäische Union）の規定が改正された[33]。同条約6条2項は、EU のヨーロッパ人権条約への参加について定め、これによりヨーロッパ人権条約は、EU に対してその直接的効力を及ぼすことについての法的根拠を有することになった。リスボン条約が発行する以前においても、EU 域内においてヨーロッパ人権条約を根拠として刑事手続上の権利が認められていたのではあるが[34]、本改正によってヨーロッパ人権条約は、EU に対して直接的な法的拘束力を有する法源となることが期待された[35]。しかしながら、2014年12月18日、ヨーロッパ司法裁判所は EU の人権条約への参加に否定的な意見を示し[36]、人権条約と EU との関係性について未だに不明確な状況が続いている。

先に挙げた国際条約法を根拠とした基準と違い、ヨーロッパ人権条約を根拠とした基準は、ヨーロッパ各国の学界、実務において実質的効力を有するものとして認識され、国内裁判所が判断を下す際にも常に考慮されている。また、同条約の規定が、刑事手続において「最低限遵守されるべき基準」を提示するものだとすれば、各国において、同条約において未だに言及されていない基準、またはより高い基準を設定することも当然に許容されよう[37]。実際に、ヨーロッパ人権裁判所は、ヨーロッパ人権条約において規定されるよりも、その判断に際してより高い基準を設定することが多い[38]。

ヨーロッパ域内における刑事手続の共通基準は、各国の相互承認がある場合において、初めてその効力が認められる[39]。ヨーロッパ域内における刑事手続制度は、様々に異なり、例えば当事者主義的訴訟構造を採用する国（例えばイギリスなど）もあれば、職権主義的訴訟構造を採用する国（例えばドイツなど）もある。故に各国刑事手続において妥当する、原理・原則も共通しているとはいえず、そこにはどのようにして共通かつ効果的なヨーロッパ基準を構築していくのかという問題が生ずる。この問題に対しヨーロッパ人権裁判所の判例は、解決への二つの手がかりを提示する。一つは、ヨーロッパ人権条約のような汎ヨーロッパ的基準は、機能的に理解されなければならず、その形式のみを持ってこれを判断してはならないということである。結果として各国は、国内法の特殊性のみを理由として、各々に課せられたヨーロッパ人権条約に規定された諸権利を保障する義務を怠ることはできないということになる。以下のような場合に、問題は顕著となろう。

ヨーロッパ人権条約6条3項は、「被告人」（Everyone charged with a criminal offence）に対して最低限度保障されなければならない権利について規定するが、本条が対象とする「被告人」とは如何にして定義されるかということが問われる。この場合、ただ単にその者を名宛人とする起訴状が存在するか否かということだけが問題とされるのではなく、惹起された犯罪行為についてその者が実際に問責されているか否か、ということが問われなければならないのである。即ち、起訴状の存否が全てを決するわけではなく、当該手続の対象者が同条にいう「被告人」として実際に問責されているかということが重要な判断基準となる[40]。

更にヨーロッパ人権裁判所は、各条約締約国の国内裁判所において、ヨーロッパ人権条約の規定、とりわけ6条において規定される公正な裁判を求める権利を顧慮した判断が下されることを求める。公正な裁判原則は、各条約締約国の国内裁判所が判断を下す際に、一定の指針を示し得るものではあるが、その解釈はそれぞれに異なり、各国の刑事手続に関する構造的及び原則的な独自性が考慮される。それ故に、同原則の適用をめぐっては、その妥当性を含めて議論があり慎重な判断が求められよう[41]。

ヨーロッパ共通基準にとって、ヨーロッパ人権条約及び人権裁判所は重要な意義を有する。しかしながら、とりわけ東西冷戦終結以後、旧東側陣営諸国がヨーロッパ評議会に加入したこと等を理由として、ヨーロッパ人権裁判所に対する異議申立の件数は急増しており、その処理能力は限界を超えているといっても過言ではない[42]。故にヨーロッパ各国において、その負担軽減を目的とした様々な試みが行われているが[43]、同時にそれは、同裁判所が目的とする個人の人権救済に対して弊害をもたらす可能性があるとの指摘もあり、問題解決に至っていないのが現状である。

第5節　EU法を根拠とする共通基準

従来、EU法を根拠とする基準は、EUの旧3本柱構造に基づく議論の枠組みにおいて問題とされてきた。特に重要なのが第3の柱であった警察及び刑事司法協力であり、ここでは多くの刑事法関連の法的行動（Rechtsakt）について議論が行われた。特に重要なものは、ヨーロッパ理事会によってヨーロッパ枠組決定[44]として採択され、EU域内の刑事法立法に大きな影響を与えてきた[45]。しかしながら上記旧3本柱構造は、リスボン条約の発効によって廃止されることになり、EUの機能に関する条約の一部に統合された[46]。またリスボン条約発効後は、ヨーロッパ枠組決定に代わり、EU指令（EU-Directive, EU-Richtlinie）[47]がヨーロッパ共通基準にとって大きな意味を持つ（Art.82 II AEUV）。

これまでEU法を根拠とする刑事手続の共通基準の実効性に関して、当該基準に対する連合加盟国の政治的態度及びその法的根拠が明確でない、との指摘がされてきた。故に、ヨーロッパ人権条約を根拠とする共通基準に比して、EU法を根拠とするそれは、学界、実務においてあまり注目されてこなかった。EU法を根拠とする基準について、その遵守を担保する役割は、ヨーロッパ司法裁判所（European Court of Justice）が担うものであるが、同裁判所に対して個人が直接異議申立てを行うことが出来なかったこともこれまで同基準が重要視されてこなかった理由であろう[48]。

以上見たように、EU域内の刑事手続において重要視されてこなかったEU法を根拠とする共通基準ではあるが、従来からその重要性が認識されてきたものもある。更に、リスボン条約によってEU基本権憲章が発行して以後、EU法の影響力が増大している。以下では、EU法を根拠とする基準についていくつか例を挙げ概観、考察する。

1　EU法を根拠とした基本的自由を求める権利

基本的自由（Grundfreiheit）[49]の行使と密接に関係している行為について、頻繁に刑罰による威嚇が行われる。各連合加盟国は、行政的義務を課すことによってその主権的利益を追求するが、それによって個人の基本的自由の行使が困難となることが多々ある。しかしながらEU法によって正当化される限り、各連合加盟国が個人に対して行政的義務を課すことは許容される[50]。その一方で、例え連合加盟国内の刑法規範に抵触している場合においても、EU法を根拠として基本的自由を請求する権利を有する者に対する可罰性が阻却される場合がある[51]。EU法的に鑑みて、未だその正当性が認められるEU加盟国が有する監視権限の行使と許容できない基本的自由の制限との間の限界に関して、ヨーロッパ司法裁判所は、比例性（Verhältnismäßigkeit）及び差別禁止（Diskriminierungsverbot）基準に照らし判断する。不平等に科される刑罰は、当然に基本的自由を求める権利を侵害すると判断される[52]。

2　EU法を根拠とした二重処罰及び二重訴追禁止

シェンゲン実施協定（Schengener Durchführungsübereinkommen）54条は、EU域内における二重処罰及び二重訴追禁止の原則（ne bis in idem）について規定する。本条の規定によれば、他の連合加盟国において、既に確定した有罪判決を受けた者に対して、同一の行為[53]を理由として再度の刑事訴追を行い、その者を処罰することは許されない。

シェンゲン実施協定54条の規定は、国越的刑事訴追行為の消費（grenzüberschreitende Strafklageverbrauch）という概念の迅速な発展に貢献したといえる。本条において規定される二重処罰及び二重訴追禁止原則の効果が及ぶ範囲は、各連合加盟国の国内裁判所による有罪判決に限定されるものではない[54]。即ち、ある連合加盟国において無罪判決及び司法取引等の結果による手続の打ち切り等が行われた場合にも、他の連合加盟国において新たな刑事訴追が行われることは許されないのである[55]。また、他の連合加盟国における公訴時効を理由として、既に刑事訴追行為の消費が行われているとみなされる場合おいても、二重処罰及び二重訴追の禁止原則を理由として新たな刑事訴追が行われることは認められない。

EU基本権憲章50条も同じく二重処罰の禁止について規定する。本条の規定は、その内容に関して、シェンゲン実施協定54条のそれと基本的に一致するものとされる[56]。しかしながらEU基本権憲章50条の規定を直接の根拠として、EU域内における二重処罰の禁止原則が導出されるわけではない。あくまでも本条の規定は、シェンゲン実施協定54条の規定を根拠として認められる二重処罰の禁止原則の内容について、間接的にこれを審査するものであると解されるべきである[57]。

3　EU域内における被害者の法的地位に関するヨーロッパ枠組決定

刑事手続における被害者の地位に関するヨーロッパ枠組決定（Rahmenbeschluss des Rates vom 15.3.2001 über die Stellung des Opfers im Strafverfahren）は、各連合加盟国刑事手続における犯罪被害者の法的地位に関して定め、これは各連合加盟国の国内法解釈において常に考慮されなければならないとされた[58]。本枠組み決定1条aは、被害者概念について規定する。本条において被害者とは、「連合加盟国の刑法規範に違反する作為及び不作為によって、直接に惹起された身体、精神的被害及び、精神的苦痛又は経済的損失等を含む被害を被った自然人である」とされる。本枠組み決定において定められる被害者概念について、対象とされるのは「自然人」（natürliche Person）に限定されており、「法人」（juristische Person）はその対象とならないというのがヨーロッパ司法裁判所の立場である[59]。

刑事手続における被害者の法的地位に関するヨーロッパ枠組決定は、各連合加盟国刑事手続において常に考慮されなければならず、本枠組み決定において規定される被害者の取り扱いに関する基準を満たすために、各連合加盟国は国内法の整備を行う必要があるとされた[60]。同枠組み決定の基本方針は、2012年に出されたEUの被害者保護に関する指令[61]に受け継がれている。

4　EU 基本権憲章

これまで EU 法を根拠とした共通基準に関して、その法的根拠の曖昧さ故に、ヨーロッパ刑事法実務においてこれが考慮される場面は少なかったのであるが、2009年に発効したリスボン条約により、EU 基本権憲章（Charter of Fundamental Rights of the European Union）が法的拘束力を発揮するようになった。ヨーロッパ共通基準にとってとりわけ重要となるのは、同憲章47条から50条の規定である。ここでは主に、公正な裁判を受ける権利、法的救済を受ける権利（EU 基本権憲章47条）、無罪推定原則、被告人の防御権の保障（EU 基本権憲章48条）、罪刑法定主義（EU 基本権憲章49条）、二重処罰の禁止（EU 基本権憲章50条）等、EU 域内の刑事手続において最低限遵守されなければならない原理、原則について規定される[62]。しかしながら先に述べたように、EU 基本権憲章のその憲法規範的性格から、同憲章における規定を根拠として、直接にヨーロッパ共通基準を導出できるかについては議論がある。これら基本権憲章の諸規定から直接に刑事手続上の諸権利が導かれるというよりは、EU 法及び各連合加盟国における一般法規範及び法的行動の内容が、同憲章の理念に反していないかかが問われる事になろう。

2009年のリスボン条約発効によって、EU において様々な制度改正が行われた。これは EU 法を根拠とする刑事手続の共通基準にとっても大きな影響をあたえるものであり、その中でも特に注目されるのは EU 基本権憲章である。今後 EU における法的行動は、当然に同憲章の趣旨に沿ったものであることが求められ、全ての EU 法を根拠とする共通基準の解釈に際して、同憲章はその中心的基準となることが期待されるのである。

5　EU データ保護一般規則と EU 刑事司法データ保護指令

⑴　EU データ保護一般規則

EU 基本権憲章７条において、私生活及びコミュニケーションの尊重に関する権利について、８条において個人情報保護に関する権利について規定されていることから、EU 域内において私人の個人情報保護の要請が基本権に根ざしたものとして位置づけていることがわかる[63]。上記、基本権レヴェルでの要請をより詳細に具体化したものがEUデータ保護一般規則（General Data Protection Regulation：以下、GDPRとする）[64]ということになろう。

GDPRは、EU域内における個人情報保護に関して、最低限遵守されるべきで基準を示すものであるから、EU加盟国はこれを満たした制度的保障、及び権利保障のために国内法整備を行うことが求められることになる（GDPR 6条2項）[65]。ドイツはGDPR対応のため、2017年6月、ドイツ連邦データ保護法（Datenschutz-Grundverordnung）を全面的に改正している。

更に、GDPRは、個人情報のEU域外及び他の国際機関への移転が行われる場合、EU委員会が移転先における個人情報保護基準が十分であるかを審査し、これが十分な水準に達していることを求める（GDPR45条）。いわゆる十分性認定が行われていない場合でも、個人情報の移転が認められる場合もあるが（GDPR46条、49条）、厳格な手続的要件を課されることになるため、我が国を含めEU域内の個人情報移転に関係する可能性のある各国はその対応に追われている実情がある。

GDPR 2条2項dは、個人情報が「公共の安全への脅威からの保護及びその脅威の防止を含め、所管官庁によって犯罪行為の防止、捜査、検知若しくは訴追又は刑罰の執行のために」取り扱われる場合には、GDPRの適用対象外となるとしている。本条の規定によれば、警察、検察等の刑事捜査・訴追機関が個人情報を取り扱う場合、基本的にはGDPRの適用対象外となるが、取り扱う情報が民間機関から提供されたものである場合、当該情報の取得行為、取得情報それ自体は当然GDPRの適用対象となる（GDPR 6条2項）。

GDPR 6条は、個人情報取り扱いの適法性について言及している。例えば、監視カメラ等による映像記録及び当該情報の取り扱いについて重要となるのは、GDPR 6条1項fであり、ここでは管理者及び第三者が正当な利益の確保を目的とした場合にのみ個人情報の取り扱いが正当化される旨規定されている。正当な利益の存在がいかなる場合に認められるかが問われるが、単なる威嚇効果を狙ってカメラ設置をする等、抽象的危険に対する危惧ではこれを正当化することは認められず、少なくとも具体的危険の防止を目的としたものであることが求められる。例えば、以前に何らかの事件が発生した場所であること、またセルフサービス店、宝石店では定型的危険の存在が認められやすい。更に、犯罪防止及び民事上の損害賠償請求事由に当たる事情の防止のためのカメラ設置にも、正当な利益の存在が認められることになるだろう。以上に関して、カメラ設置の必要性についてもこれが十分に考慮されなければならない。例えば、カメラ設置によって十分にその目的が達成されるのか、当該目的達成のために代替手段を用いることができないのかが問われることになる。

上記に加えて、カメラ設置に関する透明性の確保が必要となる。例えば、当該カメラ管理者の氏名・連絡先、データ保護監督者の連絡先、カメラ設置の正当化根拠、カメラから取得される個人情報の保存先、データ移転先の情報の公開が求められる（GDPR13条1項）。これに加えて、個人情報の保存期間の公表、当該情報の消去に関する権利告知、異議申立の権利等の告知が行われなければならない（GDPR13条2項）。

また、原則として取得情報の目的外利用は認められていない（GDPR 5条1項b)。取得情報の例外的な目的外利用の許容条件について、各加盟国はGDPR 6条4項の要請を考慮に入れた立法を行うことが求められる。

以上のGDPRからの要請に対応するため、ドイツ連邦データ保護法4条は、公共空間でのカメラ設置について具体的規定を設けている。ドイツにおいて、公共空間における監視カメラの設置は、以下の目的を達するため必要な範囲においてのみ認められる。例えば、公的機関の任務達成のため、住居権（Hausrecht）を保持するため[66]、その他特定の目的達成のための正当な利益保持のために必要な場合に、これが認められる[67]。また、上記GDPRからの要請により、監視カメラから取得された情報の目的外利用は原則禁止となるが、ドイツ連邦データ保護法4条3項は、国家の安全及び治安維持、犯罪の訴追に関わる利用についてのみ、例外的に監視カメラより取得された個人情報の目的外利用が認められる場合があると定めており、警察、検察等の刑事捜査・訴追機関等への情報引き渡しについて、本条の規定を根拠に認められることになり、これはGDPR 6条の規定が公共の利益の為のデータ取り扱いを認めることと一致する。

GDPR 9条1項は、原則として個人の生体データ等、センシティブ情報の取り扱いを禁止しているが[68]、これは、刑事手続において必要な範囲での情報取り扱いまでをも妨げるものではない（GDPR 9条2項f）。刑事手続において、特に監視カメラ等から得られた情報を処理して個人を特定する場合、事件現場の残留物から得られた遺伝情報等を用いて個人を特定する場合などが想定されるが、捜査・訴追目的等を達成するために必要かつ十分な範囲で（比例原則）当該センシティブ情報の取り扱いが認められることになる（GDPR 9条2項g）。これを受けて、ドイツ連邦データ保護法22条は、公的機関及び民間機関において、社会的安全及び社会的保護に関する権利行使及び義務の履行に必要な場合等に、センシティブ情報の取り扱いを許容する。更に、公的機関が重要な公的利益にとって絶対的に必要な場合、公共の安全にとって重大な危険防止にとって必要な場合、公共の福祉に対する重大な不利益、懸念を防止するために必要な場合に当該情報の取り扱いが認められ、危機管理、紛争の阻止、人道的措置の領域における義務の履行のために必要な場合も同様であるとされる。ドイツ刑事司法領域において、何らかのセンシティブ情報の取り扱いが必要となる際には、ドイツ連邦データ保護法22条及び、刑事法規範において個別の規定が設けられている場合にこれが許容されることになる。

GDPR17条1項は、いわゆる「忘れられる権利」について定めており、当該権利実現のため、17条1項eがEU加盟国に対して立法化等適切な処置を求める。更に、GDPR17条1項aは、データの目的外利用を禁じており、この場合当該データを遅滞なく消去しなければならない。EU域内における国内法制化の例を挙げると、例えばドイツ連邦データ保護法4条5項は、取扱データが取得目的に照らして必要がなくなった場合に、遅滞なくデータを消去しなければならないとする。

(2)　EU刑事司法データ保護指令

EU域内において行われる個人情報の取り扱いは、原則としてGDPRの規制を受けることになるが、刑事司法領域においてはEU刑事司法データ保護指令[69]が重要となる。同指令は、その前文1で個人情報の保護が基本権であることを宣言する。これは、同指令が刑事捜査・訴追目的の達成と個人情報保護の重要性をともに認識し、両者のバランスを図りつつ、EU域内の刑事司法における個人情報の取り扱いに際して最低限遵守されなければならない基準を示すものであることを意味する。EU加盟国には、刑事捜査・訴追における個人情報の取り扱いについて、EU刑事司法データ保護指令に則った立法及び法解釈、運用を行う義務が課せられるが、本指令よりも厳格なデータ保護基準を設けることは妨げられない（EU刑事司法データ保護指令1条3項）。本指令の内容には、曖昧な部分も多く存在しており、EU加盟国内における具体的内容の実施方法について、決して小さくない立法裁量が認められていると考えられる[70]。

本指令は、EU域内における警察及び司法当局間で犯罪予防、捜査、訴追等に関わる情報共有及び当該情報に関係する個人の基本権保護を目的とする（EU刑事司法データ保護指令1条1項）。民間機関及びその他の目的で行われるデータの取り扱いは、GDPRが適用されなければならないが（EU刑事司法データ保護指令9条2項）、両者は互いに密接に関係し、相互補完的な関係にあるため、その定義は一律ではないように思われる。

EU刑事司法データ保護指令4条1項が、データ処理の一般的許容要件について言及する。ここでは、当該データの取り扱いが比例原則に則ったものであること、データの取り扱いに必要性が認められなければならないとされる。更に、目的外利用について、各EU加盟国において必要性及び比例性を考慮した規定が設けられる（EU刑事司法データ保護指令4条2項）[71]。EU刑事司法データ保護指令は、個人情報の取り扱いに関して具体的場面を想定した具体的要件を定めるものではないが、EU加盟国の立法及び法解釈、運用の指針を示す。例えば、センシティブ情報について、厳格な必要性の審査を要求し、かつ当該情報取り扱いの運用には高い安全性が求められるとしている（EU刑事司法データ保護指令8、9条）。しかしながら、各EU加盟国における実務がその運用を満たすことができなかった際の具体的措置、例えば証拠法上の取り扱い等について、本指令は何らの規定も置かない。

この他にも、EU加盟国は取り扱いデータの保存期間及び保存の必要性についての審査機関についての規定を設けることが求められる（EU刑事司法データ保護指令5条）。更に個人情報の取り扱いについて、被疑者、有罪判決を受けた者、被害者、証人等について分類し、その取り扱い方法について個別の規定が設けられなければならないとされる。また、誤った個人情報が移転された場合、不当に当該情報が移転された場合には、受信者は直ちにこれを通告し、削除の手続が行われなければならない。当該手続についてもEU加盟国は適切な規定を設けなければならないものとされた。

第6節　刑事法実務におけるヨーロッパ共通基準
――ドイツにおける議論を中心に――

1　ヨーロッパ人権条約及び人権裁判所の判決が刑事法実務に与える影響

今日ヨーロッパの刑事法実務において、ヨーロッパ共通基準は常に考慮され、実務家にとって非常に大きな意義を有するようになっている[72]。そのなかでもとりわけ大きな意義を有するのは、ヨーロッパ人権条約及び、その遵守を担保する役割を果たすヨーロッパ人権裁判所であろう。上述したように同条約は、ヨーロッパ、ことにドイツにおいても極めて大きな意義を有しているのではあるが、ドイツにおいて同条約が批准された当時において、あくまでも刑事手続における「アクセサリー」程度の認識しかなされていなかったのも事実である。この誤った認識は、1953年ドイツにおいてヨーロッパ人権条約が批准されて以後、約20のヨーロッパ人権裁判所による是正判決を受けたことを通じて次第に改善されていった[73]。近年では、2009年12月17日ヨーロッパ人権裁判所において、ドイツ保安拘禁制度がヨーロッパ人権条約7条に違反するとの判決が出された[74]。上記ヨーロッパ人権裁判所の判決を受けて、ドイツ連邦議会は、保安拘禁制度による被施設収容者の収容に関する法的根拠を基礎づけるために、2010年12月22日治療収容法（Therapieunterbringungsgesetz）[75]を可決し、同法は2011年1月1日発効した。しかしながら、2011年5月4日ドイツ連邦憲法裁判所は、現行の全ての保安拘禁に関する制度（治療収容法による収容も含む）について、基本法104条1項に違反するとして、2013年6月までに代替規則を定めなければならない旨判示した[76]。

上述したように、ヨーロッパ人権条約及び人権裁判所が、ドイツ刑事法実務にとって非常に大きな意義を有することから、ドイツ弁護実務において、ヨーロッパ人権裁判所の出す判決に対する態度は非常に積極的である[77]。ドイツにおける弁護実務家は、ヨーロッパ人権裁判所の出す判決の与える影響の大きさから、ドイツ国内における刑事法実務にとって、国内法に定められた基準が常に最善というわけではなく、国内において出された判決が常に最終的な結論を示すのではないということを知ったのである[78]。ヨーロッパ人権裁判所の判決が、ドイツ刑事手続に大きな影響を与えたものとして、先に挙げた保安拘禁制度に関するもの以外に、以下の事例が挙げられる。

⑴　催吐剤の事例

ドイツ捜査当局は、末端の麻薬密売人であると推定された被疑者Jallohに対して、彼が既に飲み込んだ麻薬の錠剤を吐き出させる為に催吐剤の服用を促したが、Jallohはこれを拒否した。Jallohは、捜査当局によって逮捕された後、医師の手により鼻からカテーテルを挿入され、そこから食塩及びシロップの溶剤を胃に注入された。加えて医師は、Jallohにモルヒネを注射した。これらの処置により、Jallohは0.2グラムのコカインが入った包を吐き出した。上記事件に関してドイツ国内の裁判所は、捜査当局が行った証拠収集手段に違法はないと判断し、憲法裁判所も基本的には捜査当局の当該行為は基本法1条1項に違反するものではなく、弁護側のいう基本法2条2項1文に違反するという主張にも理由がないとして訴えを退けた[79]。これに対してヨーロッパ人権裁判所は、捜査当局のJallohに対する当該行為は、ヨーロッパ人権条約3条が定める拷問の禁止に抵触し、彼の尊厳を無視するものであるとの判断を下した[80]。同裁判所は、本件事案において公正な裁判原則、とりわけ自己負罪拒否権が保障されなかったと判断したのである。

⑵　裁判書類の閲覧の事例

ヨーロッパ人権裁判所は、逮捕された被疑者の弁護に際して、弁護側に無制限の証拠書類閲覧権を保障する[81]。同裁判所は、1989年ベルギーに対して、証拠書類閲覧権の制限を理由とした最初の違反判決を出している[82]。以後ドイツもベルギーと同様に、刑事手続において証拠書類閲覧権の保障がされていないとして違反判決をうけている。これを通じてドイツの弁護実務家は、ヨーロッパ人権条約5条4項の規定を根拠として、勾留状審査をする裁判官のもとにある全ての裁判書類を閲覧する権利が認められることを認識したのである。裁判書類の閲覧権は、遅くとも勾留状審査開始時には認められなければならない[83]。

以上見たように、ヨーロッパ人権裁判所の判決は、ドイツ国内の刑事法実務にとって非常に大きな影響を持ち、実際に同裁判所の判決を受けて法改正が行われた例も多い。このようにいうと、ヨーロッパ人権裁判所の判決は、ドイツ国内の刑事手続における全ての瑕疵を是正するために有効であるかのように思われるが、必ずしもそうは言い切れない部分がある。なぜなら、ヨーロッパ人権裁判所の違反判決によって、刑事手続における制度的瑕疵の改善が期待はできても、それは絶対的なものとは成り得ないからである。例えば以下の事例におけるヨーロッパ人権裁判所の判断の妥当性について、とりわけ弁護実務の側から疑義が示された。

(3)　匿名証人の事例

フランクフルト上級裁判所は、Monika Haas に対して、テロ組織に所属し誘拐及び謀殺未遂を幇助したとして有罪判決を下した。当該有罪判決の基礎となったのは、証人尋問の機会が認められない匿名証人の証言であった[84]。当該証言は、レバノンで逮捕された A によって、当地において行われたものであり、A に対する尋問のドイツ側参加者は、ドイツ連邦刑事局の捜査官のみであって、刑事手続の当事者である検察、弁護側双方ともにその参加が行われていない。フランクフルト上級裁判所は、A を Monika Haas の裁判における証人として引き渡すようにレバノン当局に対して要請したが、結局 A の身柄引き渡しが行われることはなかった。以上のような経緯で、Monika Haas には、公判において A に対して証人尋問を行う機会が認められず、A の証言を聴取したとされるドイツ連邦刑事局捜査官に対して当該証言の信用性に対する質問が行われるに留まった。弁護側は、フランクフルト上級裁判所が A の当該証言を証拠として採用した根拠を示していないこと、証人尋問の機会が与えられなかったことに対する代替案が提示されなかったことを理由として、Monika Haasの防御権が不当に侵害されと主張し上告したが、連邦裁判所はこの弁護側の訴えを棄却した。本件事案におけるMonika Haasの証人尋問権保障の問題について、ヨーロッパ人権裁判所においても審理が行われたが、同裁判所は以下のように判示して弁護側の訴えを退けた。フランクフルト上級裁判所は、Monika Haasの証人尋問権を保障するために、レバノン当局に対してAの身柄引き渡しを要求するなど真摯な努力を行ったのであり、本件事案においてAの身柄引き渡しが行われず、結果Aに対して証人尋問を行う機会が認められなかったとしても、これはMonika Haasの防御権を著しく侵害するものではない[85]。

フランクフルト上級裁判所がMonika Haasに対して出した有罪判決に対して、ヨーロッパ人権条約をその対象とする研究者等から、当初より証人尋問権の保障について規定するヨーロッパ人権条約6条3項dに違反するとの指摘がなされ、それは学界において多数の支持を得ていたといって良い[86]。しかしながら大方の予想に反してヨーロッパ人権裁判所は、本件事案においてヨーロッパ人権条約6条3項dに違反するMonika Haasの防御権侵害は認められないと判断したのである。

⑷　ヨーロッパ人権裁判所判決の効力と問題点

ヨーロッパ人権裁判所に対して、ヨーロッパ人権条約の違反を根拠として異議申し立てを行う場合、国内における裁判が終了していることが前提とされる。故にヨーロッパ人権裁判所によってされる権利保護に関する措置は、事後的なものにならざるを得ず、同裁判所に異議申し立てを行い、侵害された権利の保護を求めるためには長い時間を必要とする[87]。この問題は、先述の匿名証人の証言に関するヨーロッパ人権裁判所の判断の妥当性に対する疑問と併せて、同裁判所に対して異議申立てを行うことを躊躇させる原因となっている。

また、ヨーロッパ人権裁判所の判決の効力についても問題点が指摘される。確かに国際法的解釈によれば、同裁判所の判決は、その遵守が徹底されなければならないのではあるが、条約締約国において明文による規定が存在しない場合、当該判決の効力を担保することが困難となる場合がある[88]。しかしながら以上の点について、リスボン条約の発効によりEU条約の規定が改正され、EUのヨーロッパ人権条約への参加について規定されるに至った(Art.6 II EUV)[89]。これに伴い、ヨーロッパ人権条約がEU域内において直接的効力を有した法源としての役割を果すことが期待され、ヨーロッパ人権裁判所は、連合域内における人権保障、とりわけヨーロッパ人権条約において規定される基本権保障問題に関して、最終決定権をもつことになるとされていた[90]。しかしながら先にも述べたとおり、2014年12月18日、EUが人権保障についてヨーロッパ人権裁判所の判断に従うということは、EU法の独立性を損なう虞があるというヨーロッパ司法裁判所の意見が出された。これによりEUがヨーロッパ人権条約に参加することは事実上停止されたと見ることができ、現在においてもEUとヨーロッパ人権条約の関係性について不明確な部分が多い。

2　EU法及びヨーロッパ司法裁判所の判決が与える連合加盟国刑事法実務への影響

先に挙げたヨーロッパ人権条約を根拠とする共通基準と比べて、EU法を根拠とするそれは、刑事法実務、とりわけ弁護実務において、その有用性に関して疑問が抱かれているのが現状である[91]。実際にリスボン条約発効まで、ヨーロッパ人権条約6条が示すような刑事弁護における中心的基準が、EU法において欠如していた。更には、ヨーロッパ司法裁判所に対して法的救済を求める手段が、個人レヴェルにおいてはほとんど認められていなかったことも、刑事弁護実務においてEU法を根拠とする基準が重要視されてこなかった理由であろう。

しかしながらリスボン条約によって、EU基本権憲章が発効した。当然にEU各機関が行う刑事訴追に関連した司法活動は、同憲章の規定に従ったものであることが要求され、かつ各連合加盟国において、同憲章において規定される刑事手続に関する原理・原則に関する立法等が行われる際にも、これは法的拘束力を有することになる。ヨーロッパ司法裁判所に対してEU法解釈についての管轄権が認められる。自然人及び法人は、EU 基本権憲章及び他の EU 法に違反する司法的活動について、ヨーロッパ司法裁判所に対して効力無効の申立を行うことができるようになった（Art.263 III AEUV）[92]。また、EU 基本権憲章及び他の連合法に違反する各連合加盟国における刑事関連立法、法律適用に対しても、事前判断手続（Vorabentscheidungsverfahren）を通じて、自然人及び法人は、異議申し立てを行うことができる[93]。上記両手続において問題とされる者が、その時点で既に逮捕されている場合、ヨーロッパ司法裁判所は、可能なかぎり迅速な判断を行わなければならないとされた（Art.267 IV AEUV）[94]。

上述のように、旧 EU の３本柱構造が廃止、その新たな枠組が構築されたことを通じて、EU 及びヨーロッパ司法裁判所には、刑事法領域における新たな権限が認められるようになった。今後更に促進されるであろう同領域におけるヨーロッパ統合を背景として、EU 法を根拠とする共通基準は、これまでとは異なりその重要性を増すことが予想される。

第７節　多層的人権保障システムと刑事司法改革
――ヨーロッパにおける人権保障基準の共通化――

ヨーロッパ域内、とりわけ EU 域内において、連合加盟国国民に対して移動及び居住の自由が認められている。故に全ての連合加盟国国民は、潜在的に全ての連合加盟国において刑事訴追される可能性を有しているといえる。そこには言語及び刑事手続制度に関する差異等、数多くの問題が存在するのであって、彼らが他の連合加盟国において刑事訴追される場合、EU 域内の刑事手続において妥当する何らかの指針無くして有効な刑事弁護は望めない。いわゆるシェンゲン圏（Schengen Area）には、EU に加盟していない国も含まれるのであるが、例えばスイス、ノルウェー、アイスランド等は、ヨーロッパ評議会の加盟国であり、いずれにしてもヨーロッパ域内における刑事手続に関する共通基準の構築が必要となるように思われる。

ヨーロッパ域内における刑事手続の共通基準は、国際法、ヨーロッパ人権条約、EU 法を根拠とするものに大別され、そのなかでもヨーロッパ人権条約を根拠とする共通基準がひときわ大きな意義を有するものとされてきた。ヨーロッパ人権条約において、刑事手続の共通基準にとって特に重要となるのは、その6条において規定される公正な裁判原則であり、これはもともと当事者主義訴訟構造を採用する英米法諸国において発展したものであった[95]。同条約6条3項の規定は、当事者間の武器対等という観点から、被告人の防御権保障について定める。ここで問題とされる被告人の防御権保障は、手続主体としての被告人の法的地位の保障を通じて図られるものである。刑事手続における被疑者・被告人は、単に刑事訴追という国家的活動の客体として捉えられるものではなく、人間の主体としての地位（Subjektstellung）を尊重されなければならない。この考えの基礎は、人間の尊厳[96]にあり、国際・ヨーロッパ法の領域における拷問の禁止、刑事訴追における不当な取り扱いの禁止等は、その発露であるといえる（例えば Art. 3 ECHR）。人間の尊厳保障を通じて、刑事手続上いかなる権利が認められるかについては、未だ議論が分かれるところであり、定まった結論は出ていない[97]。ヨーロッパ人権条約において規定される拷問及び非人道的取り扱いの禁止、自己負罪拒否権、刑事訴追の理由を告知される権利、通訳権の保障、捜査機関等の監視なしに弁護人と接見する権利等は、人間の尊厳にもとづく権利であるとされるが、ドイツおよび他のヨーロッパ各国において、これら諸権利が常に明文によって保障されているわけではなく、その解釈については裁判所の判断によるところが多い。

以上と関連して、ヨーロッパ人権条約を根拠とする共通基準の例外が認められるのかという問題がある。ヨーロッパ人権条約15条は、緊急状態における例外について規定する。テロ行為をはじめとする、特殊な性質を有する特に重大な犯罪の訴追に関して、ヨーロッパ共通基準の例外が許容されるかという問いは、基本権保障の問題と類似している。一般の刑事手続とはその性格を異にする、特別な刑事手続は、可能なかぎりこれが行われてはならず、拷問の禁止、刑事訴追された理由に関して告知される権利をはじめとする、刑事手続の根幹に関わる権利の制限については、いかなる場合においてもこれが許容されるべきではないだろう[98]。上記以外の事例において、仮に例外が許容される場合があったとしても、それは一般論をもって判断されてはならず、必ず各事例の事情を十分に斟酌した上で、例外の許否が判断されなければならない。また例外が許容された類似事例においても、慎重にその許否が判断されねばならない。これは、EU 法を根拠とする基準についても同様のことがいえるだろう。

ヨーロッパ人権条約は、刑事手続に関する基準についてのみ定めるものではなく、むしろ包括的な基本権および人権の保護について定める。既述のようにヨーロッパ人権裁判所における判決は、ヨーロッパ各国の刑事法実務にとって大きな影響力を有し、個別事案において刑事手続の制度的瑕疵を治癒する役割を果たしうるものではあるが、包括的なヨーロッパ共通基準の構築を図るような性格を持つものではない。ヨーロッパ域内におけるより効果的な刑事弁護を実現するためには、そこで妥当する包括的な防御権に関する規定が求められるのであり、このことはEU の立法者にも認識されている[99]。これまでEU 法を根拠とする基準は、刑事法実務においてさしたる意味を持たず、ヨーロッパ人権条約を根拠とする基準の単なる反復に過ぎないとの見方もあったが、リスボン条約の発効によって、EU 基本権憲章が法的拘束力を有するようになった。同憲章は、EU 域内の刑事手続において、その中心的基準としての役割を果すことが期待される[100]。また、各連合加盟国間における刑事手続関連法規の相互承認も重要なものとなる。EU の機能に関する条約82条１項は、刑事手続の領域における相互承認の原則について規定する。更に同条２項は、相互承認原則の適用を促進させるために、ヨーロッパ理事会及び議会に対して、刑事訴訟法のハーモナイゼーションに関する最低基準を定めるための立法権限を認める。これはとりわけ、連合加盟国間の証拠法に関するもの、被告人および被害者の権利に関するものであり[101]、これによって明文による刑事手続における包括的な汎ヨーロッパ的規範の構築が行われることが期待される[102]。

各連合加盟国における司法的活動、EU における条約、立法権限等の解釈及びその合法性判断に関する管轄権は、ヨーロッパ司法裁判所に認められており、EU 法を根拠とする共通基準に関する解釈も、ヨーロッパ司法裁判所を通じて行われることになる。これまで、同裁判所における個人レヴェルでの法的救済手続が認められていなかったこともあり、同裁判所を通じてのEU 法を根拠とする共通基準の実施については、その実行力が担保できないのではないかという疑問が抱かれていた。しかしながら既述のように、効力無効の申立てを通じて個人レヴェルでの異議申立てを行う道が開かれたこともあり、ヨーロッパ司法裁判所を通じての同基準の実施が可能となろう。

これまでもヨーロッパ司法裁判所は、EU 法の解釈に際して、同条約の基本原則を考慮し、これに相容れない EU の法的活動は許容されないと強調してきた[103]。EU 条約の改正によって、ヨーロッパ人権条約が EU にとって法的拘束力を有する法源となることが期待されたが、ヨーロッパ司法裁判所はこれに否定的な見解を示した。今後、ヨーロッパ人権裁判所において出された判決の効力がどの様に考慮されるのかということ、当該判決の内容が各連合加盟国において国内法制化される際、ヨーロッパ司法裁判所はどの様な役割を果すかということ、ヨーロッパ人権裁判所において係争中の EU と関係性を有する事案について、EU は当該手続に参加できるのか、仮に参加が許されるとしてどの程度までそれが許容されるのかということ等がますます問題となるだろう[104]。以上の問題につていて、関係各機関の合意に基づく回答が求められるが、その際にヨーロッパ司法裁判所の EU における条約の監視者としての役割が損なわれてはならないこと、ヨーロッパ人権裁判所において、EU の法的行動に起因した基本権侵害に対する異議申立てが妨げられてはならないことは当然である。ヨーロッパ司法裁判所の EU における条約監視者としての役割が損なわれず、かつヨーロッパ人権裁判所の基本権保障機能が維持されてこそ、ヨーロッパ域内の刑事手続において共通する人権保障基準の構築を実現できるのである。

第8節　おわりに

ヨーロッパ域内における刑事手続の共通基準の目的は、ヨーロッパ域内において妥当する刑事手続に関する指針を示し、効果的な被疑者・被告人の防御権保障を実現することにある。

これまで、ヨーロッパ人権条約が、ヨーロッパ域内における刑事手続の共通基準にとって大きな役割を果たしてきたが、同条約はあくまでも包括的な基本権保障をその目的とするものであって、刑事手続のみをその対象とするものではないことにも留意されなければならない。とはいえ、リスボン条約発効後、EU法、特にEU基本権憲章を根拠とした刑事手続に関する共通基準の構築が行われるが、人権保障の領域におけるヨーロッパ人権条約及び人権裁判所の担う役割の重要性は現状変わることはなく、刑事手続において人権条約6条がとりわけ重要な規定として理解されている。

本章で紹介したような事情は、一見わが国とは直接的な関係を持たないように思われるかもしれない。しかしながら程度の差はあるにせよ、アジア領域においても「ヒト・モノ・カネ」の移動は、以前と比して容易なものとなっているのは確実で、それに伴う犯罪のアジア化という問題が浮上してきているように思われる[105]。ヨーロッパ域内におけるのと同様、アジア諸国における刑事手続に関する制度、規範も当然に異なり、ある者が他国において犯罪を犯したものとされ、当地において刑事訴追される場合に、如何にしてその防御権保障を図るのかという問題が生じてくる。その際に、すべての者は、被疑者・被告人である以前に、人間としての主体的地位が尊重されなければならない。アジア領域においても、そこで妥当する包括的な基本権保障に関する何らかの指針及び、その実現を担保する機関の存在が求められるが、未だそのような性格を持つ条約等の成立は実現されておらず、今後の展開が注目される[106]。

上述したように、アジア領域特有の人権保障に関する条約は未だに存在していないのではあるが、アジア領域における国家的枠組みを超えた刑事手続の共通基準について、まずわが国が批准する国際自由権規約14条の規定が参考となる[107]。ここでは、ヨーロッパ人権条約6条とほぼ同一の構成で、被疑者・被告人の権利保障について規定されており、他の締約国と同様、わが国においても当然国際自由権規約14条に合致した刑事手続の運用が求められるはずである[108]。わが国は、近年、刑を言い渡された者の移送に関する条約、サイバー犯罪に関する条約の批准を行う他[109]、マネーロンダリングに関する金融活動作業部会（FATF）に設立当初から参加するなど、国際基準に合致した刑事司法運用の必要性は高まっているものといえる。また、EUから戦略的パートナーシップ協定の交渉途上で人権条項の要求をされたことも忘れてはならず[110]、ここでも刑事手続における個人の人権保障のあり方が重要となるだろう。更に、EU域内の個人情報保護に関する基準を定めたGDPRは、EU域内の個人情報を取り扱う際に求められる十分性認定を通じてわが国の個人情報保護法制に大きな影響を与えている[111]。以上の状況に鑑みて、わが国が今後も国際協調路線を拡大していくのであれば、人権保障に関するヨーロッパ基準を軽視することは許されないだろう。

注

1　末道康之「ヨーロッパ刑事法の現状－刑事実体法の調和の動向(1)」南山法学28巻1号74頁参照（2004年）。旧EU条約29条は、EU域内における犯罪に対処するための措置に関する権限について規定する。これは、現行のEUの機能に関する条約（Vertrag über die Arbeitsweise der Europäischen Union）67条1項に引き継がれている。

2　刑事法領域においてこれまでEUが行った立法は、刑事訴追、刑罰執行を目的としたものに傾斜していると批判がされてきたVgl. *Schünemann*, GA 2004, 193ff. しかしながら近年においては、本章で扱うヨーロッパ共通基準の構築を通じて、被疑者・被告人の権利を保障する立法も頻繁に行われている。

3　ヨーロッパにおける刑事実体法のハーモナイゼーションについて、Vgl. *Vogel*, GA 2003, 14ff.：ヘルムート・ザッツガー/安達光治、佐川友佳子訳「ヨーロッパにおける刑法のハーモナイゼーション」立命館法学第2号574頁以下（2007年）、ハンス・ヨアヒム・ヒルシュ/井田良訳「ヨーロッパ諸国の刑法の相互調和をめぐる諸問題」慶應法学第7巻89頁以下参照（2007年）。2009年のリスボン条約発効後、とりわけ重大犯罪について、刑事実体法のハーモナイゼーションが促進される。EUの機能に関する条約83条は、EU域内における犯罪行為及び刑罰の確定に関する最低規則について定める。

4　リスボン条約発効後、初めてEU域内の刑事手続における判決及び決定に関する相互承認の原則について、EUの機能に関する条約82条において明文により規定された。相互承認原則の起源は、ヨーロッパ共同体における共同市場法である。刑事法領域における相互承認原則は、EU加盟国において合法的に下された司法判断は、他の連合加盟国においてもその効力が承認されなければならない、ということを意味する。Vgl. *Albrecht*, StV 2005, 40. 相互承認原則の内容に関しても、EUの機能に関する条約67条3項において明文による規定がされるに至った。

5　*Vogel/Matt*, StV 2007, 206.

6　2003年ヨーロッパ委員会は、この他にも二つの緑書を提出している。一つはヨーロッパ検察官の創設に関するものであり、もう一つは将来のヨーロッパ刑事訴訟法の計画に関するものである。以上に関して、*Braum*, StV 2003, 576ff.

7　ABl. EU Nr.C53v. 3.3.2005 S.1.

8　Rahmenbeschluss des Rates vom 26.Februar 2009 über die Durchführung und den Inhalt des Austauschs von Informationen aus dem Strafregister zwischen den Mitgliedstaaten.

9　ABl. EU Nr.C155 v.4.5.2010 S.1.

10　ABl. EU Nr.C306 v.17.12.2007 S.1.

11　*Vogel/Matt*, (Fn.5), S.207.

12　*Esser*, Auf dem Weg zu einem europäischen Strafverfahrensrecht, 2002, S.51ff.

13　*Vogel/Matt*, (Fn.5), S.208.

14　これら諸原則の起源は、近代初期にまで遡る（例えば神聖ローマ帝国における永久ラント平和令（1495年）等参照）。また、自力救済、私刑及び私的訴追の禁止は、国家が独占する合法的な暴力の構成要素であり、近代国家を構成するエッセンスの一つとして特徴付けられる。Vgl. *Vogel/Matt*, (Fn.5), S.208.

15　拷問及び他の残虐な、非人道的又は品位を傷つける取扱い又は刑罰に関する条約1条によれば、「拷問」とは、身体的なものであるか精神的なものであるかを問わず人に重い苦痛を故意に与える行為であって、本人若しくは第三者から情報若しくは自白を得ること、本人若しくは第三者が行う若しくはその疑いがある行為について本人を罰すること、本人若しくは第三者を脅迫し若しくは強要することその他これらに類することを目的として又は何らかの差別に基づく理由によって、かつ、公務員その他の公的資格で行動する者により又はその扇動により若しくはその同意若しくは黙認の下に行われるものをいう。「拷問」には、合法的な制裁の限りで苦痛が生ずること又は合法的な制裁に固有の若しくは付随する苦痛を与えることを含まないとされる。

16　近年ドイツにおいて、拷問の禁止を絶対的禁止と捉えるか、相対的禁止と捉えるかに関して議論がある。具体的には、緊急状態において、被害者の法益を保護するために拷問が法的に許容される場合があるか、つまり外形的に見て拷問と捉えられる行為が、正当防衛及び緊急避難等の成立を理由として、その違法性または責任が阻却される場合があるかということが問題となる。

2004年フランクフルト地方裁判所において出された判決は、たとえ身代金目的で誘拐された被害者に生命の危険が迫っており、被害者を救出する目的で行われた行為であっても、警察当局が被疑者に身体的苦痛を与えるとの脅しを用いて供述を引き出すことは、強要罪に該当し、当該行為は、人間の尊厳（Menschenwürde）について規定する基本法1条1項に反するとした。ドイツにおける支配的見解も、拷問の禁止はいかなる場合においても遵守されなければならないものであるとする。以上に関して、Vgl. *Perron*, FOLTERN IN NOTWEHER?, FS für Urlich Weber, 2004, S.143ff.

17　被疑者の強制失踪は、人道に対する罪（Verbrechen gegen Menschenlichkeit）の一類型とされ、国際刑事裁判所規程7条(i) 2項がその処罰について定める。同規定によれば、「人の強制失踪」とは、国若しくは政治的組織又はこれらによる許可、支援若しくは黙認を得た者が、長期間法律の保護の下から排除する意図をもって、人を逮捕し、拘禁し、又は拉致する行為であって、その自由をはく奪していることを認めず、又はその消息若しくは所在に関する情報の提供を拒否することを伴うものをいう、とされる。以上に関して、*Grammer*, Der Tatbestand des Verschwindenlassens einer Person, 2005, S.177ff. も併せて参照。本章においてとりわけ問題となるのは、何らかの犯罪の嫌疑を向けられた被疑者・被告人が、逮捕・勾留等の手段によって身体を拘束された後、自由を剥奪され法の保護の外に置かれた場合ということになろう。ここで用いられた逮捕・勾留等の手段が、たとえ国際法的に鑑みて、未だにその適法性が認められる場合であっても、その後に法による刑事手続の枠組から外れ、法の保護の及ばない領域に被逮捕・拘禁者を置くことは、決して許されてはならない。強制失踪は、たとえ国家の許可を得て行われた場合であっても決して許容されてはならない。

18　国際法上の強行規定について、Vgl. *Oeter*, Ius cogens und der Schutz der Menschenrechte, Menschenrechte, Demokratie und Rechtsstaat, 2007, S.499ff.

19　*Vogel/Matt*, (Fn.5), S.208.

20　同規約は、7条において拷問及び残虐な取り扱いの禁止、9条において自由及び安全に関する権利について、10条は、被告人、受刑者等身体を拘束された者に対する人道的取り扱いについて、11条は、契約上の義務を履行できないことのみを理由とする拘禁等の禁止について規定する。14条は、裁判所における公正な裁判を受ける権利について規定し、ここでは主に、刑事手続における無罪推定原則、拘禁理由の通知に関する権利、防御権の保障、迅速な裁判を受ける権利、弁護人依頼権、通訳権、自己負罪拒否特権等について定められる。また明文による規定はないが、武器対等の原則も本条によって保障されるものとされる。国際法上の武器対等原則について、竹村仁美「国際法における武器対等の原則」九州国際大学法学論集15巻2号127頁以下参照(2008年)。国際自由権規約14条の具体的内容について、本書第3章で詳しく検討する。

21　*Vogel/Matt*, (Fn.5), S.208.

22　対してヨーロッパ人権裁判所において提訴権が認められるのは、基本的にヨーロッパ人権条約が保障する基本権および自由が侵害された個人であり（Art.13 ECHR）、ヨーロッパ刑事法実務において、同条約違反を根拠とした権利侵害の申立ては頻繁に行われている。国家の同裁判所に対する異議申立ても可能ではあるが（Art. 33 ECHR）、これまでのところ殆ど行われていない。Vgl. *Meyer-Ladewig*, Kommentar zur EMRK, 3. Aufl. 2011, Art.33 Rn.2.

23　*Graf*, Völkerrecht, 3. Aufl. 2004, S.346ff.

24　ヨーロッパ人権条約3条は、拷問、非人道的または残虐な取り扱い及び刑罰を禁止する。本条にいう拷問の定義は、拷問等禁止条約におけるものと基本的には同一である。Vgl.*Ehlers/Uermann*, Europäische Grundrechte und Grundfreiheiten, Aufl.3. 2009, §3 Rn.39.

25　本条が規定するのは、逮捕や拘禁等、身体的自由のはく奪に際して、被逮捕・拘禁者等に対して最低限保障されなければならない権利についてである。その内容は大きく以下の 2 つに大別され、一つはすべての者は本条1項aからfまでに列挙される理由以外をもってその身体的自由を奪われないということ、もう一つは逮捕・拘禁時には本条2項から5項において列挙される権利が最低限保障されなければならないということである。本条が問題とするのは、とりわけ国家権力の恣意的行使による不当な自由のはく奪からの保護であり、ヨーロッパ人権裁判所の判決によれば、本条において保障される権利は国内法的権利であるとされる。Vgl. *Ehlers/Uermann*, (Fn.24), §16.1 Rn.4ff.

26　ヨーロッパ人権条約の中でもとりわけ大きな意義を有するのは第6条の規定であり、これまでヨーロッパ人権裁判所において出された判決の半数以上が本条に関するものである（2015年ヨーロッパ人権裁判所において823件の判決が出されたが、そのうちの280件が本条に関するものであった。また、1959年から2015年の間に下された18577件の判決のうち、10155件が本条に関するものである）。Vgl. *Jens Meyer-Ladewig/Stefan Harrendorf/Stefan König* Meyer-Ladewig/Nettesheim/von Raumer, Europäische Menschenrechtskonvention 4. Auflage 2017, Art.6 Rn. 1 .

27　本条の規定は、罪刑法定主義について規定するのみならず、その派生原則である遡及処罰の禁止についても定めるものであると解される。また緊急状態においても本条の規定は常に遵守されなければならない。Vgl. *Meyer-Ladewig*, (Fn.22), Art.7 Rn.1.

28　ヨーロッパ人権条約8条は、個人情報保護を重要な人権であると位置づける。以上に関して、*Meyer-Ladewig/Nettesheim/von Raumer*, Kommentar zur Europäische Menschenrechtskonvention, 4. Aufl. 2017, Art.8 Rn.32ff.

29　ヨーロッパ人権条約の１３条は、本条約において保障される基本権及び自由が侵害されたすべての者が、国内裁判所に異議申立てをする権利を認められる旨定める。但しこれは、ヨーロッパ人権条約及び追加議定書において規定される他の具体的権利を保障するための付随的権利であるとされる。すなわち、本条が規定する異議申立てに関する権利が認められる範囲は、ヨーロッパ人権条約の定める権利及び自由の保障を担保するために必要な範囲に限定されることになる。Vgl. *Grabenwarter*, Europäische Menschenrechtskonvention, 4.Aufl. 2010, §24 Rn.161.

30　ヨーロッパ人権条約において規定される諸権利について、同一の内容を持つものがEU 基本権憲章においても認められる場合、基本的に両者の解釈は同一のものとされる。詳細は後述。

31　Vgl. *Jung*, Jus 2000, 417.

32　しかしながら、外形上ヨーロッパ人権条約に違反しているように見える場合においても、各国の刑事手続の独自性を考慮することによって、それが当該違反の抗弁事由となる可能性が認められる場合がある。Vgl. *Vogel/Matt*, (Fn.5), S.209.

33　とりわけ、Vgl. Protokoll Nr. 8 zum Vertrag von Lissabon.

34　同条約のもつ判例法的性格から、リスボン条約発効以前においても、ヨーロッパ人権条約の規定は、EU における刑事訴訟法の共通基準にとって、独立した法源であるとみなされなければならないとする主張がなされた。Vgl. *Jung*, (Fn.31), S.417ff.

35　*Nowak*, Europarecht nach Lissabon, 1.Aufl. 2010, S.141.

36　EuGH, 18.12.2014 - Gutachten 2/13.

37　ヨーロッパ人権条約53条は、同条約の規定が基本権および人権等の制限事由として解されてはならない旨規定する。すなわち各条約締約国が、ヨーロッパ人権条約によって規定される基準を遵守しているからといって、その基準を上回る基本権及び人権保護の基準を設けることを拒否する理由にしてはならないとしたのである。Vgl. *Meyer-Ladewig*, (Fn.22), §53 Rn.1.

38　Vgl. *Vogel/Matt*, (Fn.5), S.209.

39　ヨーロッパ人権条約に関する追加議定書等について、全ての条約締約国においてその承認がなされていない場合、それを根拠として認められるヨーロッパ共通基準の効力が認められないのではないかという疑問が生ずる。但し以上の場合においても、ヨーロッパ人権裁判所は、通常、ヨーロッパ人権条約 6 条が定める公正な裁判原則のような一般条項を用いて、この不備を補う解釈を行う。Vgl. *Vogel/Matt*, (Fn.5), S.209.

40　Vgl. *Vogel/Matt*, (Fn.5), S.209.

41　ドイツ憲法裁判所は、ドイツ国内の裁判所が刑事手続において判断を下すに際して、ヨーロッパ人権条約 6 条が規定する公正な裁判原則が常に考慮されなければならないとする。更に、公正な裁判の原則の解釈に際して、ヨーロッパ人権裁判所の是正判決を回避するために、同原則の適用範囲をより広く解する傾向にある。以上のような憲法裁判所の態度に対して、司法的な疑問も多く提示されるが、ヨーロッパ人権裁判所の是正判決回避のためには有効であるとされている。ドイツ憲法裁判所は、公正な裁判原則等、ヨーロッパ人権条約において認められる一般原則の国内刑事手続における直接適用を許容するものではあるが、同時に刑事手続において、公正な裁判原則等を根拠として、国内法において規定される刑事訴訟法上の基準からの逸脱は、極めて注意深くこれを行う必要があると警告する。Vgl. *Schroeder*, Der Fair-trial-Grundsatz im Strafverfahren, Europäisierung des Rechts, 2009/2010, S.183ff.

42　Vgl. *Oellers-Frahm*, Entlastung des EGMR-zu Lasten des Individuims?, FS für Georg Ress, 2005, S.1027.

43　イタリアにおいて、訴訟期間が長すぎることを理由として、頻繁にヨーロッパ人権裁判所への異議申立てが行われることが知られている。このような事情のもと、2001

年イタリアおいて、ヨーロッパ人権裁判所の負担軽減を目的としたPino法が施行された。本法は、長すぎる訴訟期間によって被った損害の補償について規定するものであるが、問題の原因である長すぎる訴訟期間を短縮するための具体的措置が講じられたわけではなく、根本的な問題解決には至っていないとの指摘がされる。Vgl. *Oellers-Frahm,* (Fn.42), S.1028ff.

44　ヨーロッパ枠組決定において示された達成目標の内容について、各連合加盟国を拘束するが、目的達成の形式・方法については連合加盟国機関の権限に委ねられていた。本枠組決定は、そこで示された内容について、各連合加盟国において国内法制化された後、初めて効力を有するものとされた。リスボン条約発効以後、旧EU 3本柱構造が廃止されたことを受けて、ヨーロッパ枠組決定という形で、EUの刑事法領域における行動指針を示すことはなくなった。但し、リスボン条約発効以前に採択されたものについては、引き続きその効力を有する。

45　ヨーロッパ枠組決定について、旧EU条約29条から42条において規定された。

46　とりわけ刑事手続領域において問題とされるのは、同条約67-89条の規定である。

47　EU指令は、ヨーロッパ委員会の提案に基づいて、ヨーロッパ議会、理事会が共同して公布する（Art.288 AEUV）。

48　リスボン条約発効によって、同裁判所に対する個人レヴェルの法的救済手続が認められるようになる。詳細は後述。

49　EUの機能に関する条約26条 2 項は、連合域内における、いわゆる「ヒト・モノ・カネ」の移動の自由に関して規定する。本条の規定によって、連合域内における市場の自由及び基本的自由が保障されるのである。EUにおいて、基本的自由の概念に関する明文による規定は存在しない。しかしながら基本的自由という概念は、1980年代初頭よりヨーロッパ司法裁判所の判例においてしばしば用いられている。当初基本的自由の概念は、国籍を理由として、裁判所において不利な判決が下されることを排除するための理論として発展したものである。同概念は、現在、連合加盟国の国内法規範によって不当にEU法の行使が妨げられてはならないとする制限禁止（Beschränkungsverbot）の理論を根拠づけるものとして理解される。Vgl. *Ehlers/Uermann,* (Fn.24), §1 Rn.43.

50　ギリシャ人女性Aは、ギリシャの運転免許証を取得していたが、ドイツ発行の運転免許証は所有していなかった。故にAは、ドイツにおける無免許運転を理由に公訴提起された（§21 I Nr.1 StVG）。ドイツの国内法規によれば、Aはドイツ国内に移住した為、定められた期間内にギリシャの運転免許証をドイツ国内において更新する必要があったが（§4 IntKfzVO）、これを怠っていた。以上の場合に、ドイツ国内における無免許運転を理由として、Aに対して有罪判決を下すことがEU法に違反するかが問題とされた。Aの行為当時、既にEU域内における運転免許証の相互承認に関する指令（Richtlinie 91/439/EWG des Rates vom 29. Juli 1991 über den Führerschein）が示されており、各連合加盟国において取得された運転免許証の効力に関して、他の連合加盟国においてもその効力が及ぶ旨定められてはいた。しかしながらヨーロッパ司法裁判所は、運転免許証規則に関するEU域内におけるハーモナーゼーションの進捗状況を勘案し、ドイツ当局がAに対して運転免許証の更新義務を課したことは、EU法的に許容されるとの判断を下した。EuGH, Urt.v.29.2.1996 C-193/94.

51　*Gless*, StV 2010, 403. 私的なスポーツ賭博の開催者Aは、イギリスのブックメーカーがバイエルン州における賭博開催の許可を得ていると誤信し、スポーツ賭博を開催していた。当該イギリスブックメーカーは、イギリスにおける賭博開催許可を得ていたものの、ドイツ国内における賭博開催許可を得てはいなかった。賭博開催者Aは、ドイツ刑法284条が定める許可のない賭博の禁止に違反したことを理由に公訴提起された。ヨーロッパ司法裁判所の判例によれば、国境を超えてなされる賭博の開催は、旧ヨーロッパ共同体条約50条（現EUの機能に関する条約56条）が規定する営業概念に包摂されるとされ、本条にいう「営業」の自由に対するEU域内におけるあらゆる妨害的措置が禁止されている。故に賭博開催者Aの行った賭博開催行為は、ドイツ刑法284条の規定に抵触するものの、EU法を根拠として当該行為の可罰性が阻却される可能性がある。近年ヨーロッパ司法裁判所は、ドイツ国内における賭博の国家独占に関して、これがEU法に違反するとの判断を下した。EuGH, Urt.v.8.9.2010 C-46/08.

52　*Satzger*, Internationales und Europäisches Strafrecht, 4.Aufl.2010, § 9 Rn.18.

53　ヨーロッパ司法裁判所の判決によれば、シェンゲン実施協定54条にいう行為（Tat）とは、密接に絡み合った事実の集合体であるとされ、その判断に際して、当該事実の法律的評価は関係しないとされる。EuGH, Urt.v.9.3.2006 C-436/04.

54　しかしながら他の連合加盟国において有罪判決が下されていても、当該判決に基づいて未だ刑罰が執行されておらず、かつ将来においてもこれが期待できない場合においては、同一事件について再度刑事訴追を行うことが許容されよう。Vgl. *Burchard/Brodowski,* StraFo 2010, 186.

55　EuGH, Urt. v.10.3.2005, C-469/03.

56　Vgl. *Burchard/Brodowski*, (Fn.54), S.181.

57　Vgl. *Burchard/Brodowski*, (Fn.54), S.186.

58　但しヨーロッパ枠組決定はあくまでも、各連合加盟国の行動指針について定めたものに過ぎず、法的拘束力を強制することはできないという批判もある。Vgl. *Kühne*, JZ 2005, 838ff.　また国内法のContra legemになってはならないとの指摘もされる。Contra legemとは、裁判官が自らの判断を下す際に、成文法による規定を意識的に無視することを指す。ヨーロッパ枠組決定は、各連合加盟国における、国内法的解釈の際に常に考慮されなければならないが、それによって国内法規定を無視し、それとは異なる判断をすることは許されない。Vgl. *Gärditz/Gusz,* GA 2006, 225.

59　例えば以下のような場合に問題となる。本枠組み決定10条は、各連合加盟国の刑事手続において、「被害者」に対して被告人との調停の機会が与えられなければならない旨規定する。本条の規定にいう「被害者」に、法人が含まれるかどうかが問題とされた。ヨーロッパ司法裁判所は、本枠枠組決定における「被害者」に、法人を含むという解釈を行ったとしても、立法者意思に反するものではないとしつつ、原則として本枠組み決定における「被害者」は自然人に限られると判断した。Vgl. *Bock*, JZ 2011, 469. 本枠組み決定は、あくまでEU域内における被害者の取り扱いに関する最低基準を定めるものであり、例えばドイツ刑事手続における被害者概念は、法人をもその対象とする場合がある。例として、付帯私訴手続における被害者概念が挙げられる。刑事手続における被害者概念について、拙稿「刑事手続における被害者概念について－ドイツ刑事手続における被害者概念に関する議論を素材として－」広島法学第34巻4号176-150頁（2011年）参照。

60　本枠組み決定を受けて、2004年ドイツにおいて「刑事手続における被害者の権利改正に関する法律」が施行されたが、本法律における被害者保護の内容に関して、ヨーロッパ枠組み決定において示されたそれよりも、高い水準を示すものであった。Vgl. *Simmons*, ZRP 2005, 125. また2009年施行の「第2次刑事手続における被害者の権利改正に関する法律」によって、ドイツ刑事手続における犯罪被害者の法的地位は更なる改善が図られている。

61　DIRECTIVE 2012/29/EU OF THE EUROPEAN PARLIAMENT AND OF THE COUNCIL of 25 October 2012 establishing minimum standards on the rights, support and protection of victims of crime, and replacing Council Framework Decision 2001/220/JHA

62　EU基本権憲章47-50条の規定を根拠として認められる規準は、その解釈、法効果に関して、ヨーロッパ人権条約において認められるそれと同様の意義を有するものとされる（Art.53 III GR-Charta）。EU基本権憲章53条3項の規定によれば、以上挙げた諸基準以外にも、同憲章において規定される人権保護に関する規定に関して、ヨーロッパ人権条約において同様の規定が存在する場合、その内容は同条約におけるそれと同一であるとされる。これは、ヨーロッパ人権条約が、EUにおける基本権保障にとって、中心的基準と見なされていることを意味する。Vgl. *Calliess/Ruffert*, Kommentar zum EUV/AEUV/GR-Charta, 4.Aufl. 2011, CR-Charta Art.53 Rn.21.

63　EUの機能に関する条約16条においても、再度個人情報保護について言及されている。また、先に見たとおり、人権条約8条において個人情報保護が人権として位置づけられていることからも、ヨーロッパにおいて個人情報保護が基本権ないしは人権の一部として位置づけられ、重要視されていることがわかる。

64　Regulation（EU）2016/679 of the European Parliament and of the Council of 27 April 2016 on the protection of natural persons with regard to the processing of personal data and on the free movement of such data, and repealing Directive 95/46/EC

65　GDPRの日本語訳について、個人情報保護委員会作成の仮訳を参照した。https://www.ppc.go.jp/files/pdf/GDPR-provisions-ja.pdf から取得（最終アクセス日2018年10月9日）。

66　住居権とは、一定の空間への立入りを許可しまたは禁止する権利を意味する。以上について、松宮孝明「ポスティングと住居侵入罪」立命館法学297号16頁註15参照(2004年)。

67　ドイツ連邦データ保護法4条1項の文言から、スポーツ競技場、ショッピングセンター、公共交通機関の発着場等の安全保持等がその代表例となるだろう。

68　個人の生体データとは、極めて多義的であるが、GDPRの定義に則れば、監視カメラ映像の分析によって得られる顔特徴データ、遺伝情報などは本条の規制対象となる。

69　Directive (EU) 2016/680 of the European Parliament and of the Council of 27 April 2016 on the protection of natural persons with regard to the processing of personal data by competent authorities for the purposes of the prevention, investigation, detection or prosecution of criminal offences or the execution of criminal penalties, and on the free movement of such data, and repealing Council Framework Decision 2008/977/JHA

70　*Weichert,* Bewertung der EU-Richtlinie für den Datenschutz bei Polizei und Justiz, S. 4 2016. https://www.netzwerk-datenschutzexpertise.de/sites/default/files/bewertung_2016_02_eudsri_polizei.pdf から取得。(Accessed 2018/10/9)

71　EU加盟国の現状として、例えば近年のドイツ連邦憲法裁判所の判断によれば、「データ取得を決定づけたのと同一官庁により、同一の任務の枠内で、同一の法益保護のために」データの再利用が行われることは憲法適合的であるとされているが、データの目的外再利用について「仮想的なデータ新取得」という基準が設定されており、再度の司法審査がおこなわれることになる(BVerfGE 141, 220.)。以上のドイツ連邦憲法裁判所判決について、石塚壮太郎「テロ防止のための情報収集・利用に対する司法的統制とその限界」大沢秀介ほか編『変容するテロリズムと法－各国における〈自由と安全〉法制の動向』180頁、195頁(弘文堂、2017年)を参照した。

72　Vgl. *Hecker,* Eurpäisches Strafrecht, 4 .Aufl. 2010, §3 Rn.20.

73　約半世紀の間に出された判決として、20という数は少なく感じられるかもしれない。ただしその何れもが重大な問題に関わるものであり、この数を少ないと見ることは出来ない。Vgl. *Gless,* (Fn.50), S.401.

74　*Müller,* StV 2010, 207. 更に2011年1月23日には、ヨーロッパ人権裁判所において、同制度がヨーロッパ人権条約5条に違反するとの判決が出された。

75　BGBl.I SS.2300, 2305.

76　Pressemitteilung des BVerfG Nr.31/2011 vom 4.5 2011, Az. 2 BvR 2365/09 und 2 BvR 740/10 (Sicherungsverwertung), sowie Az.2 BvR 2333/08, 2 BvR 1152/10 (Sicherungsverwertung II).

77　*Esser,* (Fn.12), S.875.

78　*Gless,* (Fn.51), S.401.

79　BVerfG, StV 2000, 201.

80　EGMR, StV 2006, 617.

81　EGMR, StV 2001, 201.

82　EGMR, StV 1993, 283.

83　裁判証拠の閲覧権に関するドイツ及びヨーロッパ人権裁判所における議論状況について、斉藤司「強制処分と証拠開示」法制研究76巻4号861頁以下（2010年）も併せて参照。

84　*Gless*, (Fn.51), S.402.

85　EGMR,NStZ 2007, 103ff.

86　例えば、Vgl.*Esser*, (Fn.12), S.681ff.

87　例えば、先に挙げた匿名証人の事案において、Monika Haas がヨーロッパ人権裁判所に対し異議申立を行ってから、同裁判所が判断を下すまで4年の歳月を要した。

88　例えば条約違反国の賠償に関する問題がある。ヨーロッパ人権裁判所は、人権条約違反から生じた損害に対する補償が十分でないと判断した場合、適切な賠償を行うように命ずることができる。(Art.41 ECHR)。しかしながらこの場合、条約違反国において、人権条約違反から生じた損害を補償するための規定が存在しない場合、国際法的解釈によれば、当該補償命令は、条約違反国においてその効力を発揮することが困難となる。

89　以上の点について、旧EU条約6条2項において、ヨーロッパ人権条約において規定される基本権は、EUにおいて尊重されなければならない旨定められてはいた。今回の条約改正は、これを一歩進めて、EUがヨーロッパ人権条約へ参加する旨、明文により規定したものである。

90　*Nowak*, (Fn.35), S.141.

91　*Gless*, (Fn.51), S.404.

92　同条の規定に基づく異議申立ては、EU各機関及び、連合より権限を委譲されて行われる各連合加盟国の法的行動に関する、ヨーロッパ司法裁判所を通じた合法性の審査を可能にするものである。当該異議申立てに関する判決は、その違法性が認められた行為の無効を確定するものではなく、当該行為に帰属する効力を、その取消までの期間除去するものであると解される。Vgl. *Calliess/Ruffert*, (Fn.62), AEUV Art.263 Rn.1ff.

93　EU域内における全ての裁判所は、各連合加盟国内において、EU法の趣旨に沿った法律適用が行われることに関する義務を負うものである。故に各連合加盟国における裁判所は、必要と認められる場合、EUにおける条約の解釈、法的行動の合法性判断について、ヨーロッパ司法裁判所に対し、事前判断手続を通じてその解釈を求めなければならない。また当該事案と関係性を有する自然人及び法人についても、当該手続を通じてヨーロッパ司法裁判所の判断を求める権利が認められる。事前判断手続手続は、EUの法的行動の監視に資するものであるとされる。Vgl. *Calliess/Ruffert*, (Fn.62), AEUV Art.267 Rn.1-2.

94　EU加盟国国民は、EU法の違反についてヨーロッパ委員会に対して異議申立を行うことができる。異議申立は、連合加盟国において使用される23の言語を用いて行うことができ、ヨーロッパ委員会は異議申立が行われて15営業日以内に当該申立の確認、登録を行う。申立人に対して、委員会から手続の進捗状況が通知される。しかしながら、以上の異議申立続は、申立人個人に直接関わる問題解決を目的とするというより、むしろEU法に違反する制度的瑕疵の治癒を目的とするものである。それ故、申立人個人に出された連合加盟国の国内裁判所による判決等について、その取消、変更は当該連合加盟国の国内裁判所によってのみ行われるものであるとされる。損害賠償に関する判断についても、連合加盟国の国内裁判所にのみその権限が認められる。以上の異議申立手続に関して、下記ホームページを参照した。https://ec.europa.eu/info/about-european-union/problems-and-complaints_de（Accessed 2017/11/19）

95　Vgl. *Schroeder*, (Fn.41), S.183ff.

96　ドイツ基本法１条１項は、人間の尊厳は不可侵（unantastbar）であり、立法、司法、行政権等に代表される全ての国家権力は、これを常に尊重しなければならない旨規定する。刑事手続における人間の尊厳保障について、本書第４章3.1（１）①で検討する。

97　Vgl. *Vogel/Matt* (Fn.5), S.213.

98　Vgl. *Kühl*, Der Einfluss der Menschenrechte und Grundfreiheiten der Europäischen Menschenrechtskonvention auf das deutsche und europäische Strafrecht, FS für Heike Jung, 2007, S.439ff.

99　ABl. EU Nr.C295.12.4.2009 S.1.

100　EU基本権憲章48条２項は、刑事手続における被告人の防御権は常に保障されなければならない旨定めるものであり、本条の規定はとりわけ刑事弁護実務にとって重要なものとなる。しかしながら本条にいう「防御権」の内容に関して、一切具体的既述がされておらず、この点について、同じく被告人の防御権保障について定めるヨーロッパ人権条約６条３項とは異なる。本条の規定は、EU法を根拠とする共通基準にとって中心的基準となることが期待されるものであるが、その解釈については、ヨーロッパ司法裁判所の判断が待たれる。

101　現在同条の規定を根拠とした立法例として、刑事手続における通訳及び翻訳権に関する指令（Richtlinie des Europäischen Parlaments und des Rates über das Recht auf Dolmetsch- und Übersetzungsleistungen in Strafverfahren）、刑事手続において自らの訴追された理由について告知される権利に関する指令（Richtlinie des Europäischen Parlaments und des Rates über das Recht auf Belehrung in Strafverfahren）等がある。

102　これに関して慎重な姿勢が求められるべきだとする意見もある。例えばドイツ憲法裁判所は、刑法及び刑事手続規範が個人に与える影響の大きさを理由として、EU条約を根拠とする刑事法領域における汎ヨーロッパ的立法権限については、極めて厳格にこれを解釈する必要があり、このような立法が実際に行われるに際しては、国民投票等の手段によって当該立法の是非が問われなければならないとする。BVerfG

123, 267. Vgl. *Böse*, ZIS 2010, 85.

103　Vgl.EuGH, Rs.222-84, Slg. 1986, 1951, Rn.18.

104　*Schnarrenberger*, Der Beitritt der EU zur EMRK:Eine schier unendliche Geschichte, FS für Renate Jaeger, 2010, S.145.

105　わが国における外国人犯罪の発生状況を例としてあげる。法務省発行の犯罪白書によれば、外国人による刑法犯の検挙件数は、来日外国人の検挙件数の増減に伴い、平成17年に過去最多の4万3,622件を記録した。しかしながら、翌18年から減少に転じ、27年は1万6,017件（前年比4.7%減）であった。とはいえ、この数値は平成元年比の約2倍であり、未だに高い水準を維持していることがわかる。

来日外国人犯罪について摘発者の内訳を見ると、その半数以上がアジア諸国に所属する者であり、わが国において多くの外国人、とりわけアジア諸国出身者が刑事訴追されているという事実がある（2015年警察庁発表の統計によれば、外国人犯罪の摘発状況は、全体数1万689人であり（一般刑法犯及び特別法犯の検挙人数総計）、国別に見ると、中国5787人、ベトナム1136人、フィリピン、410人、韓国391人、フィリピン1128人となっている。警察庁ホームページ、統計、来日外国人犯罪の検挙状況2014年（確定値）を参照。）。そこには言語、刑事訴追制度の差異等、多くの問題が存在していると思われる。

106　アジア領域において、ヨーロッパ人権条約のような、包括的な基本権保障に関する国際条約が将来成立するのかという問題は、ヨーロッパにおける研究者にとっても大きな関心事である。以上について2011年8月18日、ドイツ・テュービンゲン大学において、Prof. Dr. Joachim Vogel, Dr. Christoph Burchard からヒアリングした。

107　国際自由権規約は、わが国の他に、韓国（加入）、北朝鮮（加入）、モンゴル（批准）、フィリピン（批准）、タイ（加入）、ベトナム（批准）等が締約国となっている。

108　国際自由権規約14条の内容について、本書第3章で検討する。

109　これらの条約は、ともにヨーロッパ評議会において採択された。わが国において、2003年6月1日、刑を言い渡された者の移送に関する条約が効力発生、2012年11月1日、サイバー犯罪に関する条約の効力が発生した。

110　https://headlines.yahoo.co.jp/hl?a=20140506-00000008-jij-eurp、時事通信 2014年5月6日（火）2時31分配信（Accessed 2014/5/6）。

111　2018年11月1日現在、わが国の個人情報保護委員会は、EU からのデータ移転を円滑に行う為、「個人情報の保護に関する法律に係る EU 域内から十分性認定により移転を受けた個人データの取扱いに関する補完的ルール」を定めるなど GDPR による十分性認定を受ける準備を進めている。

第2章　ヨーロッパ人権条約における公正な裁判原則

第1節　はじめに

ヨーロッパ人権条約は、1950年11月4日ローマにおいて採択、ドイツ他10カ国が同条約を批准する中1953年9月3日発効した。ヨーロッパ人権条約は、広範な分野の人権保障について規定する最初の国際条約であり、今日に至るまで多くの議定書が採択されることにより、権利保障及びその手続に関して大きな発展を見せてきた[1]。当初、同条約は、各条約締約国においてもさほど重要視されてこなかったものではあるが、今日に至るまでの長い年月を経て、ヨーロッパにおける人権保障の中心的基準として位置づけられることになった[2]。

ヨーロッパ人権条約は、国際人権法として位置づけられるものではあるが、その起源は古く中世以前の時代にまで遡ることができよう。人権の起源は、全ての人間にはその内なる神的似象性から生ずる共通の尊厳が認められるという考えにあるとされる。以上のような考えは、ルネッサンス期における人間の尊厳に関する議論に大きな影響を受けることなく15世紀末頃まで維持され、宗教改革、それに引き続いた宗教戦争の時代においては、信仰の自由が各派の主張のよりどころとされ、これは最古の人権の一つであるとされた。その後、17世紀に入ると、イギリスにおける封建社会の変化の中で、人権及び個人の自由に関する記述が見られるようになり、特に人身保護法、権利章典などが代表的なものであるとされる。更に、18世紀の終わり頃、1776年にはアメリカに渡った清教徒達によってヴァージニア権利章典が採択され、これは包括的な人権に言及した先駆け的な存在であった。その直後、これに影響を受けたフランス人権宣言が採択され、これらはともに今日においても妥当する基本権概念の中核的要素を包含するものであった[3]。第二次世界大戦終結まで、人権保障に関する議論は国内法領域にとどまるものであり、人権保障の国際化の動きが活発になるのはそれ以後のことであった[4]。1948年12月10日の世界人権宣言（Universal Declaration of Human Rights）において、全世界において妥当すべき基本的人権について宣言され、人権保障が世界規模の問題であることが確認された。刑事手続に関しても、人権宣言10条が全ての者は独立かつ公平な裁判所において公正で公的な聴聞を受ける権利を有する旨定め、11条においては無罪推定原則、法律なくして刑罰なしの原則（nulla poena sine lege）について言及されており、その精神はヨーロッパ人権条約においても引き継がれている。ヨーロッパ人権条約は、包括的な人権保障について言及した初めての国際条約であり、国際人権法の先駆け的な存在として位置づけることができよう[5]。

先にも述べたとおり、ヨーロッパ人権条約は、ヨーロッパ地域における人権保障の中心的基準として位置づけられており、各条約締約国においてはその要請に合致した制度的保障が求められている。同条約は、ヨーロッパ地域におけるいわば地域的条約とみることもできるが、その基本的思想、特に人権保障に関するそれが1966年に採択された国際自由権規約にも受け継がれていることなどを勘案すると、基本的精神はヨーロッパ域外においても広く妥当するといえる。ヨーロッパ人権条約6条1項の規定は、法律によって設置された裁判所において、適切な期間内に公正な聴聞が行われることを要求する。他方の意見も聞くべし（audiatur et ltera pars）、という法格言があるが、これはイギリスにおいて、公正な聴聞（fair hearing）という概念として理解されることが多い。また合衆国において言及されることが多い適正手続（due process of law）についても、公正な聴聞概念と内容的に一致する部分が多いものと考えられる[6]。また、ヨーロッパ人権条約6条2項においては無罪推定原則が、3条においては被疑者・被告人に対して認められる権利について規定されている。以下では、ヨーロッパ人権条約6条の規定を根拠として、被疑者・被告人に対していかなる権利が認められているかについて具体的に見ていくことにする。

第２節　ヨーロッパ人権条約６条の適用範囲

ヨーロッパ人権条約６条の規定は、民事法的請求および、刑事訴追に関する手続をその対象とする旨規定するが、ヨーロッパ人権裁判所は、本条の適用範囲について各条約締約国における国内法的解釈とは独立して判断を行う。例えば、「刑事訴追（criminal charge）」という文言について、条約締約国であるＡ国において捜査手続をこれに含まないとする解釈が行われていたとしても、ヨーロッパ人権裁判所は当該解釈に左右されず、刑事訴追とは刑事手続全段階におけるものを対象とするという判断を行うことができる。それ故、例えばドイツにおいて、純粋な民事および刑事手続以外においても、憲法裁判所及び行政裁判所等における争いに対して、人権条約６条の規定が適用される余地があるのかについて議論がある[7]。また、６条１項のフランス語の文言を見ると、その対象は «accusation» であるとされており、これは非常に狭い範囲、すなわち陪審裁判所における刑事訴追を意味する語であると一般的には理解されている[8]。しかしながら、人権裁判所は、文理解釈によってヨーロッパ人権条約６条の対象範囲を限定することはせず、事案ごとの特殊性を考慮しながら独自の判断を行う。人権裁判所の判断に際して、いわゆるエンゲル基準が用いられるとされており、ここでは申立人に対する訴追の理由となった行為類型の国内法的評価（判断資料としてのみ扱われる）、犯罪の基本的性質、当該行為に対して予定される制裁の種別および程度が考慮される[9]。

第３節　ヨーロッパ人権条約６条１項

ヨーロッパ人権条約６条１項は、全ての者が法律によって設置された公平な裁判所において、公正な手段による聴聞を受けることができる旨定めるものであり、いわゆる公正な裁判原則について規定する[10]。ヨーロッパ人権裁判所は、民主主義国家における市民の裁判所に対する信頼が損なわれてはならないことを強調する[11]。裁判所の独立性維持のため、とりわけ法執行機関からの独立および、中立性の維持が求められる。ヨーロッパ人権裁判所は、裁判官の在任期間および、独立性の担保がなされていたかについて、必要に応じて審査を行うことがある[12]。ヨーロッパ人権条約6条の規定は、公判においては当然のこととして、即決裁判手続等においても同様に妥当するものとされている[13]。人権条約6条の規定は、被疑者・被告人をその対象とするものであり、それ以外の第三者、例えば被害者等に対して刑事訴追に関する権利を認めるものではない[14]。ヨーロッパ人権条約2条、3条等を根拠として第三者に対しても刑事手続における何らかの権利が認められることはありうるが、6条の対象はあくまでも刑事訴追の対象となっている被疑者・被告人等に限定される[15]。

人権条約6条において定められる諸権利について、権利者である被疑者・被告人は、これを放棄することができるものとされている。権利放棄は、被疑者・被告人の自由意思に基づいて行われなければならないものであり、その効果について十分な情報が提供されなければならない。権利放棄から生ずる法的効果および手続への影響等について、被疑者・被告人が的確に予想することができるに足る情報が提供されなければならず、そのための十分な措置が行われていないと疑われる場合には、権利者の自由意思に基づいて権利放棄が行われたとはいえないだろう[16]。また、検察および裁判所との申し合わせによって被疑者・被告人が人権条約6条における権利を放棄することも可能である。しかしながら、人権裁判所は、このような権利放棄の形態について極めて慎重にその是非を判断するものであり、国家が公序良俗に反するような方法を用いて権利放棄を促した場合や、被疑者・被告人が権利放棄の効果について抱く期待を不当に無視した場合等において、権利放棄自体が無効なものであると判断する[17]。

1　独立した公平な裁判所

裁判所は、独立かつ中立の存在であることが求められ、その設置は法律に基づくものでなければならない。ヨーロッパ人権裁判所は、民主主義社会において、国民の裁判所に対する信頼を確保することの重要性を強調する[18]。裁判所の独立性維持のため、裁判所はいくつかの要件を満たさなければならないものとされており、特に行政権からの独立が担保されなければならず、その中立性が保持されなければならない。

裁判所の形態について、必ずしも伝統的形式にのっとっていることは必要ないが、司法権に基づいた、独立かつ中立の裁判体による裁判が行われなければならない[19]。具体的には、裁判所において争いのある事実について、法律に基づいた適正な手続、審理を経た判断が下されなければならないのである。職業裁判官および陪審員、参審員等の素人裁判官は、ともに独立した存在なのであり、何らかの指示に服することおよび法的な義務を課されることによってその判断を制約されることはない。また、裁判官の独立性維持のためその在任期間が短縮されることがあってはならない[20]。

ヨーロッパ人権裁判所は、裁判官の任期が１年間からという場合には、短期間にすぎるとしており、４年間からであった場合においても裁判所の独立性保持の観点からは短いとの判断をした。しかしながら、裁判所の独立性および中立性の保持について、裁判官の在任期間の長短のみがその可否を決するものではない。それ故、その他の要件についてこれが満たされる場合には、裁判所の独立性および中立性の保持にとって問題がないとされた[21]。

裁判所は、法律によって設置されることが求められる。これは、ドイツにおいて法治国家原則の要求と合致するものであるとされ、裁判所の構成および管轄権について明文の規定により定められなければならないとされる。裁判所に裁判を行う権限が認められないにもかかわらず、何らかの判断が行われた場合には、これが人権条約６条に違反するとされる。人権裁判所は、条約締約国の国内裁判所によって法の恣意的解釈が行われていることが疑われる場合において、裁判所構成および管轄権に関する国内法が遵守されているか、裁判所によって同法の適切な適用が行われているかを判断する[22]。

職業裁判官以外、例えばドイツにおける参審員等（名誉裁判官）が審理に加わった場合においても、基本的には公正な裁判の実現にとって問題はないとされている。なぜなら、参審員等は、その職業上および社会的経験等を生かして、裁判所の行う法的判断に資することができると考えられているからである。参審員等、いわゆる素人裁判官が司法参加を行うことは、公正な裁判の実現を阻害するものではないが、その際に参審員等の中立性が担保されていなければならないことは当然である。それ故、参審員等、名誉裁判官が特定の組織の利益を図るために司法参加を行っていると認められる場合には、これが人権条約6条の規定に違反することになるが、実際に参審員の司法参加がヨーロッパ人権条約6条に違反すると判断されたことはない[23]。

また、裁判所は常に中立の存在でなければならないとされ、偏見および予断を抱いて審理が行われることがあってはならない。人権裁判所は、裁判官の主観面および裁判所の構成等に関わる客観面、両面から中立性の維持が行われているかを判断する。すなわち、裁判所の構成が一方の当事者にとって不当に有利、もしくは不利なものであってはならず、十分な立証が行われるまで裁判官の主観的中立性が担保されていたかが問われる。被告人の犯行が疑われる場合においても、予断を抱いて審理を行うことがあってはならない[24]。裁判官が一方当事者にとって敵意および悪意を伺わせる発言をした場合、個人的な理由から対象となる裁判を担当したことが疑われる場合において、裁判官の主観的中立性が維持されていないと判断されることになる。しかしながら、こうした裁判官の主観面について立証することは困難であることが予想され、当該審理における客観的要素が考慮され、裁判所の中立性が維持されていたかが判断されることが多い[25]。

ヨーロッパ人権裁判所は、裁判所の中立性判断に対する疑念が取り除かれているかを重要視する。特に一人の人間が複数の手続上の役割を担っているような場合において、問題が存在することが多いと考えられており、検察官が裁判官を兼任するような状況がこれにあたるとされる。また、公判開始前、とくに捜査手続において刑事訴追側として手続に関係した裁判官が公判においても裁判官として審理を担当した場合、裁判所の中立性が損なわれたと判断されることがある。しかしながらヨーロッパ人権裁判所は、裁判官が勾留状請求の許否について判断するために、当該事案における事実関係等を審査した場合であっても、裁判所の中立性は維持されていると判断する。ただし、裁判官が事実関係等について適切に審査することなく被疑者・被告人の危険性を認定しかつ捜査活動の開始を許可していた場合には、裁判所の中立性が担保されておらず、裁判官の予断排除が行われていないものとされた[26]。裁判所の中立性に疑義を唱える異議申立がなされた場合には、当該申立に根拠がないことが明確な場合を除いて国内裁判所はこれを審査する義務を負う[27]。

2　公正な裁判の保障

ヨーロッパ人権条約6条1項における公正な裁判原則は、被疑者・被告人の包括的権利保障を求めると理解される為、個別事案における同原則の具体的内容がいかなるものであるかについてその文言から明らかにならない部分も多い。しかしながら、本条における公正な裁判原則を理解する上で、全ての訴訟参加者は、当該訴訟における単なる客体として扱われることがあってはならず、その主体的地位を尊重されなければならない、という考えがその基礎とされていることに疑いはない[28]。ヨーロッパ人権条約締約国は、その国内刑事手続において、ヨーロッパ人権条約6条の要求に合致するような法制度を構築しなければならないとされる。すなわち、被疑者・被告人には、本条を根拠とした刑事訴訟法上の権利を保障されなければならず、それを通じた裁判の公正性を担保する義務が各条約締約国には課されるのである[29]。

また、裁判所に判決を求める権利について、ヨーロッパ人権条約6条はこれを保障するものではない。しかしながら、裁判所が手続打ち切りの決定を行えるのは、これによって刑事手続が終結する場合、手続打ち切りの決定により被疑者・被告人に対して何らの処罰等も加えられない場合に限られる[30]。また、人権裁判所は、被疑者・被告人が上訴した場合において、上訴審における審理が行われることを義務づけるものではなく、裁判所が上訴棄却の決定を行い上訴審における弁論が行われない場合においても、人権条約6条に反する違法はないとされる[31]。

3　公正な裁判原則の法効果

ヨーロッパ人権条約6条1項において明確に規定されるもの以外にも、公正な裁判原則の重要な構成要素が存在する[32]。以下では、①法的聴聞権の保障、②武器対等原則、③刑事手続における裁判書類の閲覧、④公判手続への参加、⑤証拠調手続、⑥潜入捜査官、⑦既判力の尊重、⑧メディアとの関係、⑨公開裁判の要請、⑩迅速な裁判に関する問題について概観、検討する。

(1)　法的聴聞権の保障：証拠開示、在廷権保障、判決理由の開示

刑事手続において、すべての訴訟主体に対して法的な聴聞を受ける権利が認められなければならないものとされ、裁判所の判断に際して重要となる事実および法的質問に関して自らの立場を明らかにすること、また証拠の提供が行われる機会が認められなければならないものとされる[33]。法的聴聞権の保障は、武器対等原則及び防御権保障[34]の考えに由来すると理解されており、ドイツにおいては基本法103条1項の他、人間の尊厳の保障（Art. 1 Abs. 1 GG）を基礎として認められる権利であるともされ、公正な手段による法的な聴聞が行なわれることを通じた被疑者・被告人の主体的地位の尊重が図られなければならないとされる[35]。公正な裁判を求める権利の保障のために、自らが訴追される手続に関して、被疑者・被告人にはこれを十分に知る機会が認められなければならず、裁判所は当該権利保障が行われているかを審査しなければならないものとされる[36]。

裁判所は、手続参加者のする主張を認識、考慮し、かつこれを審査する義務を負う[37]。手続参加者としての法的地位を認められる者に対して、適切な手続参加の機会が保障されなければならない[38]。手続参加者間において何らかの事実が争われ問題となる場合、その認定が困難となる場合等において、問題となる証拠について訴訟参加者に対して通知されなければならず、通知の形態について、口頭で読み上げるだけでは十分とはいえないとした裁判例がある[39]。公正な裁判原則は、訴訟参加者、とりわけ被告人に対して、証拠について主張し争う機会が保障されることを求める。被告人には、刑事手続において証拠に関する法的主張を行うことが許されるのであり、裁判所は当該主張を考慮し、証拠採用に関する判断、証拠の評価を行わなければならな

い[40]。以上の観点から、ヨーロッパ人権裁判所は、刑事捜査・訴追機関に対して、原則として証拠の全面開示を求める。しかしながら、国家安全保障、第三者保護、特に証人保護の観点からやむを得ないと判断される場合においては、証拠開示に関する例外が認められる場合もある。証拠開示の例外は、公益保護の必要性を理由に認められるのではあるが、公益と個人の権利・利益との比較衡量は慎重に行われなければならないものであり、絶対的な必要性が認められる場合においてのみ証拠開示の例外が認められるべきであるとされ、被告人の手続参加にとっての障害が十分に取り除かれなければならないものとされる[41]。証拠開示の例外に関する許容性判断について、各国の裁判所がこれを行うことになる。裁判所は、認められる全事情を考慮し、証拠開示の例外を認めることに理由があるか、これが正当化されるかについて判断する。国家安全保障上の理由を根拠とする証拠非開示の是非が問題とされることがあるが、このような場合において実際に証拠開示の例外を認めることが安全保障上の利益となるかが審査される。この際に、裁判所は、非開示の対象となる証拠の性質、重要性についても考慮する[42]。更にこの問題は、裁判の公正性審査とも関連するものであり、証人保護の必要性があるか、被告人の利益が十分に保護されているか、武器対等が担保されているか、被告人に十分な争う機会を認めたうえで証拠開示の例外が認められるかが総合的に判断されなければならない[43]。証拠開示が一切行われなかった場合には、人権裁判所は利益衡量的判断を行うことが困難であるため、手続自体について総合的判断を行い公正性が担保されているかを審理する[44]。

更に公判手続における法的聴聞権の保障の為に、被告人には公判における在廷権が認められることになる。公判に参加する権利の行使は、その実質的保障の観点から、参加者が適切な時期に公判参加を認められることおよび召還されることが前提となる。また長時間の公判への出席が問題とされることがある旨指摘されており、訴訟参加者が夜間まで続く公判への出席を求められる場合には、これが公正な裁判原則に反する場合があるとされる[45]。また、ヨーロッパ人権条約６条３項ｃが定める防御権保障の規定を根拠として、被告人には公判へ参加する権利が認められるが、当該権利は実質的に理解されなければならない。刑事手続において、被告人が手続の性質およびその効果を理解していることが求められ、少なくとも弁護人を通じて自らの主張を行うことが認められなければならない。更に被告人には、自らの法的地位の把握および黙秘権を含む防御権の行使にとって重要となる事項について注意喚起が行われなければならない[46]。

更に被告人が手続に耐えうる状態であるかも重要な問題である。例えば、被告人の聴力に重大な欠陥があり、手続内容について十分に理解することが困難である場合において、裁判所は当該事実について正確に把握し、これに対する適切な措置を講ずることが求められるのである。以上のような場合において、被告人の手続内容の理解に資する補助人の選任等が行われなければならないといえるだろう[47]。

裁判所のする判決理由の開示についても、法的聴聞権の保障との関係において重要なものであるとされている。ヨーロッパ域内における司法判断に関わる基準の共通化が図られるべきであるとする観点から、ヨーロッパ人権裁判所は、各国の裁判所の判断が行われる際には、適切な理由が示されなければならないものとする[48]。裁判所は、訴訟参加者がする全ての主張に触れて判断理由を示す必要はない。しかしながら、裁判所の判断理由が示される際に訴訟参加者の中心的な主張について言及されない場合には、公正な裁判の実現が阻害されたと判断されることがある[49]。訴訟関係者は、自らがした中心的な主張に関して、裁判所から明確な回答をうることを期待することができるものとされ、裁判所がその期待に反して明確な判断理由を開示しない場合には、公正な裁所を受ける権利が侵害されたと判断される[50]。裁判所の判断理由の開示義務は、証拠採用手続等においても課せられるものであり、例えば裁判所が証拠を不採用とする場合には、その理由を示さなければならないものとされる[51]。更に、上訴が可能となる判決等に関して、裁判所には、その理由を開示する義務が課せられる。原審となる審理が終了しても、その後上訴審が行われることが予定されている場合において、被告人はそこで行なわれる防御活動の為の準備を行う必要がある。その為には、原審において出された判決理由が開示される事が必要となる。公正な裁判を求める権利の意義からして、被告人が当該訴訟において問題となっている事実、法的関係等に関して十分に把握しておくことが求められるのである[52]。

以上、訴訟参加者、とりわけ被疑者・被告人に認められる法的聴聞権について概観した。法的聴聞権の保障のために、原則として訴訟参加者がした主張について裁判所はこれを認識し、考慮する義務を課せられることになる。しかしながら、特別な事情、とりわけ訴訟参加者のした主張が錯誤に基づく場合には、裁判所はこれを退けることができる。

(2)　武器対等原則

公正な裁判原則は、刑事手続における武器対等、機会対等を求めるものであり、これは人種等の差異を理由とする不当な取り扱いの禁止について言及するヨーロッパ人権条約14条の規定とも関係する[53]。武器対等原則は、公正な裁判原則にとって重要な意味を持ち、ヨーロッパ人権裁判所において裁判の公正性が審査される場合、同原則の実質的保障が図られているかが重要な判断基準となる[54]。武器対等の実質的保障のために、すべての訴訟当事者間において機会対等が認められなければならない。例えば、全ての訴訟当事者は、一方の当事者にとって実質的な不利益とならない条件のもと、自らの証拠を提示する機会を認められなければならないのであって、これは当事者間に原則として実質的に同等の訴訟法的地位が認められなければならないことを意味する[55]。すべての訴訟当事者は平等に取り扱われなければならず、特に刑事手続に関する通知が平等に行われること、各人が平等にその主張を行える機会が認められること、その他平等な機会を提供されることが求められるのである[56]。フランス破棄院において、論告官（avocat général）がその決定を各訴訟参加者の弁護人にのみ通知したが、弁護人を依頼していない者にはこれを怠った場合に、ヨーロッパ人権裁判所は、論告官がした行動が機会対等原則に反するものとした[57]。

更に刑事事件においては、特に訴追側と防御側の間の武器対等の観点から、両者には平等にその主張を行う機会が認められなければならないものとされ、証拠開示がされなければならない。特に訴追側に全面的な証拠開示義務が課せられるものであり、被告人に対して原則全ての証拠を開示しなければばならないとされる。

公正な裁判原則は、訴追側、防御側の間に武器対等が担保されていることを求めるものであり、これは形式的な保障にとどまらず、刑事手続の各場面において実質的に保障されていることが必要であるとする。しかしながら、いくつかの条約締約国、例えばドイツ刑事手続において武器対等原則は、その実情にそぐわないのではないかとの指摘がなされ、被疑者の権利は、検察官のそれと比して制限されている場合も多い[58]。

(3) 刑事手続における裁判書類の閲覧

公正な裁判原則は、原則として裁判書類の閲覧権を認めるものとされており、同権利は、弁護人が選任されていない場合においても被疑者・被告人自身が行使できる[59]。人権条約6条は、被疑者・被告人に裁判書類閲覧・謄写の権利を認めるものではあるが、被疑者・被告人および刑事捜査・訴追機関以外の第三者保護、特にプライヴァシー権保護のため、同権利の行使が制限されることがある。人権裁判所は、第三者の法益保護と被疑者・被告人のそれとを比較考量しその是非を決するものではあるが、審査は慎重に行われる[60]。

(4) 公判手続への参加

訴訟当事者としての地位を有する者には、公判における口頭手続への参加が認められなければならない。これは、公正な裁判を担保するための本質的な要素の一つであるとされ、先に扱った法的聴聞権の保障と密接な関係性を有する。ヨーロッパ人権条約6条3項cおよびeは、それぞれ被告人に対して防御権、通訳・翻訳権を保障するが、これは被告人の在廷権保障を前提とするものであり、このことからも同権利が公正な裁判原則の重要な要素として位置づけられていることがわかる[61]。この他にも被告人の公判における在廷権が保障されてこそ、法的聴聞権の保障、証人に対する証人尋問権の保障が実現される[62]。それ故、各条約締約国に対しては、被告人の在廷権保障に必要となる国内法整備が求められるのであり、そのための立法的措置が求められる。被告人に在廷権が保障されることは、手続の進捗状況を知りこれを把握することができる機会が認められることをも意味するものであるが、そこで入手した情報を基に適切な防御活動を行う為には弁護人及び通訳・翻訳人の存在が重要となる。被告人自らが公判に在廷せず弁護人が代理で公判手続に出席する場合においても、防御権はあくまでも被疑者・被告人自身に帰属するものであり、弁護人はあくまでも被告人の代理人として同権利を行使することになる。

以上見たように、第一審公判における被告人の在廷権は、公正な裁判の実現のため必要不可欠の要素であるといえるが、上訴審においてはその状況を異にする。上訴審における在廷権の保障は、必ずしも人権条約6条が要求するものではなく、上訴審における争点が法律違反に関わるものに限定されており、かつ第一審において口頭手続が行われていた場合には、裁判所は上訴審における弁論を経ずとも判断を下すことができるものとされる[63]。

また被告人の公判への参加形態について、ビデオリンク等の方式を用いることを許される場合がある。被告人が既に他の裁判において有罪を宣告され刑務所に収容されており、ビデオリンク等の方式を用いての公判手続への参加が行われた場合にも、これが人権条約6条に違反しないとの判断が下された。もっとも、被告人のビデオリンク等の方式を用いた公判手続への参加が全ての場合に許容されるというわけではなく、被告人の防御活動への配慮、特に弁護人との接見交通等の保障が十分になされているか等の要素が考慮され可否が判断されている[64]。また、証人保護の必要性が認められる場合において、ビデオリンク等の方式を用いた証人尋問が行われているが、これも被告人の防御権を不当に侵害するものではないとの判断がされている[65]。

また、被告人が疾病を理由として公判手続へ参加することができない場合においても、その利益が十分に保護されている場合に限り裁判所は審理を行うことができるものとされている。しかしながら、公判において審理される問題が被告人自身の性格等、その性質に深く関わるものであり、被告人の欠席が防御活動に悪影響を与える虞が認められる場合においては、被告人の公判手続への参加が不可欠となり、被告人不在のまま公判を開催することは認められない[66]。

被告人の在廷権の保障は、公正な裁判実現にとって重要な要素として理解されるが、被告人は自らの意思でこれを放棄し、公判手続への参加を見合わせることができる。在廷権放棄の意思表示は、その形式を問わないが明確に権利放棄の意思が示されなければならない。いずれにせよ、被告人に対しては適切な方法で公判期日の通知がされなければならず、公判期日へ参加する機会が認められなければない。それ故に、被告人が自ら意思で公判への参加を行わないとした場合においても、裁判所は被告人に対して公判期日の通知が適切に行われたか、被告人の防御権が不当に侵害されていなかったかを審査しなければならない[67]。また、公判への参加を行わないことから生ずる不利益について、被告人がこれを十分に認識しているかということも重要となる。例えば、被告人が自らの意思で公判への出席を見合わせた場合においても、裁判所における審理は継続される。そこで被告人にとって不利となる事実が争われたとしても、被告人はこれに直接反論する機会が失われるということになる。以上のような不利益を被告人が十分に認識していない場合、また被告人の意思表示が書面等によってされていない場合には、被告人の在廷権放棄の任意性、人権条約6条違反が疑われる。また、被告人が公判に参加する意思表示を行わないことをもって、その在廷権放棄を推定することが許されないのは当然である[68]。

⑸　証拠調手続

ヨーロッパ人権条約6条は、証拠調べの方式、裁判所において許容される証拠の種別、各証拠に認められる証拠能力及び証明力について規定するものではない。証拠法は、各条約締約国における国内法規定によって定められる。それ故、証拠の許容性、証明力及びこれに関わる証人申請等の判断は、原則として国内裁判所によって行われる。しかしながら人権裁判所は、人権条約6条に関する審査について、証拠調手続の内容も重要な判断要素であるとしている。刑事手続、ここではとりわけ証拠調手続全体の事情を鑑みて、これが総合的に公正といえるものであったかが判断される[69]。

⑹　潜入捜査官

人権裁判所は、捜査機関が潜入捜査を通じて証拠を収集することを原則認めており、とりわけ組織犯罪、麻薬の密売および汚職犯罪に関する捜査を行う際の有用性を認める。しかしながら人権裁判所は、潜入捜査が行われるに際して、明確な期間を定めてこれが行われること、潜入捜査官の保護に関する十分な措置が講じられていることを求める[70]。人権条約6条の保護対象は被疑者・被告人なのではあるが、捜査官の生命、身体等に対して著しい危険が及ぶような捜査手法が用いられてはならない。

(7) 既判力の尊重

公正な裁判原則は、裁判所における確定判決の効力を無視することを禁ずる。例外的に再審が認められる条件が存在する場合を除き、判決が確定した後に再度の審理を求めて裁判所に上訴することは認められない。検察官及び他の国家機関が確定判決の破棄を目的として、上訴期間を超過していたのにもかかわらず上訴を行った場合に、これが人権条約6条1項に違反するとされた裁判例が存在する[71]。再審が認められるのは、確定判決後新たな証拠が発見され、裁判所における誤審が明らかとなった場合、人権条約違反となる手続上の重大な違法が存在する場合に限られる。それ故に、判決が確定する以前に採用されていた証拠に基づいて、再審の決定を出すことは人権条約6条1項に違反し裁判の公正性を侵害するとされた[72]。

(8) メディアとの関係

テレビ、新聞に代表されるマスメディアの犯罪報道により、公正な裁判の実現が困難となることが多々あるのは従来から指摘されている。マスメディアによる報道は、その内容が必ずしも真実であるとは限らず、一方当事者にとって不利、特に被疑者・被告人の犯行が確実視されているような内容が報じられることが多い。事実、これらの報道によって、世論、更には裁判官までもが刑事手続において争われる事実について予断を抱くことがあると指摘されており、公人であるからといってもテレビ、新聞等における報道の影響を全く受けないということは考えにくい。人権裁判所は、職業裁判官はいわゆる素人裁判官と比してメディアからの影響を受けにくいと考えているようではあるが[73]、犯罪報道から受ける心証形成に対する悪影響が存在することは否定できない事実であろう。

(9) 公開裁判の原則

ヨーロッパ人権条約6条は、原則として公開の法廷による口頭手続が行われることを求める。特別な事情が認められる場合においてその例外が認められる場合があるが、公開の法廷における口頭による弁論が行われることは、公正な裁判の実現にとって重要な要素であるとされる。しかしながら、法廷の道徳および秩序の保護、国家の安全保障に関わる利益の保護、未成年者および証人保護の必要性があると認められる場合等において、裁判の非公開が認められることがある[74]。

ヨーロッパ人権裁判所は、裁判所における公開裁判の原則について、各事案における事情を考慮してその例外が認められるか否かを判断する。以上の判断について、人権裁判所は柔軟な審査を行うものではあるが、事実認定に関わる問題が審理される場合において、原則として公開の法廷における口頭弁論が行われなければならないものとしている[75]。

⑽　迅速な裁判

公正な裁判原則は、迅速な裁判が行われることを求めるものであり、適切な期間内に手続が行われ裁判所による判断が下されなければならない。特定の者に対する訴追が開始された時が刑事手続の始点であるとされ、裁判所によって既判力を有する判決が下された時点で刑事手続の終了となる[76]。適切な期間の意味が問われるが、人権裁判所は具体的な期間を設定していない。各審級における審理期間について、およそ1年間が適正であったとするものがあるが[77]、これは傍論で示されたものに過ぎず、その後の裁判例において同様の判断がされたものは見られない[78]。その後の裁判例の中には、第一審が結審するまでに1年9ヶ月を要した場合でも、これが適切な期間であったと判断されたものがあり[79]、適切な期間がどれほどのものであるのかという結論は、各事案における状況により異なるものと考えられる。迅速な裁判の要請を考える際に重要となるのは、手続の継続期間の長短のみではない。裁判所において行われる審理自体の内容も重要な要素であり、手続の進行にとって必要ではない議論が行われたような場合、この期間が長期間に渡るのであれば迅速な裁判の要請が損なわれたものであるといえ人権条約6条違反が認められることになる[80]。

以下では、ヨーロッパ人権裁判所において適切な裁判期間である旨認定された近年の裁判例を挙げる[81]。第一審において30人の被告人を対象とする裁判が2年3ヶ月継続した場合、連邦裁判所における審理が1年9ヶ月継続した場合、被告人およびその他の関係者10人が公判に出席せず裁判が4年1ヶ月継続した場合、企業犯罪に関する事実が争われた複雑な事案においてすべての裁判（事実審、二度の上訴審）が7年10ヶ月に渡って継続した場合等を挙げることができ、人権裁判所において一律に定まった適切な期間の設定がされていないことがわかる。また、適切な裁判期間を超過した旨判断された事案について、第二審が結審するまでに3年2ヶ月を要し、かつその間18ヶ月にも及ぶ休廷期間が存在した場合、第二審手続の終了までに3年8ヶ月を要した場合、最終審である第三審の結審までに4年9ヶ月を要した場合等を挙げることができる。こちらについても、明確な基準が提示されているわけではないが、長期にわたる休廷期間が存在する場合、争われる事実の複雑性等の事情が認められないにも関わらず審理が長期化した場合において、迅速な裁判の要請が満たされていないと判断される傾向にある。

第4節　ヨーロッパ人権条約6条1項違反が認められる場合

以上、ヨーロッパ人権条約6条1項から認められる法効果等について検討した。同条の規定に関する違反が認められた場合にどのような措置が講じられるのであろうか。ヨーロッパ人権裁判所が人権条約6条1項の違反を認定した場合、通常であれば人権条約41条の規定に基づいて被告となった条約締約国に対する損害賠償命令の決定が行われることになり、違反を認定された条約締約国は人権裁判所の算定した損害賠償金を申立人である個人および法人に対して支払わなければならない。人権裁判所における人権条約違反に対する救済は、あくまでも事後的なものでありその手段は損害賠償による。しかしながら、既述の通り人権条約はヨーロッパ域内における基本権保障にとって極めて重要な意義を有しており、人権条約違反と認定された法制度等は立法によって改善されることが期待されるのである。人権条約の提示する刑事手続に関する基準は、刑事手続における最低限基準であるとされており、各条約締約国はこれに合致する国内制度を整備しなければならない。

第5節　ヨーロッパ人権条約6条2項 ――無罪推定原則――

1　無罪推定原則の意義

本条の規定は、いわゆる無罪推定原則について規定するものであり、同原則は公正な裁判を実現するための重要な要素の一つであるとされ[82]、すべての民主主義国家において妥当する被疑者・被告人の基本権保障に根ざした権利の一つとして理解される[83]。無罪推定原則は、嫌疑の存在およびその程度にかかわりなく、刑事責任についての十分な立証がされていない状態において、刑罰から全ての者を保護するものである[84]。同原則は、確定判決を通じてのみ有罪の確証がもたらされることを要求する。それ故、裁判所の判断が下される前に、裁判官が被疑者・被告人の有罪が見込まれることついて言及することは許されず。その防御活動について否定的な発言をすることも認められないのである[85]。

2　無罪推定原則の具体的内容

ヨーロッパ人権条約6条2項は、偏見を抱いた裁判官から被疑者・被告人を保護することを目的とする[86]。裁判官は、被疑者・被告人が犯行を犯したという予断を抱くことなく訴訟にのぞまなければならない。立証責任は訴追側に課されるのであり、手続上の全ての疑いは被疑者・被告人に有利に働くものでなくてはならないとされる[87]。無罪推定原則は、裁判所に対する中立性維持の要請と密接な関連性を有する。裁判官は全ての訴訟結果について公正な態度を維持しなければならず、訴訟の遂行に際して予断を抱いてこれに臨むことは許されない。有罪認定は、当該手続における裁判所の確信に基づいた十分に裏付けられた事実認定によるものでなければならないのである[88]。

更に他の国家機関についても、ヨーロッパ人権条約6条2項に定められる無罪推定原則を遵守しなければならないものとされている。裁判所における確定判決前に、公務員が被疑者・被告人の有罪について言及した場合において、ヨーロッパ人権裁判所は無罪推定原則が侵害されたとする判断を下している。これは捜査機関に対しても同様であるとされ、捜査官が偏見を抱いて捜査活動を行った場合、同原則が侵害されたと判断される場合がある[89]。また、刑事訴追者としての検察官に対しても、無罪推定原則の遵守が求められる場合があるとされており、例えば第一審における被疑者・被告人の無罪判決後、控訴手続期間において検察官が被疑者・被告人の無罪を信じる裁判官は一人もいないとする旨の発言をした場合、これが無罪推定原則に抵触するとの判断がなされた[90]。

無罪推定原則は、刑事手続の全段階において妥当する[91]。例えば、捜査手続において不当に被疑者・被告人の権利が侵害され、自らに不利となる供述等がされた場合、公判において無罪推定原則に則った訴訟進行が行われたとしても裁判の行く末はある程度決まってしまっている[92]。以上の事態を避けるためにヨーロッパ人権裁判所は、無罪推定原則は刑事事件が裁判所に係属する前の手続、特に捜査手続においても当然に考慮されなければならないとする[93]。

以上見たように、無罪推定原則は捜査手続段階においても妥当すると考えられるが、刑事手続における一定の嫌疑の存在を前提とした制度、例えば逮捕・勾留制度は無罪推定原則と矛盾しないとの判断がされている。しかしながら注意を要するのは、被疑者・被告人に認められる嫌疑の存在を前提とする刑事手続上の制度について、これが人権条約６条２項における無罪推定原則と矛盾しないために被疑者・被告人の防御権保障に配慮した手続上の運用が行われていなければならないということである[94]。無罪推定原則を実質的に担保するためには、同原則の遵守についてのみ考えるのではなく、被疑者・被告人にいかなる権利が認められうるのか、それが実質的に保障されているといえるのかが考慮されなければならない。ヨーロッパ人権条約６条３項においては、被疑者・被告人に対して最低限認められなければならない権利について規定されている。先にも述べたとおり、無罪推定原則の主旨は、判決の確定まで被疑者・被告人を形式的に無罪者として扱う、ということにとどまらない。法に定められた手続によってその有罪が法的に立証されるまでは、被疑者・被告人の主張に必要な訴訟法的権利の保障が行われなければならず、刑事訴追の遂行のために被疑者・被告人の法的地位が不当に侵害されるような事態が生ずることは決してあってはならないのである。

ヨーロッパ人権条約１条の規定によれば、同条約は条約締約国およびその国家機関に対してのみ効力を及ぼすものとされ、それ故に私人に対して無罪推定原則から生ずる義務を負わせることはできないものと解される。とりわけ、マスメディアによる犯罪報道が問題となるように思われるが、以上の理解に従えば、私的な報道機関による被疑者・被告人の刑事責任の存在に関する報道について、これは人権条約上の無罪推定原則と抵触するものではないといえるだろう[95]。また、人権条約10条との関係および、被疑者・被告人の人格権との関係において、無罪推定原則の内容が問題となる[96]。被疑者・被告人に対して、刑事捜査・訴追機関が嫌疑を抱いている旨を通知することは無罪推定原則に抵触するものではないとされている。

3　被疑者・被告人に認められる権利としての無罪推定原則

無罪推定原則は、刑事手続全段階において妥当するものであり、十分な法的立証がなされていない状況において被疑者・被告人が不当に処罰されることから保護する。それでは、被疑者・被告人が自らの意思で無罪推定原則に関わる権利を放棄することは認められるのであろうか。無罪推定原則を、ドイツにおける法治国家原則等、刑事手続上の原則から導き出される刑事捜査・訴追機関に対して課される客観的義務と解するのであれば、被疑者・被告人が自らこれを放棄することはできないということになるだろう。無罪推定原則の性質を、以上のように理解するのであれば、被疑者・被告人がした自白に関して、裁判所は、被疑者・被告人が自白をなしたという先入観にとらわれることなく、その信用性について判断しなければならない。しかしながら既述のとおり、人権条約上の無罪推定原則は、被疑者・被告人に認められる特別な権利であり、公正な裁判実現のために重要な要素の一つであるとして理解されるべきものである。それ故、無罪推定を裁判所によって形式的に無罪者として扱われる権利として理解したのでは、同原則の意義は事実上失われてしまうことになるだろう。ヨーロッパ人権裁判所は、刑事責任に関わる立証の程度、その対象等について、各条約締約国における国内法的判断に委ねられる部分が認められるとする。これに対して上記人権裁判所の判断に対して否定的な見解は、同裁判所が独自に刑事責任に関わる立証の程度、その対象等について判断すべきだとし、各条約締約国における関係官庁には人権裁判所の示す基準が遵守されているかについて、これを監視、実現する義務が課せられるとする[97]。

以上のように、無罪推定原則は、被疑者・被告人の基本権に由来する権利であると理解され、刑事手続において同原則が遵守されることは、公正な裁判の実現にとって不可欠の要素となる。無罪推定原則の実質的保障のためには、刑事手続の全段階における公正な聴聞の保障の他、人権条約６条３項が言及する訴訟法的権利の保障が必要となる。以下では、ヨーロッパ人権条約６条３項において規定される、被疑者・被告人に対して最低限認められなければならない訴訟法的権利について見ていくことする。

第６節　ヨーロッパ人権条約６条３項

ヨーロッパ人権条約６条３項は、ａからｅまでの５つの項目毎に、被疑者・被告人の権利について言及するが、これらはあくまで彼らに認められる最低限の権利（minimum rihgts）を列挙したものに過ぎず、公正な裁判原則より認められる権利を法的に定義したものでもなければ、例示したものでもない[98]。しかしながらこれらの諸権利は、公正な裁判を実現するための基本的要素として理解されるものであり[99]、全ての刑事手続において保障されなければならない権利であるとされる[100]。先に見たヨーロッパ人権条約６条２項において規定される無罪推定原則と同様に、ここで示される被疑者・被告人に対して認められなければならないとされる諸権利は、公正な裁判を構成する基本要素であるとするのが人権裁判所の見解である[101]。以下その具体的内容を概観、検討する。

1　被疑事実について告知される権利（Art. 6 (3) a ECHR）

ヨーロッパ人権条約6条3項aは、被疑者・被告人に向けられた被疑事実およびその根拠について、被疑者・被告人が十分に理解できる言語を用い即時に告知されることを求める。本条の規定は、手続の初期段階における迅速な情報告知により、自らがどのような被疑事実、根拠をもってして刑事捜査・訴追の対象となっているかについて被疑者・被告人が十分に認識し、それによって被疑者・被告人に対して防御活動の十分な準備期間及び機会を認めることを目的とする[102]。また、手続の係属中において、その対象となる被疑事実が変更された場合においても、当然にこれが被疑者・被告人に対して通知されなければならない。

本条において規定される権利は、ヨーロッパ人権条約6条3項bが定める防御活動の準備に関する権利と密接に関連する[103]。被疑者・被告人が有効な防御活動を行うためには、自らに向けられた被疑事実がいかなる内容であるかを十分に把握しておくことが不可欠であり、それ故、自らの被疑事実について告知される権利は、刑事手続の根幹に関わる権利の一つとして理解されるのである[104]。告知される時期について、6条3項bが定める十分な防御活動の時間及び機会が侵害されることのないように配慮されなければならず[105]、可能な限り早い時点での告知が求められる。また、告知に際して訴追理由およびその罪種について十分説明されることが求められ、特に自らが非難されている行為について、また当該行為がどの様な法律的評価を受けているかについて告知されなければならない[106]。上記告知義務について、被疑者・被告人の防御に関して不利益を与える可能性のある措置を裁判所が取る場合には、裁判所にもこれが課せられる[107]。被疑者・被告人が逮捕および勾留される際には、本条の規定以外にも、人権条約5条2項の規定が関係する場合がある。とりわけ、逮捕理由の告知および、被疑事実の告知が重要となろう。

ヨーロッパ人権条約6条3項aは、被疑事実告知の形式について、明文による規定を行っていない。告知に際して、被疑者・被告人がその全容を把握できること、予定される手続の進行等について困難を伴わずに理解できればよく、口頭で足りるとされた裁判例がある[108]。また、被疑者・被告人に対する被疑事実の告知は、被疑者・被告人の理解することができる言語を用いて行われることが求められるが、全ての事項について通訳・翻訳される必要はなく、必要な限度、例えば訴追の対象となる事実関係、罪責の内容に関する通訳・翻訳が行われれば足りるとされる。しかしながら、被疑者・被告人に対する公訴提起が行われる際に、起訴状の内容についてその一部分しか翻訳が行われなかった場合において、これが被疑者・被告人に対して著しい不利益を与えるものであったとする人権裁判所の判断が下されており、起訴状についてはその全文が翻訳されることが求められる[109]。

2　防御活動の十分な機会及び時間が認められる権利（Art. 6 (3) b ECHR）

ヨーロッパ人権条約６条３項ｂの規定は、被疑者・被告人の防御活動の為に必要かつ十分な準備の機会及び時間が確保されることを求める[110]。ここでいう十分な時間とはどの程度の期間を指すかが問われるが、これは当該手続において審理される事実関係の複雑さの程度によって異なる[111]。

本条において認められる権利に関して、防御側と訴追側の実質的機会対等が認められているかということも問題とされる。すなわち、公判等において、被告人に認められる訴訟活動の機会が、訴追側である検察官の行う訴訟活動の機会に比して、不当に制限されていないかが問題とされるのである。本条にいう防御活動の十分な機会及び時間というのは、公判前における被疑者の防御活動に限定されるものではなく、公判開始後の被告人が行う防御活動についても同様に保障されなければならない[112]。

本条の規定は、前述した被疑事実の告知、後述する弁護人依頼権に関する規定（Art. 6 (3) c ECHR）との関係性を有する。また以上に関して、被疑者・被告人の訴訟活動を補助する弁護人に対しても、本条における防御活動の十分な機会及び時間が認められなければならないことはいうまでもない。被疑者・被告人が適切な防御活動を行うためには、防御についての計画を十分に立てること、特に法律専門家である弁護人との十分な協議が行われることが欠かせない。それ故に、人権条約６条３項ｂの規定は、被疑者・被告人に対して弁護人と連絡を取る機会が認められることを求める。被疑者・被告人は、通常の場合、弁護人に相談することを通じて、はじめて十分な防御活動の準備をすることができるのであり、訴訟記録の入手、自らに有利となる証拠の選別等を行うことができるのである。人権裁判所の審査に際して、形式的な法整備が行われているか否かよりも、被疑者・被告人に対して効果的な防御活動を行う実質的な機会が認められたかが問われる。

被疑者・被告人および弁護人が防御活動の準備を行うに際して、当該手続に関係する証拠収集が欠かせないものであり、その際に重要となるのは 裁判書類の閲覧・謄写を求める権利である。既述の通り、捜査機関等はその保有する全ての証拠を防御側に対して開示する義務を負うものであり、その対象は警察の捜査手続の端緒となった文書（Spurenakten）にも及ぶが、開示の範囲が問題となる場合がある[113]。重大事件、事実関係が複雑な事件において、捜査活動の端緒となる証拠は膨大な数に及ぶことが想定されるが、証拠開示の対象範囲についての人権裁判所による明確な判断は行われていない[114]。

3　被疑者・被告人に認められる防御権（Art. 6 (3) c ECHR）

被疑者・被告人に対しては、刑事手続における適切な防御機会が認められなければならない。先述した、防御活動の十分な機会及び時間が与えられる権利保障について定める6条3項bの規定と並んで、6条3項cの規定が特に重要なものとなる。本条の規定は、三つの権利を被疑者・被告人に保障する。すなわち、被疑者・被告人自らが防御活動を行う権利、被疑者・被告人の選任する弁護人を通じて防御活動を行う権利、一定の条件、とりわけその資力に欠ける場合に国費によって弁護人を依頼する権利である。

ヨーロッパ人権条約6条3項cの規定は、実効力の認められる防御権保障を被疑者・被告人に対して行うことを目的とするから、各条約締約国において被疑者・被告人に対して保障される防御権保障の内容は、具体的かつ効果的なものでなければならないのであり、被疑者・被告人の防御権保障に関してこれが公正な裁判原則から直接導き出されることが強調される[115]。被告人が防御活動を行うためには、必然的に公判において在廷することが前提となる。被告人の在廷権について、ヨーロッパ人権条約６条３項ｃは明文による規定を有するものではないが、ヨーロッパ人権裁判所は、当該権利を本条における防御権保障にとって必要不可欠とする。被告人に対する在廷権保障の内容に関して、単に被告人の身体が公判廷に存在していればよいということではなく、被告人が効果的に公判手続に参加できているかが重要となる。すなわち、被告人に対して全ての公判経過を十分に認識できる機会が与えられていること、その法的地位の保障が十分になされていることが求められるのであり、これに欠ける場合には実質的な意味において在廷権が保障されているとはいえないのである。以上に関して、被告人が法廷で使用される言語を十分に理解しているかも重要な要素となり、被告人の言語能力が不十分である場合には、後述する通訳・翻訳権保障の問題も防御権保障にとって重要なものとなる。

ヨーロッパ人権裁判所は、被疑者・被告人に対して専門知識を有する弁護人を依頼する権利を認めるものであり[116]、当該弁護人依頼権の保障に関して、これに関係する官庁には、被疑者・被告人の防御活動の十分な機会及び時間を認められる権利が妨げられることのないように（Art. 6 (3)b ECHR)、弁護人を選任する事ができるよう配慮する義務が課せられる[117]。被疑者・被告人は刑事手続に関する十分な専門的知識をもたないのが一般的であるため、その訴訟法的権利行使に際しては、弁護人を通じてこれが行使されることが多いように思われる。実際に人権裁判所においても、人権条約６条３項ｃの規定は主として被疑者・被告人に対する法的援助（legal assistance）に言及するにもかかわらず、弁護人による代理もその対象であるとされる。弁護人の選任に関して被疑者・被告人の意思が尊重されなければならず、誰の法的援助を受けるかということについて被疑者・被告人の意思が無視されてはならない。被疑者・被告人に資力がなく国費により弁護人が選任された場合、私選の場合と比してその報酬が少なくなることが予想される。このような場合でも、弁護人の能力に応じてでき得る限りの防御活動を行うことが求められるように思われるが、どの程度防御活動が行われるかに関して弁護人各人の職業倫理に委ねるしかないとの指摘がされる[118]。しかしながら、国選弁護人が選任される場合においても、国選であることを理由として、被疑者・被告人の意見をことさらに無視することはもちろん、裁判所、検察寄りの弁護活動を行うことなどがあってはならない。

従来、公判前の手続、特に捜査手続等において、ヨーロッパ人権条約6条を根拠として被疑者に対する権利保障が行われるかが不明確であった。特に捜査手続における取調べの際に、弁護人依頼権が認められるのかについて議論がわかれた。いわゆるImbrioscia判決において、人権条約6条の規定の目的は、第一義的に裁判所における公正な裁判の実現であるとしながら、同条の規定の効力は、公判前の手続にも及ぶと判断され、人権条約6条3項cの規定が捜査手続をも対象とすることが明言された[119]。更に人権裁判所は、捜査手続においても手続の公正性が著しく損なわれる虞があることを指摘し、公判手続の開始前においても人権条約6条3項の規定が重要となる場合があるとして、捜査手続段階においても公正な裁判原則が適用されると判示した[120]。捜査当局における最初の被疑者・被告人に対する取り調べが行なわれる時点で、被疑者には弁護人依頼権が認められなければならないとされ[121]、未だ捜査当局による取り調べが行われていない場合であっても、被疑者に対し捜査当局から何らかの干渉が行われ、その結果が後の公判手続において重要な意味をもつ可能性が認められる場合においては、本条の規定を根拠として弁護人依頼権が認められることがある[122]。

また本条の規定から、被疑者・被告人には弁護人との接見交通権が認められる。被疑者・被告人の接見交通権は、基本的に制限されてはならず、また接見時には捜査員等の立会が行なわれてはならないとされる。いわゆる秘密交通権は、本条における権利の基本的要素であるとされ、弁護人との接見を通じて行なわれる防御活動の有用性が損なわれないよう十分に配慮されなければならない[123]。しかしながら、接見交通権の制限に関して、その絶対的必要性が認められる場合に限り許容される場合がある。当該制限が認められる条件が問題となるが、ヨーロッパ人権裁判所は明確な基準を提示しておらず、個別事案における判断をするに留まっているのが実情である[124]。弁護人との接見交通権は、接見の必要性がある場合において即座に認められなければならず、その必要性から何らかの接見制限が行なわれた場合、裁判所は、当該接見交通権の制限が総合的に鑑みて、裁判の公正性を著しく侵害するものではないかを判断しなければならない。

先述の通り、本条の規定を根拠として、被疑者・被告人に対して国費による弁護人依頼権が認められる場合がある。しかしながら、私選弁護人とは違い無条件で国選弁護人を請求できるわけではなく、以下で述べる二つの条件を満たした場合においてのみこれが認められる。第一に、被疑者・被告人に弁護人選任のための資力が欠けることが本制度利用のための条件となる。第二に、司法的利益の観点から見て、被疑者・被告人が弁護人による法的援助を必要としていると判断されなければならない[125]。資力要件の事後的審査は比較的容易であるが、制度の対象者となる被疑者・被告人がその資産を隠匿していたことが問題とされたことがあり、当該事案において資産の隠匿を証明する書証の存在から国費による弁護人の選任が拒否されたことがある[126]。第二の条件について、ヨーロッパ人権裁判所は事案ごとに認められる個別事情を考慮し、司法的利益という条件の解釈についてかなりの幅を持たせている。しかしながら、人権裁判所の判断基準についていくつか共通点が見られ、とりわけ被疑者・被告人の身柄が捜査当局等によって拘束されている場合には、国費による弁護人請求権を認めるようである[127]。被疑者・被告人による国選弁護人の請求があった場合、これを棄却した時と比して明らかに手続の進行に大きな影響を与える可能性があると認められる場合において、ヨーロッパ人権裁判所は当該請求を認めなければならなかった旨判断する傾向にある[128]。また、対象とされる手続が第一審であったか上訴審であるかということも、人権裁判所の判断に影響を与える場合があることが指摘される[129]。例えば、第一審となる公判において、被告人による国選弁護人請求が許容されるべきであったかについて、当該手続における犯罪の重大性が重要なメルクマールとなる傾向がある。この他にも、予定される刑罰の軽重、事実関係の複雑性、被疑者・被告人にとっての弁護人による法的援助の必要性の程度等の要素が重要視されている[130]。

ヨーロッパ人権条約6条3項cの規定は、一定の条件のもと被疑者・被告人に対して国費による弁護人依頼権を認めるものではあるが、被疑者・被告人の希望する弁護人を選任する権利までをも保障するものではない。被疑者・被告人の弁護人選任に関する希望は、可能な限り考慮されるべきであるとされるが、常に被疑者・被告人の希望に添った弁護人の選任が行われるわけではない。しかしながら、選任された弁護人が、被疑者・被告人の防御活動にとって不十分である場合には、それに代えて別の弁護人が選任されなければならない。

4　証人の証言に異議を呈し直接尋問する権利：証人尋問権（Art. 6 (3) d ECHR）

ヨーロッパ人権条約6条3項dの規定は、人証に関する機会平等、武器対等を保障する[131]。これは、人権条約6条1項からの要請でもあるが、本条の規定においてこれを再度確認し、当該権利の重要性を強調する意図があったものとされている[132]。

本条の規定は、自らの不利となる証言を行う証人に異議を呈し、直接尋問する権利を被告人に保障する。更に、証人の証言等、人証の評価を定める権限については検察官と同等のものが保障されなければならない。被告人に対する証人尋問権の保障は、武器対等、機会対等原則の他、法的聴聞権とも深い関係性を有する[133]。既述の通り、被告人は刑事訴追という国家的活動の客体とされてはならず、その主体的地位が尊重されなければならない。故に公判において被告人は、訴追側の一方的な追及にさらされるのではなく、その訴訟法的権利の尊重を通じた実質的武器、機会対等が保障されなければならない[134]。以上の観点から、被告人にとって、自らの犯罪事実について証言する証人に対して尋問を行うことが必要不可欠となるのである[135]。本条の規定する権利保障の前提として、被告人、弁護人には証人の証言の信用性を争うのに必要かつ、十分な情報提供が行われなければならない[136]。その為には、通常、少なくとも公判段階における全面的な証拠開示が必要となる[137]。公判において少なくとも1回は被告人に対して尋問の機会が認められなければならないとされており[138]、その具体的回数については各国の国内法規定に委ねられている[139]。

また、被告人には自らに有利な証言を行う証人申請および証人尋問を行うことが認められなければならないとされ、これは検察側が被疑者・被告人の罪証を立証するために行う証人申請および証人尋問と同様に認められなければならない。被告人にとって有利な証言を行う証人尋問が制限されることがあってはならないが、常に被告人の証人申請が認められるわけではないことに注意を要する。被告人からの証人申請が行われたとしても、当該証人が行う証言の重要性が低いことが予期される場合において、裁判所はその必要性を審査し、当該証人申請を却下することができる。人権裁判所は、証拠調手続における国内裁判所の裁量権を広い範囲で認めており、証人申請許否についての明確な基準を示すことを避けている。人権裁判所は、各事案における状況を考慮し、訴追側と防御側の間に実質的な武器対等が認められるか、手続全体の事情に鑑みて公正性が維持されているかといった観点から判断を行う[140]。以上について、被告人の申請した証人が重要な証言を行う予定であったのにも関わらず裁判所がこれを却下し、その理由を示さないような場合には、人権条約6条違反が疑われる[141]。被告人の武器対等、機会対等の観点から、被告人側からの証人申請の可否について、慎重な審査を行うことが裁判所には求められる。

本条の規定における証人（witnesses）概念の意義について、これがどのように解釈されるかが問われるが、人権裁判所は人権条約6条における証人の明確な定義を行っておらず、許容される人証の形態について明快な判断基準を示していない[142]。証人の意義について、各条約締約国の国内法解釈に委ねられるが、証人の他、鑑定人[143]、共同被告人[144]に対して直接尋問する権利は、法治国家主義が妥当する刑事手続においてその代表的制度の一つであると理解され、当該権利はそれ自体が公正な裁判原則にとって重要な要素であると指摘される[145]。

ドイツ等、ヨーロッパ評議会加盟国において、人権条約6条3項dにいう証人尋問権は広く承認された。しかしながら、人権裁判所は、証人尋問に関する権利保障を必ずしも絶対的なものとして位置づけていない。例えば、ある者がした証言が被疑者・被告人に不利に働いたことが事後的に明らかになった場合において、当該証人に対する尋問の実施が困難となる場合が想定できよう。例えば、証人が死亡、もしくは外国に在住している等、証人尋問の不可能性（Unmöglichkeit）を理由として、被告人の証人尋問権の制限が許容されることがある[146]。この他にも、証言を行うことにより証人に危険が及ぶことが予想され証人保護の観点から必要である場合等にも制限が許容されることがある[147]。

また、Unterpertinger 判決[148]において、人権条約6条3項d上の権利に対して比例性の観点から何らかの制限が加えることがあることが確認されるなど、証人尋問権に対する制限が認められることを公正性に関わる審査の前提としている[149]。人権裁判所は、証人尋問権の制限について、三段階からなる審査手法を用いてきた。すなわち、まず制限目的に正当性が認められるか否かが審査される。次に、当該制限に代替する措置が可能な限り用いられたかが審査される。最後に、問題となっている伝聞証言が有罪判決を基礎づける決定的または唯一の証拠 «sole or decisive» ではなかったかが審査されることになる[150]。

従来、本基準を厳格に解釈し、いわゆる伝聞証言のみに基づいて有罪判決が下された場合には、人権条約6条3項d違反及び同6条1項違反が認定されるという立場がとられたが、近年、人権裁判所において «sole or decisive» 基準が相対化され、証人尋問権の制限される幅が拡大されているとの指摘がある[151]。例えば、Haas 判決[152]において、既にこの様な傾向が見られるという[153]。以上のような制限事由の相対化傾向は、Al-Khwaja 判決において決定的なものとなる[154]。本判決において、人権裁判所は、有罪判決が問題となった伝聞証言に基づくものであったとしても、他の代替する証拠が存在する場合には、伝聞証言であることそれ自体が必ずしも判決の行方にとって必ずしも「決定的」なものとなり得ないことがあると判断した[155]。このような判決内容に鑑みて、本判決は、これまでの人権裁判所の判断とは異なり、三段階審査の枠組みに刑事司法の担う役割のうち刑罰の執行に着目した新たな考慮要素を追加するものではないかという指摘がされる[156]。とはいえ、本判決は、無制限に刑罰執行の必要性を認めるものではなく、人権侵害を回避するために必要となる十分な代替的要素を求めている。具体的には、証拠評価に際して当該証言が適切に取扱われること、当該証言の信用性評価が可能な限り行われること、被告人に対して適切な防御機会が認められることが必要であり、国内裁判所は、伝聞証言の慎重な審査および、補充証拠の有無について十分に審査し、伝聞証言の証拠採用の可否を判断しなければならないとされた[157]。

以上のような、人権裁判所における判断の傾向は、Schatschaschwill 判決においても同様に見てとれる[158]。人権裁判所は、本件事案において伝聞証言が有罪判決にとって決定的な証拠であったことは認め[159]、同判決における多数意見は Al-Khwaja 判決が示した基準を更新する判断を示した[160]。本判決における判断基準は以下の通りである。防御側に対して証人の証言に異議を呈し直接尋問する機会が認められなかった場合、国内裁判所は、当該証言の証拠評価に際して以下の基準に則った審査を行う必要がある。まず、当該証人尋問権の制限及び伝聞証言を証拠として採用することに正当性が認められるか否かが審査されなければならない。次に、当該伝聞証言が有罪判決にとって唯一または決定的なものであるかを審査しなければならない。そして、当該証言を証拠として採用する場合には、公正性に関する総合判断の観点から当該証拠採用によって被告人に生ずる不利益を十分に補償できると評価される被告人にとって強力な手続上の防御的手段となる十分な代替的措置が講じられたかが問われることになる。本判決において、結果として人権条約違反が認定されたが、これは従来の唯一または決定的ルールに従ったものではなく、公正性に関する総合判断の観点から、捜査手続段階における供述についても直接の証人尋問が行われることが望ましい旨強調しつつ[161]、被告人に対する十分な補償的措置がとられていないことを理由とするものであった[162]。人権条約6条における要請は、各国の刑事司法において最低限遵守されなければならないものであると理解されるが、証人尋問権に関する制限が許容される範囲は、総合判断の名の下に拡大を続けている。この様な人権裁判所の態度に対しては、公正な裁判原則からの要請に抗う裏口（Hintertür）

を設けるようなものであるとの批判がされている[163]。この様な批判の是非は置くとして、証人尋問権の制限が例外的に認められる場合に[164]、どのような代替的及び補償的措置が求められるのだろうか[165]。以上に関して人権裁判所は、証人尋問を経ていない証言に基づいて有罪判決を下す場合には、当該証言の証拠評価上の配慮[166]、当該証言に十分な信用性が存在するか、十分な防御機会の保障が行われているかという観点から、最大限可能な範囲で慎重な審査が行われなければならないとする。

5　通訳・翻訳人依頼権（Art. 6 (3) e ECHR）

ヨーロッパ域内において経済的および政治的統合が促進されるに伴い、各国間における人の移動も非常に活発になっており、結果としてヨーロッパ市民がヨーロッパ域内の他国において刑事捜査・訴追される可能性が高まるという事態を生じさせている。以上の状況において、被疑者・被告人が捜査手続および裁判所において使用される言語を十分に理解できない、という事態を生ずることが当然に多くなる。

通訳・翻訳権は、刑事訴追に関する全ての手続、すなわち警察当局等によって行なわれる捜査手続、特定の行政訴訟等においても認められるものとされ[167]、また犯罪人引渡しに関する手続においても同様に保障されなければならない[168]。ヨーロッパ人権条約6条3項eは、被疑者・被告人に対するほぼ完全な通訳・翻訳権の保障を認めるが、その方法、形式については手続の段階毎に異なる。被疑者・被告人が自らに対する公訴提起の理由および逮捕理由の翻訳を求める権利は、人権条約6条3項a及び5条2項によっても保障されるが、これに加えて人権条約6条3項eは、被疑者に対して捜査手続段階における警察、裁判所等における聴取の際に必要となる通訳・翻訳権保障をも認める。被疑者・被告人が捜査手続において行われる警察および裁判所による聴取の内容を理解するため、これに対して正確に回答するために通訳・翻訳人による援助が必要なことに疑いはないが、捜査手続において捜査当局により作成される供述調書を文書として翻訳することまでは要求されない[169]。

また、裁判所の判決も当然に本条における通訳・翻訳の対象となるが、必ずしも文書による翻訳が行われることまでは求められない。公判において被告人に通訳人が選任されているのであれば、判決の内容について口頭により通訳がされることで足りるとされている。その際に判決文の全文が通訳されることまでは求められず、判決の種類、基本的内容が伝達されればよい[170]。しかしながら、このような通訳・翻訳権保障の限定に対しては批判があり、これが公正な裁判原則に違反するとの主張がされる。これによれば、被告人が上訴を行う場合、当然にその申立理由は書面によって主張されることになるのであるから、判決文の書面による翻訳が行われない場合には有効な上訴理由を主張できなくなり、結果として上訴権に対する侵害が生ずる虞があるとされる。上訴の申立が認められるか否かは、書面によって適切な上訴理由を示すことができるかということに左右されるから、弁護人が当該書類を作成するに際して被告人と綿密な打ち合わせをする必要があり、被告人自身が判決内容について十分に理解しておくことが必要となる。判決文の翻訳は、被告人の適切な防御機会の保障にとって極めて重要であるから、これを認めないというのは問題があろう[171]。また、被疑者・被告人に弁護人が選任されている場合において、弁護人との十分な意思疎通を図るためにも通訳・翻訳人の存在が求められるのであり、弁護人との連携を通じた活動を行うことが求められる。ドイツにおいても、連邦裁判所がその必要性に言及した裁判例がある[172]。

ヨーロッパ人権裁判所は、いわゆるLuedicke,Belkacem,Koç判決において[173]、人権条約6条3項eにおける通訳・翻訳権の保障は、その資力にかかわりなく全ての被疑者・被告人に対して認められなければならないと明言した。本判決は、被疑者・被告人に対して通訳・翻訳費用の一時的な補助、免除等を認めるものではなく、被疑者・被告人が当該費用の負担から永久に解放される旨明言するものであり、これにより被疑者・被告人は、たとえ有罪判決を受けた場合においても通訳・翻訳にかかった費用を負担せずともよくなった。人権裁判所が以上の判断を下すまで、例えばドイツにおいて被疑者・被告人の通訳・翻訳人にかかる費用負担について、これを国家が負担すべであるかについては議論の分かれるところであった。しかしながら、以上のような人権裁判所の判断にもかかわらず、各条約締約国の司法に関する財政状況が、費用負担の決定に影響する虞が指摘される。人権裁判所は、被疑者・被告人が有罪判決を受けた場合において発生する通訳・翻訳費用の負担義務が、結果として人権条約6条における公正な裁判を求める権利を放棄、もしくは当該権利の保障を一部侵害する結果を生じさせ、公正な裁判の実現を困難なものとする可能性を指摘する[174]。

また、ここで定められる通訳・翻訳権の保障が行われている否かについて、人権裁判所は条約締約国国内において、通訳・翻訳権に関する法整備が行われているかを問題とするのではなく、審理の対象となる個別事案において、実質的に当該権利が保障されているかを重視する[175]。以上に関して、通訳・翻訳人依頼権を十分に保障するための機関設置を各条約締約国に対して義務付けられており、このことからも人権裁判所が通訳・翻訳権を重要視していることがわかる。

6　人権条約6条3項と無罪推定原則

以上、人権条約6条3項が求める被疑者・被告人の権利保障について概観し、若干の考察を加えた。ここで示される内容は、公正な裁判の実現にとって最低限の要請であるとされ、人権条約6条1項、2項と相互作用的な関係にあるとされる。すなわち、被疑者・被告人に認められなければならない公正な裁判を求める権利が保障されるためには、公平な裁判所における公正な聴聞の機会が認められ、かつ必要な権利保障が行われることで、被疑者・被告人は裁判の終結まで形式的にも実質的にも無罪の者であるとして取り扱われなければならないのである。先にも述べたとおり、捜査手続段階において、無罪推定に反する被疑者の取り扱いが行われ、自白が不当に獲得されたような場合において、公判においてこれを撤回し無罪推定に基づいた法的地位を回復することが困難になることが容易に予想される。人権条約6条3項において求められる被疑事実の告知、十分な防御準備期間の保障を前提とした防御権、特に弁護人依頼権、通訳・翻訳権の保障が十分になされていない場合には、捜査手続段階における無罪推定が担保されているとはいえず、被疑者に認められるべき公正な裁判を求める権利が侵害されていると考えられなければならない[176]。また、この様な場合においては、被疑者・被告人の黙秘権、自己負罪拒否権の侵害が疑われることになる。以下では、無罪推定と黙秘権、自己負罪拒否権との関係についても若干言及しておく。

7　無罪推定と黙秘権、自己負罪拒否権との関係

人権条約の規定において、被疑者・被告人の自己負罪拒否権について、直接に言及するものはない。しかしながら、自己負罪拒否権は、公正な裁判原則の重要な要素の一つであるとされ、人権条約6条1項の規定から演繹されうる[177]。人権裁判所は、公正な裁判原則および国際法基準に照らして、被疑者・被告人には刑事手続において黙秘する権利が認められるのであり、自らに不利となる供述を拒否することができるものとする[178]。自己負罪拒否権は、主に黙秘権の保障及び自白強要の禁止という二つの要素から構成され、人権条約6条1項において規定される公正な裁判を求める権利にとってその核となる要素として理解される[179]。自己負罪拒否権について、とりわけ捜査機関等における被疑者取り調べが行われる際に問題となり、被疑者が黙秘しようとする意思が尊重されなければならない。被疑者が、自らの意思に反し供述することを強要されることがあってはならず、自己負罪拒否権の保障は、無罪推定原則の保障の観点からも重要なものとなる。正当化し得ない行為を通じ被疑者・被告人の意思に反して得られた証拠に基づいて、刑事訴追機関が被疑者・被告人を訴追することは認められないのである[180]。直接的な強制手段を用いて、供述の獲得が行われた場合には、当該行為が人権条約6条に違反することに疑いはない。証言の強制が疑われる場合において、人権裁判所は、強制の理由および用いられた手段の性質等、得られた証拠が何に対して用いられたかについて考慮したうえで、裁判の公正性が十分に担保されていたかを審査する[181]。

また、被疑者・被告人が黙秘することから、何らかの推論を導くことは原則認められない。というのは、黙秘権保障は、公正な裁判を実現するための

中核的要素であると理解されるものであり、黙秘権を行使することから被疑者・被告人に対する不利益を導くようなことがあってはならないからである。特に注意を要すべきは、以下のような場合であろう。警察当局における被疑者・被告人取り調べが行われる際に、被疑者・被告人が黙秘及び不完全な供述を行い、ここから被疑者・被告人にとって不利となる事実の推認が行われたような場合である。このような状況における被疑者・被告人に対する不利益推認について、常にこれが刑事手続から排除されるとはいいきれないが、黙秘および不完全供述からどのような事実が推認されたかということが考慮されたうえで、個々の事案における状況が十分に審査されたうえで手続全体の公正性が維持されているかについて判断が行われなければならない[182]。ここで特に重要となるのは、刑事捜査・訴追当局による証言の強制が行われたか、弁護人の立ち会いが行われたか、取調が行われる時点で被疑者・被告人が黙秘権を行使する旨の意思表示をしていたかということである。特に弁護人の立ち会いの有無は重要な要素であるとされ、警察等における最初の取り調べが行われる時点で、被疑者・被告人に対して弁護人依頼権が認められていない場合、人権条約6条違反が認定されるのである。被疑者・被告人の黙秘権行使は公正な裁判原則を構成する重要な要素であり、被疑者・被告人の黙秘から推認された事実を主たる根拠として、裁判所が被疑者・被告人に有罪判決を下してはならない、というのが人権裁判所の立場である。

以上検討したように、黙秘権および自己負罪拒否権を侵害する刑事捜査・訴追機関の行動は、全て公正な裁判原則に違反するものであり、厳に慎まれなければならない。また、この様な刑事捜査・訴追機関の行動は、被疑者・被告人の無罪推定の観点からも非常に問題がある。刑事捜査・訴追機関の行う捜査活動は、その性格上個人の権利を侵害する場合があり、これを正当化するための要件としてある程度の嫌疑性が求められることになる。被疑者・被告人の嫌疑性を前提とする刑事手続上の制度は許容されるというのが人権裁判所の立場であるが、被疑者・被告人が無罪であるとして取り扱われる権利、もしくは自らが無罪であると主張する機会が不当に損なわれるような捜査手法が肯定されることはあってはならない。また、被疑者・被告人の黙秘権行使から、その不利となるべき事実を推認することが許容される場合、無罪推定原則の担保が行われていないというばかりか、事実上の有罪推定を認めることになる。黙秘権の行使＝有罪の推認というのは、自らの無罪を主張したがために、その有罪を認定されるということに等しいものであり、決して許されてはならない。

第7節　人権条約上の公正の意義
――ドイツにおける議論を参考に――

以上見たように、ヨーロッパ人権条約6条は、被疑者・被告人に対して公正な裁判を求める権利を認める規定である。本条の規定は、公正な裁判の実現を目的とするが、「公正」(fair, Fairness) という語句の意義について、どのように考えれば良いのだろうか。公正という言葉の起源は、中世初期のイギリスにおける «faeger» 及び、古ザクセン語の «fagar» に遡ることができ、これは快い (schön)、好ましい (lieblich) 等の意味を持つ語であった。スポーツの世界においても、フェアプレー (fair play) 等といわれることがあるが、この様な意味における用法は、15世紀イギリスの競技規定 (Tunierregeln) に見いだすことができる。今日において、公正という言葉には多くの意義が包摂されているものではあるが、その起源であるイギリス及び合衆国における «fair» という語の意義からすると、誠実、正当、公平、適正などの言葉をもって、公正という語に対応させることができるように思われる[183]。

更に刑事手続上の公正概念についても、先に見た人権条約成立の史的背景などからも、その起源はイギリス、合衆国における «fair trial» 概念に求めることができよう。しかしながら、起源がイギリス及び合衆国にあるからといって、ドイツ及び他のヨーロッパ諸国における公正概念が、両国におけるそれと一致するということにはならず、各地域における法文化の特殊性を考慮してその内容を考えなければならない[184]。公正概念は、本来当事者主義訴訟構造を採用する英米法諸国において妥当するものであったのだから、ドイツのような職権主義訴訟構造を採用するとされる大陸法諸国において用いられる場合には、制度的に合致しないと考えられる場合も多く、従来からもこの様な指摘はあった[185]。これまでヨーロッパ、特にドイツ刑事手続においては、«fair» という語句が用いられることは避けられており、人権条約上の公正な裁判に関して定める6条の規定についても従来は «billig» という語句をもって翻訳がされた。しかしながら近年になって、«billig» というドイツ語の語句に代わって、英語の «fair» をそのまま用いて手続の公正性についての言及がされるようになる[186]。これは、国際人権法の領域において «fair» という語が頻繁に用いられており、それに対応した法的概念の発展によるところが大きい。以上の流れを受けて、ドイツにおいても «fair» に関連した法概念をできるだけ正確に理解するために、«fair» という語をそのまま用いることにしたのである[187]。

しかしながら、ドイツ刑事手続において公正な裁判原則の重要性が強調される場合でも、公正概念が英米法に由来していることを理由として大陸法的制度が否定されることがあってはならないし、直ちに制度改正の必要性が肯定されることにはならない[188]。もちろん、ドイツ刑事手続における特殊性のみを理由として、人権条約、特に公正な裁判原則からの要請を拒否することは認められないし、そこで求められる人権保護の水準に合致した刑事手続制度の構築が必要となる。しかしながら、相当な理由が認められる場合においては、国内法制化の方法等については、一定の裁量が各条約締約国には認められることになるので、その意味では各国の特殊事情が考慮される場合もある[189]。とはいえ、人権条約、特に6条における公正な裁判原則の目的は、被疑者・被告人の人権保障を通じて公正な裁判を実現することにあり、これを阻害する可能性のあるいかなる例外も認められないし、国内の特殊事情を理由に公正な裁判原則が妥当しないとする主張は認められない。公正概念の理解について、確かに各国の法文化の差異などが考慮されるべきではあるが、人権保障を通じた公正な裁判の実現という要請を満たす範囲でのみ各国の裁量が認められるのであり、人権条約6条における公正概念はこれに見合ったものであることが求められる。

第８節　人権裁判所と人権保障実施のメカニズム

1　ヨーロッパ人権裁判所の構成及び手続

ヨーロッパ人権条約による人権保障メカニズムにとって特徴的なのは、ヨーロッパ人権裁判所の存在であり、現行制度において人権条約に関する申立の実質的処理機能は同裁判所にのみ認められている[190]。人権裁判所は、締約国と同数の裁判官、四つの部から構成される。各部には７名の裁判官から成る小法廷が設置され、事件の許容性及び実体の審理がされる。裁判官は大きく二つのグループに分かれ、その中からそれぞれ17名の裁判官によるローテーションで大法廷が構成される[191]。

ヨーロッパ人権条約34条によれば、すべての個人及び非政府組織または個人の集団は、人権裁判所に対して人権条約違反に関する申立を行うことができるとされている。ここにいう「個人」について国籍、法的能力などに制限はなく、無国籍者も申立権者に含まれる[192]。個人による申立が行われた後、事案の内容に応じて裁判体が構成されることになるが[193]、一事不再理の原則により国際自由権規約によるもの等、同時に複数の救済手段が重複して適用されないように意図されている[194]。

2　ヨーロッパ人権裁判所判決の効力と執行

ヨーロッパ人権裁判所は、条約締約国の国内法が人権条約及び議定書に適合的であるかを判断するが（§ 41 ECHR)、これは国内法を無効、取消すものではない。しかしながら、条約締約国には人権裁判所の判断に従う義務が課されている（§ 46 ECHR)。人権裁判所の判断は裁判当事国のみを拘束するものではあるが、当該判断は判例法的性格を有するため[195]、先述したドイツにおける例に見られるように結果的に全ての条約締約国に大きな影響を与える。先述の通り、人権裁判所の判決についての当事国は当然これに従う必要があるが、これは国際法レヴェルにおける法的拘束力を有するものに過ぎず、如何にして国内法的効力及び執行力を確保するかが問題となる[196]。人権裁判所判決は、条約締約国自らが執行を行うことが前提とされており、当該締約国はヨーロッパ評議会閣僚委員会に対して判決の履行状況を報告する義務を負うことになっており[197]、閣僚委員会は当該報告についての審査を行う。以上のことは、ヨーロッパ人権条約の実効力確保について政治的機関にも重要な役割が割り振られていることを示すものであり[198]、ヨーロッパにおける人権保障に関わる問題の多くが、同時にヨーロッパ政治をめぐる問題に深く関わっているといえよう。閣僚委員会と人権裁判所の権限配分に関して問題となるように思われるが、両者の間に明確な優劣はないものとされている。これまで判決の執行措置について人権裁判所の指示が行われることが控えられていること、判決の執行義務に関する人権条約46条１項の違反認定が避けられてきた。しかし、閣僚委員会においても自らの権限を活用するというよりは、人権裁判所の判断を頼るという傾向があることが指摘されており、判決の執行力の拠り所をどこに置くかという問題が人権裁判所の今後を左右するといわれる[199]。

第９節　おわりに

ヨーロッパ人権条約６条の規定は、刑事訴追の対象となる全ての個人、特に被疑者・被告人に対して公正な裁判を求める権利を認める。同条における公正な裁判原則は、被疑者・被告人の主体的地位の尊重という観点から、公平な裁判所における公正な聴聞の実施、無罪推定を前提とした権利保障を求めており、各条約締約国にはこれに見合った刑事司法制度を構築する義務が課せられる。

同条における公正な裁判原則の示す内容はヨーロッパ域内の刑事手続において中心的基準としての役割を果たすことが認識されており、ドイツ等、ヨーロッパ諸国の刑事司法に大きな影響を与えてきた。ヨーロッパ域内における人権保障を基軸とした刑事司法の発展は、ヨーロッパ人権条約とその実効性を担うヨーロッパ人権裁判所の功績によるところが大きい。更に、ヨーロッパ発の人権保障基準の共通化は、既に世界全土に対して大きな影響を与えている。これは、アジア領域においても例外ではなくヨーロッパ人権条約の影響を受けて作られた地域的または世界的な人権条約のうち、わが国も国際自由権規約に批准している。とりわけ、国際自由権規約14条は、人権条約６条とほぼ同一の構成において被疑者・被告人の公正な裁判を受ける権利について規定している。以下では、国際自由権規約14条について概観し若干の考察を加える。

注

1　渡部茂己編『国際人権法』65頁参照〔西谷元〕（国際書院、2009年）。

2　*Gless,* StV 2010, 401.

3　*Schilling,* Internationaler Menschenrechtsschutz, 2.Aufl. 2010, S.3.

4　*Schilling* (Fn.3), S.4.

5　渡部編・前掲註(1)・66頁〔西谷元〕。

6　*Schroeder,* Der Fair-trial-Grundsatz im Strafverfahren. Entstehung, Rechtsnatur, Bedeutung in Europäisierung des Rechts 2009/2010, S.187.

7　*Vogel/Matt,* StV 2007, 208.

8　*Meyer-Ladewig,* Kommentar zur Europäische Menschenrechtskonvention, 3.Aufl. 2011, Art.6 Rn.21.

9　*Engel and others v. The Netherlands* (App 5100/71; 5101/71; 5102/71; 5354/72; 5370/72) (8 June 1976) para 81.

10　*Esser,* Auf dem Weg zu einem europäischen Strafverfahren, 2001, S.401.

11　*Chmelir v. the Czech Republic* (App 64935/01) (7 June 2005) para 55.

12　*Wos v. Poland* (App 22860/02) (8 June 2006) para 94.

13　*Meyer-Ladewig* (Fn.8), Rn.58.

14　ドイツにおいて、人権条約６条の規定を根拠として被害者に対しても刑事手続における訴訟法的権利を認めるべきであるとの主張もされるが、人権裁判所はこれを認めていない。被害者に公正な裁判を求める権利が認められるべきであるとの主張に関して、*Walther,* Zum Anspruch des Deliktsopfers auf rechtliches Gehör und auf ein faires *V*erfahren, GA 2007 S.615ff.

15　EGMR NJW 2001, 1999.

16　*Talat Tunc v. Turkey* (App 32432/96) (27 Mai 2007) paras 59-61.

17　*Scoppola v. Italy* (App 10249/03) (17 September 2009).

18　*Chmelir v. the Czech Republic* (App 64935/01) (7 June 2005) para 55.

19　*Meyer-Ladewig* (Fn.8), Rn.68.

20　*Meyer-Ladewig* (Fn.8), Rn.68.

21　*Irfan Bayrak v. Turkey* (App 39429/98) (3 Mai 2007) paras 34-40.
22　*Meyer-Ladewig* (Fn.8), Rn.73.
23　*Meyer-Ladewig* (Fn.8), Rn.75.
24　*Schwarzenberger v. Germany* (App 75737/01) (10 August 2006) para 39.
25　*Kyprianou v. Cyprus* (App 73797/01) (15 December 2005) para 119..
26　*Meyer-Ladewig* (Fn.8), Rn.76.
27　*Farhi v. France* (App 17070/05) (16 January 2007) para 25.
28　*Meyer-Ladewig* (Fn.8), Rn.60.
29　国際法的解釈によれば、同条約の規定の効力は、確かに条約締約国のみに働くものである。しかしながら同条約の定める基本権保障の理念は、単なる国際条約という枠組を超えて、ヨーロッパ域内において非常に重要視されている。この点について、本書第4章で詳しく検討する。
30　*Meyer-Ladewig* (Fn.8), Rn.60.
31　*Jung v. Germany* (App 5643/07) (29 September 2007).
32　*Wolter* in SK-StPO mit GVG und EMRK 4. Aufl.2012, EMRK Art. 6 Rn.70..
33　*Wolter* (Fn.32), Rn.76.
34　ここでいう防御権保障とは、後述するヨーロッパ人権条約6条3項におけるものを指す。当該防御権保障を通じて、被疑者・被告人に対して公正な方法による法的に聴取をされる権利が認められなければならない。
35　*Vogel/Matt* (Fn.7), S.213.
36　*Somogyi v. Italy* (App 67972/01) (18 Mai 2004) para 72.
37　*Van de Hurk v. Netherlands* (App 16034/90) (19 April 1994) para 59.
38　この点について、ヨーロッパ人権裁判所は、適切な手続参加の保障形態として、当事者主義訴訟構造の有用性について言及する。*Mantovanelli v. France* (App 21497/93) (18 March 1997) para 33 .
39　*Meyer-Ladewig* (Fn.8), Rn.102.
40　公正な裁判原則からの要請としての被疑者・被告人の証拠について争う権利について、本書第5章で後述する。
41　NJW 2006, 2753.
42　*Mirilashvili v. Russia* (App 6293/04) (11 December 2008) paras195. 199. 205.
43　*Fitt v. the United Kingdom* (App 29777/96) (16 February 2000) para 44.
44　*Meyer-Ladewig*, (Fn.8), Rn.108.
45　*Meyer-Ladewig* (Fn.8), Rn. 104.
46　*Meyer-Ladewig*, (Fn.8), Rn.105.
47　*Timergaliyev v. Russia* (App 40631/02) (14 Octover 2008) para 51.
48　*Meyer-Ladewig*, (Fn.8), Rn.109.
49　*Buzescu v. Rumania* (App 61302/00) (24 Mai 2005) para 67.
50　*Georghe v. Rumania* (App 19215/04) (15 March 2007) para 43.

51　*Suominen v. Finland*（App 37801/97）（1 July 2003）para 34.
52　*Somogyi v. Italy*（App 67972/01）（18 Mai 2004）para 72.
53　*Wolter*（Fn.32）, Rn.79.
54　*Vogel/Matt*（Fn.7）, S. 213.
55　*Grabenwarter*, Europäische Menschenrechtskonvention, 4.Auflage, 2010, §24 Rn.61.
56　以上に関して、ドイツ連邦裁判所もその保障を求める。BVerfGE NJW 2008, 2170.
57　*Meyer-Ladewig*（Fn.8）, Rn.113. ;*Voisibe v. France*（App 27362/95）（8 February 2000）
58　例えば、訴追側が逮捕状を請求して被告人の身柄拘束を求めることができるのに対して、被告人には当然にこのような権利は認められていない。Vgl. *Schroeder*（Fn.6）, S.193.
59　*Foucher v. France*（App 22209/93）（18 March 1997）para 36 .
60　*Meyer-Ladewig*（Fn.8）, Rn.107.
61　*Meyer-Ladewig*（Fn.8）, Rn.117.
62　*Meyer-Ladewig*（Fn.8）, Rn.116.
63　口頭弁論が開かれずとも、書面審査のみをもって上訴棄却の決定を行うことが裁判所には認められる場合がある。Vgl. *Meyer-Ladewig*（Fn.8）, Rn.117.
64　*Asciutto v. Italy*（27 Nov.ember 2007）（App 35795/02）para 63.
65　ドイツ連邦裁判所においても、ビデオリンク方式を用いた証人尋問を許可する旨の判断がされた。BGH NJW 2007, 1475.
66　*Romanov v. Russia*（App 63993/00）（20 October 2005）para 108 .
67　*Hermi v. Italy*（App 18114/02）（18.10.2006）para 75 .
68　*Pititto v. Italy*（App 19321/03）（12 June 2007）paras 68-70.
69　EGMR NJW 2002, 3087. 公正な裁判原則と証拠判断については、本書第５章で後述する。
70　*Vanyan v. Russia*（15 December 2005,）（App 53203/99）para 46.
71　*Brumarescu v. Romania*（29 October 1999）（App 28342/95）.
72　*Pravednaya v. Russia*（18 October 2004）（App 69529/01）paras 25-31.
73　*Craxi v. Italy*（App 34896/97）（5 Decmber 2002）para 98.
74　*Osinger v. Austria*（App 54645/00）（24 March 2005）paras 47, 255.
75　*Meyer-Ladewig*（Fn.8）, Rn.171.
76　刑事手続の始点について、*Pedersen and Baadsgaard v. Denmark*（App 49017/99）（17 December 2004）para 44. 刑事手続の終了時点について、*Intiba v. Turkey*（App 42585/98）（24 Mai 2005）para 34.
77　*Panchenko v. Russia*（App 45100/98）（8 Feburary 2005）para 117.
78　*Meyer-Ladewig*（Fn.8）, Rn.199.
79　*Benderskiy v. Ukraine*（App 22750/02）（15 November 2007）para 34.

80 *Gjashta v. Greece* (13 October 2007) (App 4983/04) para 16.

81 裁判期間について、*Meyer-Ladewig* (Fn.8), Rn.207. を参照した。

82 無罪推定原則は、1789年のフランス人権宣言9条において、すでに言及されていた。Vgl. *Rzepka,* Zur Fairness im deutschen Strafverfahren, 2000, S.49.

83 *Esser* (Rn.10), S.99ff.

84 *Esser,* Europäisches und Internationales Strafrecht, 2013, Rn.270.

85 *Lavents v. Latvia* (App 58442/00) (28 November 2002) para 127.

86 *Rzepka* (Fn.82), S.51. しかしながら、これに対して裁判所の独立に反するものであるとの批判もなされる。

87 *Meyer-Ladewig* (Fn.8), Rn.212.

88 *Esser* (Rn.84), Rn.276. ドイツ簡易裁判所における手続の打ち切りの決定が行われた際に、裁判長が被疑者・被告人の有罪に関する高い蓋然性が認められる旨指摘し、これを理由として訴訟費用の補償が行われないかもしれない旨当該決定とは別に弁護人に対して文書で通知したことが、無罪推定原則に違反するものであるかが争われた事案がある。本事案において、人権裁判所は裁判長の行為は人権条約6条2項に違反しないとする判断をした。本件事案において、ドイツ地方裁判所および憲法裁判所において、裁判長の行為が無罪推定原則に違反するものであることが明確に指摘されており、これを理由として人権裁判所は人権条約違反の認定をしなかったものであると考えられる。EGMR v.28.4.2005, 72758/01 Nr.38, NJW 2006, 1113.

89 *Poncelet v. Belgium* (App 44418/07) (30 March 2010) paras 57-59.

90 *Petyo Petkov v. Bulgaria* (App 32130/03) (7 January 2010) paras 92-97.

91 *Esser* (Rn.10), S.99.

92 Hock Lai Ho, *The Presumption of Innocence as a Human Right,* in CRIMINAL EVIDENCE AND HUMAN RIGHTS 259, 268 (Paul Roberts and Jill Hunter, eds., 2012).

93 *Esser* (Rn.10), S.99. «criminal charge» を広義に解すれば、捜査手続も本条の対象となるとされる。

94 *Wolter* (Fn.32), Rn.181.

95 *Esser* (Fn.84) Rn. 273.

96 人権条約上の無罪推定原則から、直ちに行き過ぎたメディアの犯罪報道を規制することはできないといわざるを得ないが、被疑者・被告人の人格権保障の観点からはこれを肯定できる場合もあるように思われる。

97 *Wolter* (Fn.32), Rn.205.

98 *Schroeder* (Fn.6), S.187.

99 2009年発効したリスボン条約により、EU基本権憲章がその法的拘束力を発揮するようになった。刑事手続において重要となるのは、とりわけ同憲章47-50条の規定である。以上に関して、本書第1章第5節参照。

100 *Esser* (Fn.10), S.400.

101　*Esser*（Fn.10）, S.400.
102　*Esser*（Fn.84）, Rn.243.
103　*Meyer-Ladewig*（Fn.8）, Rn.224.
104　*Vogel/Matt*（Fn.7）, S.213.
105　*Mattoccia v. Italy*（App 23969/94）（25 July 2000）.
106　以上に関して、訴因等の変更及び審理の対象となる事実の変更等があった場合においても、当該変更が被疑者・被告人に対して伝えられなければならないとされる。Vgl. *Meyer-Ladewig*（Fn.8）, Rn.224.
107　*Esser*（Fn.10）, S.437.
108　OLG Düsseldolf NJW 2003, 2766.
109　*Kamasinski v. Austria*（App 9783/82）（19 December 1989）para 79.
110　ここでいう十分な機会及び時間とは、公判において審理される全ての重要な争点について争うのに十分なものでなければならない。
111　裁判所における審理対象が重大犯罪であり、かつ事実関係が複雑である場合において、防御側に認められた事実関係調査及び防御活動の準備期間4日間は短すぎるとして、公正な裁判原則に反するとされた裁判例がある。以上に関して、Vgl. *Esser*（Fn.10）, S.447.
112　*Meyer-Ladewig*（Fn.8）, Rn.227.
113　ドイツにおいて、これが証拠開示の対象物となるかが争われている。例えば、警察がおこなった恐喝事件についての捜査活動から100件程度の手がかりが得られ、ここから検察官が犯人である者を推定した場合において、弁護人が検察とは違う推論を用いて被疑者・被告人の弁護を行うために、捜査機関の収集した手がかりとなるおそよ100件に及ぶ物品等の開示を求めることが想定される。Vgl. *Volk,* Grundkurs StPO 2010, § 11 Rn.11.
114　Vgl. *Meyer-Ladewig*（Fn.8）, Rn.115.
115　*Esser*（Fn.10）, S.451.
116　本条に定められる弁護人依頼権は、当該被疑者・被告人の行ったとされる行為が、最低限自由刑をもって処罰されることが予定されている場合において認められる。Vgl. ÖJZ 1991, 745.
117　*Bogumi v. Portugal*（App 35228/03）（7 October 2008）para 48.
118　*Wolter*（Fn.32）, Rn.138.
119　*Imbrioscia v. Switzerland*（App 13972/88）（24 November 1993）para 275.
120　*Murray v. the United Kingdom*（App 14310/88）（28 October 1994）
121　NVwZ 2006, 1267.
122　*Esser*（Fn.10）, S.453.
123　*Meyer-Ladewig*（Fn.8）, Rn.238.
124　*Esser*（Fn.10）, S.453.
125　*Shilbergs v. Russia*（App 20075/03）（17 December 2009）para 120.

126　*Pakelli v. Germany*（*25 April 1983*）（*App 8398/78*）*para 34.*

127　*Wolter*（Fn.32）, Rn.153. 被疑者・被告人の身体拘束が行われている場合において、国費による弁護人依頼権が認められなければならない。しかしながら、たとえばドイツにおいて勾留状請求のために求められる嫌疑の程度は、公訴提起に求められるそれよりも高度なものを求められることになっており、被告人が在宅のまま公判手続が進行していくことが多い。これは、ほとんどの否認事件において警察の取り調べ段階から被疑者・被告人の身柄が勾留されることが常態化しているわが国とは状況を異にする。Vgl. *Volk*, Strafprozess 6. Aufl. 2008, §10 Rn.6ff.

128　EGMR, EuGRZ 1980, 664.

129　*Wolter*（Fn.32）, Rn.153a.

130　*Grabenwarter*（Fn.55）, §24 Rn.111.

131　*Wolter*（Fn.32）, Rn.154.

132　*Wolter*（Rn.32）, Rn.164.

133　*Degener*, StV 2002, 618.

134　武器対等原則について、ドイツ刑事手続には適合しないのではないかという指摘がある。実際に同原則に関する規定が、ドイツ刑事訴訟法においては少ない。*Beulke*, Strafprozess, 11.Auflage, 2012, §28 Rn.1ff.

135　*Vogel/Matt*（Fn.7）, S. 209.

136　*Gaede*, in Münchener Kommentar zur StPO Bd.3 2018, Art.6 EMRK Rn.245.

137　EGMR 7.7.1989 10857 84 para79, 84.

138　被告人が当該権利を放棄することは認められている。Vgl. *Gaede*,（Fn.136）, Rn.253.

139　*Wolter*（Rn.32）Rn.164.

140　*Jorgic v. Germany*（App 74613/01）（12 July 2007）para 82.

141　*Vidal v. Belgium*（App 12351/86）（22 April 1992）para 34.

142　EGMR, NJW 1989, 654.

143　*Khodorkovskiy and Lebedev v. Russia*（App 11082/06）（25 July 2013）para 711. *Balsytė-Lideikienė v. Lithuania*（App 72596/01）（4 November 2008）paras 63, 66.

144　*Haas v. Germany*（App 73047/01）（17.November 2005）

145　*Krausbeck*, Konfrontative Zeugenbefragung: Vorgaben des Art. 6 Abs. 3 lit. d EMRK für das deutsche Strafverfahren 2010, S.7.

しかしながら、ドイツ連邦裁判所は、長きにわたって共同被告人をドイツ刑事訴訟法上の「証人」には含まれないとの判断を行っており、人権条約 6 条 3 項 d の規定においても、共同被告人はその対象とはならないとしてきた（Vgl. BGH StV 2002, 584.）。対して、人権裁判所は、証人とは裁判所による判決に際して考慮され得る証言を行うすべての者を指すとの解釈を示しており、共同被告人の証人適格を肯定する。

146 *Makhfi v. France*（App 59335/00）（19 October 2004).
147 *Gaede,*（Fn.136), Rn.255-256.
148 *Unterpertinger v Austria*（App 9120/80）para30.
149 *Gaede,* StV 2018, 175.
150 *Gaede,*（Fn.149), S.176.
151 *Gaede,*（Fn.149), S.176.
152 *Haas v. Germany*（App 73047/01）（17.November 2005）
153 Haas 判決に関する詳細な検討は、本書第５章第３節３参照。
154 *Al-Khawaja and Tahery v. the United Kingdom*（App 26766/05）para 120.；Al-Khawaja and Tahery 判決について、小山雅亀「公判期日前の証人尋問制度再考の必要性」井田良＝井上宜裕ほか編『浅田和茂先生古稀祝賀論文集［下巻］』273頁、276頁以下も参照（成文堂、2016年)。
155 *Id.* at 123, 130.
156 *Id.* at 146.
157 *Gaede,*（Fn.149), S.177.
158 *Schatschaschwill v. Germany*（App 9154/10）（17 April 2014）; 本判決の詳細な内容について、小山雅亀「公判期日前の証人尋問制度再考の必要性（補論）―欧州人権裁判所 Schatschaschwill 大法廷判決をふまえて―」西南学院大学法学論集 49巻２・３号386-349頁参照（2018年)。
159 *Gaede,*（Fn.149), Rn.144.
160 *Schatschaschwill* 判決における判断要素について、*Gaede,*（Fn.149), S.177ff. を参照した。
161 *Schatschaschwill v. Germany, supra* note 158 at 106.
162 *Id.* at 132.
163 *Gaede,*（Fn.149), S.181.
164 証人尋問権に対する制限は、あくまでも最終手段（ultima ratio）でなければならないとされる（*Al-Khawaja and Tahery* , *supra* note 154 at125.)。
165 *Gaede,*（Fn.136), Rn.260.
166 *Gaede,*（Fn.136), Rn.261.
167 BVerG NJW 2007, 204.
168 OLG München, NvwZ-RR, 2006, 830.
169 捜査当局によって作成された供述調書において、自らの供述が正確に記載されているかを確認するため、文書による翻訳が行われることが有用であるように思われるが、これにかかる労力、コスト等を考慮し文書による翻訳が行われることまでは求められないようである。Vgl. *Esser* (Fn.10), S.512.
170 *Wolter* (Fn.32), Rn.170.
171 *Wolter* (Fn.32), Rn.170.
172 *Esser* (Fn.10), S.513.

173　*Luedicke,Belkacem,Koç* v. Germany（App 7132/75）（10 March 1980）

174　*Esser*（Rn.10）, S.507.

175　*Esser*（Rn.10）, S.508.

176　また、人権条約６条３項ｄが証人尋問権の保障について規定する。これは、公判手続において被告人に対して認められなければならない重要な権利の一つであり、自らを訴追する目的で召還された証人の証言の証拠価値について争うために必要不可欠となるものである。当該権利は、公判段階における無罪推定原則の担保にとって極めて重要なものとして位置づけられる。しかしながら、捜査手続段階における無罪推定に基づく被疑者の取り扱いが行われていなければ、公判におけるこのような権利保障の実質的意義も失われかねないように思われる。

177　*Esser*（Fn.84）, Rn.240.

178　EGMR NJW 2002, 499.

179　EGMR NJW 2005, 499ff.

180　*Krumpholz v. Austria*（App 13201/05）（18 March 2010）para 32.

181　更に、黙秘権の保障は、強制処分を通じて得られた身体に関わる証拠が許容されるかという問題と密接に関わるものである。特に、証拠収集に用いられる身体に対する強制処分が人権条約３条に抵触するような場合においては 、これが同時に黙秘権を侵害することが考えられ、これを肯定する裁判例がある。以上に関して、EGMR NJW 2008, 3549.

182　*Meyer-Ladewig*（Fn.8）, Rn.139.

183　*Demko* ≪ Menschenrecht auf Verteidigung ≫ und Fairness des Strafverfahrens auf nationaler, europäischer und internationaler Ebene, 2014, S.99.

184　*Demko*（Fn.183）, S.100.

185　*Schroeder,*（Fn.6）, S.193.

186　従来、公正（fair）に代わる語として、«justizförmig»,«rechtsstaatlich», «richitig», «billig», «gerecht» 等が用いられた。実際に、1998年までドイツにおける人権条約６条の公式訳においても billig という語句が用いられたが、現在において、«fair» は «fair» としてしか表現できないということが確認されドイツ公式訳もこれにならっている。例えばドイツにおいて «principle of fair tirial» は、«Der Fair-tiral Grundsatz» とされ、«fair» という語自体がドイツ法に継受されたと考えることもできる。以上について、Vgl. *Esser*（Fn.10）, S.401.

187　*Radbruch*, Der Geist des Englischen Rechts und die Anglo-Amerikanische Jurisprudenz, 2006, S.21.

188　*Demko*（Fn.183）, S.101.

189　*Gaede*, Fairneß als Teilhabe, 2007, S.98-99.

190　小畑郁『ヨーロッパ地域人権法の憲法秩序化』64頁（信山社、2014年）。

191　渡部編・前掲註(1)・70頁〔西谷元〕。

192　渡部編・前掲註(1)・71頁〔西谷元〕。

193　具体的な手続の流れについて、小畑・前掲註(167)・67頁以下参照。
194　渡部編・前掲註(1)・72頁〔西谷元〕。
195　渡部編・前掲註(1)・75頁〔西谷元〕。
196　小畑・前掲註(190)・74頁。
197　渡部編・前掲註(1)・73頁〔西谷元〕。
198　小畑・前掲註(190)・74頁。
199　小畑・前掲註(190)・75-76頁。

第３章　国際自由権規約14条

第１節　はじめに

わが国は、1979年６月21日に国際人権規約Ａ規約及びＢ規約の批准書を寄託、この３ヶ月後に両規約は日本において効力を生ずることになった[1]。刑事手続において、国際人権規約Ｂ規約（国際自由権規約）が重要となり、以下では特に公正な裁判を求める権利について定める国際自由権規約14条の規定について見ていくことにする。国際自由権規約はヨーロッパ人権条約から多くの理念的影響を受け制定されており、特に同規約14条は公正な裁判原則の中核的要素を示す。同規約15条の規定[2]とともに公正な裁判を求める権利の理解にとって重要なものである[3]。国際自由権規約14条は、各条約締約国に対して適切な刑事司法の運営の確保を求めるもので、その目的実現のために裁判所及び審査機関における平等、法律によって設置された、独立した公平な裁判所において、公平で公開された聴聞を受ける権利等、個人に認められる訴訟法上の権利について定める[4]。国際自由権規約14条における公正な聴聞を受ける権利は、法の支配の理念に基づく基本事項の一つであるとされ、同条２項においては刑事手続における無罪推定原則の保障について、３項においては刑事手続において認められなければならない最低限度の権利保障について言及されるのである。国際自由権規約人権委員会（Human Rights Committee）の見解によれば、国際自由権規約14条の規定は、刑事訴追に関して判断を行う全ての裁判所及び裁判体をその対象とし、各条約締約国にこれを遵守することを求める。

国際自由権規約の実施手続について、国際連合と有機的に結びついた報告制度、国家通報制度、個人通報制度等が存在しており、同規約の違反が疑われる場合において、その是正を目的とした措置が講じられることになる。国際自由権規約人権員会が、同規約における義務履行のための手続履行を担うことになるものとされている[5]。わが国は、これまで計6回、国際自由権規約人権委員会に対して報告書を提出しているが、その度にいくつかの問題点を指摘されている。例えば、2014年7月14日に行われた、規約自由権規約委員会の最終見解において、わが国の国内裁判所における国際自由権規約上の権利保障の消極的姿勢について言及されている。また、公訴提起前の被疑者に対する国選弁護制度及び捜査手続段階における問題点が指摘され、その是正が求められた。これ以前にも、2008年10月30日報告において、起訴前保釈制度の不備、被疑者取り調べに関する問題点が指摘されているが、日本政府はわが国の刑事手続において、国際自由権規約14条に合致する運用が行われているとの認識を示しており、このような政府見解には疑問が残る[6]。国際自由権規約について、全世界における締約国はおよそ150カ国にも及ぶが、これほどその内容の履行が行われていないものも珍しいとの指摘があり[7]、わが国の裁判所においても同規約に対する感度は決して高いものとはいえないように思われる。

第2節　国際自由権規約14条

1　国際自由権規約14条1項
――公平な裁判所における公正な公開の裁判を受ける権利――

国際自由権規約14条1項は、全ての者が公平な裁判所における公正な公開の裁判を受ける権利を有する旨規定する[8]。人種、肌の色、性別、言語、地域、政治的信条および国籍、階級、その他のいかなる理由に関わらず、全ての人間は裁判所における公正な裁判を受ける権利を有する。本条の規定は、刑事訴追（criminal charge）に関わる判断のみならず、法律上の訴訟（a suit at law）においていかなる法的権利が認められ、かつ義務を負うのかということを決する手続にもその効力を及ぼす[9]。以上見たように、裁判所等、司法当局の独立及び公正性が担保されることが、公正な裁判実現にとって重要であるが、これに加えて当事者間の武器対等、当事者主義的手続の保障、迅速な裁判の実現等が求められる[10]。当事者間の機会対等および武器対等の実現は、公正な裁判の実現にとって必要不可欠の要素であるとされ[11]、その実現のために当事者、特に被疑者・被告人に対して訴訟法的権利の保障が行われなければならない。公正な裁判の実現のため被疑者・被告人に対して保障されなければならない権利保障について、国際自由権規約14条3項において規定されている[12]。

公正な聴聞は自然的正義の原則（natural justice）に反するものであってはならないものとされる。自然的正義の要請を満たすために、裁判官が公正であり偏見を抱かないことが求められ、裁判官は自らが関係する事案の審理を行うことは許されない[13]。本来であれば手続から排除されるべきであった裁判官が審理を行った場合には、公正な裁判の実現が行われたとはいえないだろう[14]。また公正な聴聞の保障にとって、「他方の意見も聞くべし」という法格言が重要となるが、これも自然的正義の原則からの要請である[15]。これは、全ての手続参加者に対して等しくその主張を行う機会が認められなければならず、裁判官がその主張を真摯に聴取しなければならないということを意味するものであり、当事者間の武器対等の実現に配慮した、裁判所による公正な聴聞の実現が目指されなければならない[16]。

2　国際自由権規約14条2項――無罪推定原則――

国際自由権規約14条2項は、無罪推定原則について定めるものであり、刑事手続における挙証責任は訴追側に課されることになる。訴追側による犯罪行為に関する嫌疑の合理的な疑いを超える証明が行われない限り、被疑者・被告人が無罪であることを前提とした刑事手続上の運用が行われなければならず、被疑者・被告人には自らを無罪として取り扱うことを求める権利が認められるのである[17]。以上について、国際自由権規約人権委員会は、「刑事事件における無罪の推定の原則に基づき、公的機関は、裁判の結果を事前に判断してはならない」と述べるなど、裁判官以外にも無罪推定原則の効力が及ぶものであり、公訴提起前、特に捜査機関等の公的機関においても無罪推定原則に基づいた被疑者・被告人の取り扱いが求められることになるように思われる[18]。また、裁判官が審理に臨むにあたって、予断を抱くことがあってはならないことはいうまでもなく、全ての公的機関において手続の帰趨について被疑者・被告人に不利となる偏見を抱くことは慎まれなければならない[19]。

国際自由権規約14条の規定は、先に見た人権条約6条の規定と同様に、被疑者・被告人の公正な裁判を求める権利について定めるものであり、その構成についてもほぼ同一であるということができる。例えば、国際自由権規約14条1項は、各条約締約国に対して適切な刑事司法の運営の確保を求め、その実現のために裁判所及び審査機関における平等、法律によって設置された、独立した公平な裁判所において、公平で公開された聴聞を受ける権利等を保障する[20]。更に、同条2項において無罪推定原則について言及されており、刑事手続における挙証責任は訴追側に課される旨明言される。また、同条3項においては、被疑者・被告人に対して認められなければならない権利保障について定められている。

以上のように、公正な裁判を求める権利は、被疑者・被告人に対して様々な訴訟法的権利を認めるが、裁判の公正性が維持されているかという問題について、刑事手続全体、すなわち捜査手続、公判手続、更には公判外における全事情を考慮した総合的判断が行われるという点に特徴がある。それ故、無罪推定原則が担保されているかという問題についても、同原則の内容それ自体について考えれば良いということにはならず、総合的な判断が行われなければならない。より具体的にいえば、手続全体において被疑者・被告人に認められなければならない最低限の権利保障が行われているか、公平な裁判所における公正な聴聞が行われているか、無罪推定原則が担保されているかについて、相互関係が考慮されながら総合的に判断がされることになる。ここでは無罪推定原則の内容について、挙証責任の問題等、証明方法の枠を超えて、被疑者・被告人の無罪を求める機会が十分に保障されているかという観点からも検討がされなければならない。公平な裁判所における公正な聴聞は、被疑者・被告人に対して最低限度の権利が保障されている刑事手続を前提としている[21]。また、公正な裁判原則が手続全体をその対象とすることからも明らかなように、被疑者・被告人に対して行われなければならないとされる最低限の権利保障は、当然に捜査手続段階においても行われなければならず、これが十分ではない場合には、被疑者・被告人に対して公正な裁判を求める権利が保障されたとはいえない[22]。公平な裁判所における公正な聴聞、無罪推定原則の担保、最低限の権利保障、これらの要素が全て考慮されることによって、初めて公正な裁判の実現が可能となる。

3　国際自由権規約14条3項

(1)　被疑事実について告知される権利（国際自由権規約14条3項a）

本条の規定は、被疑者・被告人の防御活動にとって必要となる被疑事実の告知について定める。被疑者・被告人が有効な防御活動を行うためには、自らに向けられた嫌疑に関する十分な情報を得ることが必要となる。それ故、本条の規定においては、被疑者・被告人が理解できる言語を用いて刑事訴追の原因となる被疑事実について告知されなければならない旨言及される。告知される内容は、訴追内容、適用が予定される罰条及び訴追される事実等、当該刑事訴追の基礎となる事情を把握するために必要十分なものであることが求められる[23]。被疑事実の告知は、被疑者・被告人に対して刑事訴追が開始された後迅速に遅滞なく行われなければならない。

(2)　防御準備について十分な機会及び時間が認められ弁護人に連絡することが認められる権利（国際自由権規約14条3項b）

本条の規定は、刑事手続における全段階、すなわち裁判所における公判準備に留まらず、捜査手続において十分な防御活動を行う準備期間及び機会が被疑者・被告人に対して認められることを求める。防御活動に必要な時間がどれほどのものとなるかについて、一律にこれを決することはできず各事案における個別の事情によってその長短は異なる[24]。

防御のために必要な「機会」が保障されたといえるためには、被疑者・被告人の防御活動にとって必要となる裁判書類および他の証拠へのアクセスが認められることが必要となり、これらについて弁護人に相談する機会が認められなければならない[25]。刑事訴追に用いられる書証について、被疑者・被告人がこれにアクセスしその内容を把握することは、公正な裁判の実現にとって重要な要素であり、訴追側の証拠開示が行われることが求められる[26]。

⑶　迅速な裁判を求める権利（国際自由権規約14条3項c）

国際自由権規約14条3項cは、被疑者・被告人に迅速な裁判を受ける権利が認められる旨定める。裁判が速やかに開始されるだけではなく、適切な期間内に裁判が終結し判決が下されなければならない。これは、全ての審級において妥当するものであり、第一審及び上訴審双方において、適切な期間内に遅滞なく裁判が終了し判決が下されることが求められる[27]。

⑷　防御権及び弁護人依頼権の保障（国際自由権規約14条3項d）

刑事手続において、被告人は自ら防御活動を行うことが認められており、その実施のために必要な措置が講じられなければならない。被告人が自らに認められる法的地位を把握し、有効に訴訟法的権利を行使するためには弁護人の援助が不可欠となる。本条の規定は、被告人に弁護人による援助を受けることができる旨定めている。被疑者・被告人は、弁護人との相談の結果、自らの意思に基づいてどのような防御活動を行うかを決めることができる。また、被告人は自らの責任で弁護人等を代理人として選任し、自らに代わってその主張を行わせることができるが、その結果生じた不利益を国家の責任とすることは認められないとされた[28]。

更に、本条の規定は、司法の利益のために必要でありかつ被告人の資力が欠ける場合に、国費によって弁護人を依頼する権利を認める旨規定する。例えば、法定刑として死刑が定められる犯罪を理由に刑事訴追が行われる場合には、司法的利益が認められるものとされ、被疑者・被告人には国費による弁護人依頼権が認められるべきであるとされる。これは、裁判所における公判手続の他に、捜査手続等、公訴提起前の手続においても同様である[29]。

国際自由権規約人権委員会は、被疑者・被告人に弁護人を依頼するための資力が欠けるが、司法の利益という観点から被疑者・被告人に対して弁護人が付されることが望ましいと判断される場合には、国費による弁護人依頼権が認められるとする。しかしながら、国際自由権規約人権委員会は、利益侵害を訴える申立人自身が司法利益の存在を立証することを求めている[30]。司法の利益の存在の有無が、本条の規定を根拠とした弁護人依頼権が認められるか否かのメルクマールとされているように思われる。適切かつ効果的な司法の実現のため必要であるときに、被疑者・被告人に対して弁護人依頼権が保障されなければならないとされる[31]。

(5) 証人尋問権の保障（国際自由権規約14条３項 e）

本条の規定は、被告人と訴追者である検察官等との間に、証人尋問に関する機会対等を保障し、交互尋問の実現を企図して立案されたものであり、これは各条約締約国が当事者主義および職権主義的手続のいずれを採用していても実現されなければならないものとされる。刑事手続が職権主義的構造によって運用されている場合には、証人尋問に関して、被告人には裁判所に認められるそれと同様の機会が認められなければならない[32]。

目撃証人の証言が唯一の決定的な証拠とされた殺人事件の審理において、警察の証人尋問調書が被告人側に開示されなかったことを理由として、被告人に十分な証人尋問の機会が認められず国際自由権規約14条３項 c 違反が認定され、公正な裁判の実現が阻害されたと判断された[33]。以上のように、被告人に対して形式的に証人尋問の機会が認められるだけでは本条の要請を満たしているとはいえず、効果的な証人尋問の機会が認められ、その防御に資するものでなければ、被告人と検察官との間に証人尋問に関する実質的な機会対等が認められているとはいえない。

また、本条の規定は、被告人と訴追者との間に証人申請に関する機会対等が認められることを求めるものであり[34]、被告人のした自らに有利となる証人申請が却下された場合に、国際自由権規約14条３項 e 違反であるとした国際自由権規約人権委員会の判断があるが[35]、これは被告人の証人申請が常に認められるということを意味するものではない[36]。本条の規定は、各国の法整備に関わる裁量権を否定するものではなく、証人申請の可否について、各国の国内法規定にその判断基準が委ねられる部分も多いのであるが、武器対等の原則及び真実の発見等、刑事手続において遵守されるべき諸原則が考慮されなければならないとされる[37]。

⑹ 通訳・翻訳人依頼権の保障（国際自由権規約14条3項f）

本条の規定は、被疑者・被告人が刑事手続において用いられる言語を十分に理解することができない場合、通訳・翻訳人の援助を受けることができる旨定める。被告人に対して、公判における在廷権が認められなければならないことは当然であるが、被告人が単に公判に出席できることを認めるだけでは在廷権の実質的保障が行われているとはいえず、公判手続の進行を十分に理解するための措置が講じられなければならない。これを実現するためには、公判廷において用いられる言語の十分な理解が不可欠であり、必要に応じて国費による通訳・翻訳人の選任が行われなければならない。また、裁判の帰趨が捜査手続の結果に大きな影響を受けることを考えると、公訴提起前においても同権利の保障が行われるべきであり、被疑者に対しても必要に応じて通訳・翻訳人依頼権が認められなければならないだろう。裁判の結果及び国籍の如何に関わらず、被疑者・被告人が刑事手続において用いられる言語の理解を十分に行えない場合には、国費による通訳・翻訳人依頼権が認められなければならない。なお、法廷で用いられる言語が被告人の母国語ではない場合においても、当該言語の理解を十分に行うことができ、かつ裁判の進行の把握及び自らに認められる訴訟法的権利の行使等に不都合がないと考えられる際には、国費による通訳・翻訳人の選任が行われなくとも本条の規定に抵触するものではないとされる[38]。

⑺ 自己負罪拒否権（国際自由権規約14条3項g）

被告人を有罪とするために、強制された自白を用いることが国際自由権規約14条3項(g)に違反することを国際自由権規約人権委員会は認定している[39]。直接、間接を問わず、身体的及び心理的圧力を加えて被疑者・被告人の自白を引き出すことが行われてはならないとされる[40]。

自白の強要が禁止されるのは裁判所における公判手続に留まらない。むしろ公判開始前、特に捜査手続における被疑者への自白強要が問題となる場面が多く想定される。被疑者に対して、その不利益供述を強要することがあってはならないものとされ、かつ被疑者の態度等、特に黙秘からの不利益推認が行われてはならないのである。

エクアドルでの事案において、外部との接触を断たれた被疑者が尋問中に白紙の調書にサインを強要された事実が認定された。国際自由権規約人権委員会は、取調中に捜査機関によるこのような行為が行われた場合、後に行われる公判手続において当該調書の許容性に耐えがたい影響を与えることが必然的に予期されるとした[41]。

第3節　国際自由権規約人権委員会と個人通報制度

1　個人通報制度

国際自由権規約において、個人に人権侵害の申立を認める個人通報制度が設けられている。個人通報制度は、個人が国家を介さず直接国際的な人権機関に働きかけを行うことができる画期的な制度であると評価される[42]。しかしながら、条約締約国の個人がこれを利用するためには、規約本体ではなく第一選択議定書に批准することが必要となり、わが国においては未だに同制度の利用が認められていない[43]。

2　国際自由権規約人権委員会と条約の実効力

自由権規約締約国が第一選択議定書に批准した場合、当該国家の管轄下にある個人は国際自由権規約人権委員会に対して人権侵害の申立をすることが可能となるが、当該委員会の見解は法的に勧告として条約締約国に提示されるものに過ぎず、法的拘束力までは認められない[44]。しかしながら、条約締約国国内の裁判所において委員会の見解に一定の権威を認める判例も散見され[45]、一般に個人通報制度の有無が国際自由権規約の実効力に大きな影響を与えると考えられている[46]。

第4節　おわりに

国際自由権規約14条１項は、全ての刑事訴追された者に対して公平な裁判所における公正な聴聞の機会を保障し、これは自然的正義の原則の観点からも当然に保障されるべきとされる。また、公正な聴聞の実現のためには、裁判所の独立、裁判官の独立が保持されなければならないものとされ、裁判所は、機会、武器対等が担保された手続において、各当事者が行う主張を真摯に聴聞しなければならないものとされている。以上のことは、ヨーロッパ人権条約6条1項においても同様のことが求められており、公平な裁判所における公正な聴聞の実施、当事者間の機会、武器対等等の要素について、公正な裁判原則の重要な要素であるとされている。

また、刑事手続における無罪推定原則についても、国際自由権規約14条2項、人権条約6条2項の規定が言及している。無罪推定原則を人権保障の観点から理解した場合、立証責任の問題に加えて裁判の終結まで無罪推定の要請に基づいた被疑者・被告人の法的地位の尊重が求められることになる。国際自由権規約及び人権条約は、無罪推定原則を以上のように理解しており、これは各条約の人権保障を通じて公正な裁判の実現を企図するという性格からも当然のことといえるだろう。なお、無罪推定原則は、公判開始前、すなわち捜査手続においても妥当すると考えられる。なぜなら、捜査手続段階において刑事捜査・訴追機関によって被疑者に犯人性が認められることのみを前提として、被疑者以外に犯人が存在する可能性を無視した一方的な捜査活動が行われたのであれば、公判手続における無罪推定といっても既にその実質的意義が失われていることが予想されるからである。これは国際自由規約14条3項及び、人権条約6条3項において言及される被疑者・被告人に対して認められるべき最低限の権利保障の内容に鑑みても明らかであろう。既述のように、人権条約6条3項における被疑者・被告人の権利保障について、人権裁判所は、これら諸権利の保障が公判開始前においても実施されなければならない旨明言している。弁護人および通訳・翻訳人による援助について、捜査手続において被疑者・被告人が自らの法的地位の的確な把握のためには不可欠となるであろうし、適切な防御機会が認められる権利についても、同権利が公判準備のため捜査手続段階において保障されることは当然である。

ヨーロッパ人権条約、国際自由権規約は、それぞれ実行力を担保する機関が個別に存在することから、両者の具体的運用については当然に差異が認められよう。しかしながら両者は、刑事手続において無罪推定原則が担保されることを前提に、被疑者・被告人に認められなければならない最低限の権利保障を通じて、公平な裁判所における公正な聴聞の実現を図るという共通した目的を有しており、これはこれら二つの国際条約が起案された歴史的経緯から見ても明らかである。

注

1　なお、わが国の同規約批准の経緯について、尾崎久仁子『国際人権・刑事法概論』209頁以下参照（信山社、2004年）。

2　国際自由権規約15条は、罪刑法定主義について定めるものであり、刑法の遡及的適用を禁ずる。

3　Nihal Jayawickrama, *The Right to a fair trial under the Iternational Covenant on Civil and Political Rights*, in THE RIGHT TO FAIR TRIAL IN INTERNATIONAL&COMPARATIVE PERSPECTIVE 37, 37（Andrew Byrnes ed., 1997).

4　アルフレッド・デザイアス＝ヤコブ・モラー＝トーケル・オプサール（第２東京弁護士会訳）『国際人権「自由権」規約入門「市民的及び政治的権利に関する国際規約」の選択議定書の下における適用』74頁（明石書店、1994年）。

5　尾崎・前掲註(1)・146-147頁。

6　国際自由権規約人権委員会の報告書および日本政府の見解について、外務省ホームページにおける仮訳を参照した。<u>http://www.mofa.go.jp/mofaj/gaiko/kiyaku/</u>　(accessed 2017/10/30)

7　尾崎・前掲註(1)・145頁。

8　*See* SANGEETA SHAH, INTERNATIONAL HUMAN RIGHTS LAW 315-316 (Daniel Moeckli, Sangeeta Shah&Sandesh Sivakumaran eds., 2010).

9　Nihal Jayawickrama, *supra* note 3 at 38.　なお国際自由権規約人権委員会は、「法律上の訴訟」及び「刑事訴追」の明確な解釈を示しておらず、審理対象となる事案の性質等を考慮して国際自由権規約14条の対象範囲を判断しているものと考えられる。

10　*Fei v. Colombia*, Human Rights Committee, Communication No 514/1992, 4 April 1995, UN Doc CCPR/C/57/1, 86 (1996).

11　*Morael v. France*, Human Rights Committee, Communication No 207/1986, HRC 1989 Report, Annex X.E.

12　ここではそれぞれ、告知権、防御準備について十分な機会及び時間が認められ弁護人に連絡することが認められる権利、迅速な裁判を求める権利、防御権及び弁護人依頼権の保障、証人尋問権の保障、通訳・翻訳人依頼権の保障、自己負罪拒否権の保障について言及されている。

13　裁判官の忌避、除斥、回避等の制度的保障が考えられ、各国には国内法整備が求められるように思われる。

14　*Karttunen v. Finland*, Human Rights Committee, Communication No387/1989, HRC 1993 Report, Annex XII.R.

15　SANGEETA SHAH, *supra* note 8 at 324.

16　公正な裁判および救済手段に関する国連諸原則に関する草案（The Draft UN Body of Principle on the Right to a Fair Trial and a Remedy）において、公正な聴聞の実現のためには、被疑者・被告人に対して以下の諸権利が認められなければならないものとされた。(a)手続の性質及び目的に関する適切な通知を受ける権利、(b)防御準備のための適切な機会を保障される権利、(c)自らの主張を述べ、証拠を提出すること及び、他方当事者による主張および、提出された証拠に口頭及び書面によって接する機会が認められる権利、(d)手続の全段階において、弁護人等の援助を受けることおよび、代理を依頼する機会が認められる権利、(e)手続において用いられる言語を十分に理解しない場合において、通訳・翻訳人の援助を受ける権利、(f)公的な手続において顕出した証拠にのみ基づいて、権利が認められかつ義務を負うこと、(g)理由が付された遅滞なく行われた決定にのみ基づいて、権利が認められかつ義務を負うこと、(h)上訴する権利。以上について、Nihal Jayawickrama, *supra* note 3 at 42.

17　*Id.* at 45.

18　アルフレッド・デザイアス＝ヤコブ・モラー＝トーケル・オプサール・前掲註(4)・75頁。

19　Nihal Jayawickrama, *supra* note 3 at 45.　この点について、犯罪捜査等、被疑者の嫌疑性を前提とする制度との関係が問題となるが、少なくとも被疑者に対して絶対的に犯人性が認められることを前提とする一方的な捜査が行われるのではなく、被疑者以外の犯人が存在する可能性についても考慮されるべきである。

20　*See* STEFAN TRECHSEL, HUMAN RIGTHS IN CRIMINAL PROCEEDINGS 84-89 (2005).

21　Hock Lai Ho, *The Presumption of Innocence as a Human Right*, in CRIMINAL EVIDENCE AND HUMAN RIGHTS 259, 268 (Paul Roberts and Jill Hunter, eds., 2012).

22　*Id.* at 275.

23　SANGEETA SHAH, *supra* note 8 at 324.

24　*See* Nihal Jayawickrama, *supra* note 3 at 46.　公判手続において、被告人が弁護人に相談する時間が30分に満たない場合、本条の要求が満たされてないとされたことがある.*Simmonds v. Jamaica*, Human Rights Committee, Communication No338/1988, HRC 1993 Report, Annex XII.N.

25　SANGEETA SHAH, *supra* note 8 at 325-326.
26　Nihal Jayawickrama, *supra* note 3 at 47.
27　*Id.* at 47.
28　*Id.* at 49.
29　*Grant v. Jamaica*, Human Rights Committee, Communication No353/1988, HRC 1994 Report,vol II Annex IX.H.
30　アルフレッド・デザイアス＝ヤコブ・モラー＝トーケル・オプサール・前掲註(4)・79頁。
31　Nihal Jayawickrama, *supra* note 3 at 49.
32　*Id.* at 50.
33　*Peart & Peart v. Jamaica,* Human Rights Committee, Communication Nos 464/1991 and 484/1991, 19 July 1995, UN Doc CCPR/C/57/ 1 , 36 (1996) .
34　*See* SANGEETA SHAH, *supra* note 8 at 319. 当事者間の武器対等が認められなければならないという要請から、当然のことと思われる。
35　アルフレッド・デザイアス＝ヤコブ・モラー＝トーケル・オプサール・前掲註(4)・80頁
36　しかしながら、国家の責任となる過失によって、予定されていた被告人が申請した証人の尋問が行われなかった場合に、これが国際自由権規約14条３項ｅに違反するとされた。*Grant v. Jamaica*, Human Rights Committee, Communication No353/1988, HRC 1994 Report,vol II Annex IX.H.
37　SANGEETA SHAH, *supra* note 8 at 319.
38　Nihal Jayawickrama, *supra* note 3 at 54.
39　アルフレッド・デザイアス＝ヤコブ・モラー＝トーケル・オプサール・前掲註(4)・80頁。
40　Nihal Jayawickrama, *supra* note 3 at 52.
41　*Jijon v. Ecuador*, Human Rights Committee, Communication No 277/1988, HRC 1992 Report, Annex IX.I.
42　渡部茂己編『国際人権法』62頁〔申惠丰〕(国際書院、2009年)。
43　2017年１月時点において、国際自由権規約の締約国数は169、第一選択議定書についても116ヶ国が参加している。
44　渡部編・前掲註(42)・64頁〔申惠丰〕。
45　渡部編・前掲註(42)・64頁〔申惠丰〕によれば、ニュージーランド、オーストラリア等の国内裁判所において、国際自由権規約の解釈について委員会の見解を無視できないとする判例が存在する。
46　齋藤正彰『憲法と国際規律』88頁（信山社、2012年)。

第4章　公正な裁判原則の法的根拠

第1節　はじめに

公正な裁判原則に言及する条約、とりわけヨーロッパ人権条約6条及び国際自由権規約14条についてその内容を概観し、若干の考察を加えてきた。これら二つの規定に共通するのは、被疑者・被告人の人権保障を通じて刑事手続における公正な裁判の実現を企図することであり、その為に最低限必要となる権利保障を求めるということである。既述の通り、ドイツ等ヨーロッパ諸国においては、公正な裁判原則から多大な影響を受けて、今日までに高度な人権保障基準を満たした刑事司法制度の構築がなされているのではあるが、必ずしも公正な裁判原則の法的性格についての共通理解が得られているわけではない。公正な裁判原則のもたらした影響の大きさを考えると、これに国内憲法規範と同等、ないしはそれ以上の法的性格が認められているようにも思えるが、ドイツ基本法解釈上同原則の法的性格は一般法であると考えられることになる。以上のような国際条約の国内法レヴェルにおける法的性格についての問題は、わが国においても生じており、これは公正な裁判原則について定める国際自由権規約14条に関しても同様である。

ヨーロッパ人権条約及び国際自由権規約は、ともに地域、世界規模での人権規範の共通化を図るものである。人権規範の共通化に関して、もっとも穏当な見解としては、国内機関と国際機関との間の対話に基づく共生関係を志向する議論を基礎に置くものがある[1]。しかしながら、このような議論に対しては、国際人権条約及びその解釈についての条約機関の意見・見解を、外国法制・外国判例（比較法的研究に基づく考慮）と同等に扱うことには疑問があるとの指摘もあり[2]、国際人権条約の国内法レヴェルにおける取り扱いを如何にするかという問題が生ずるのである。

第2節　国際法(国際条約)に由来する原則の国内法的効力

1　わが国における国際法と国内法の関係

ヨーロッパ人権条約、国際自由権規約等、国際人権法の法的性格は、もちろん国際法として位置づけられるのであるが、その内容実現について第一次的には国内裁判所を通じた国内的実施が重要であるとされる。それ故、憲法と条約の関係についての一元論と二元論の対立という問題[3]が顕在化するとの指摘がある。現在、わが国の通説は二元論に立つといわれることもあるが、国際法学からは法規範体系の問題よりも各国の裁判所及び他の国家機関による実効を重視すべきだとの指摘がされており、一元論か二元論かという議論は以前と比べてその重要性が失われているともいえる[4]。条約の国内的効力あるいは実効性確保の問題を検討する場合、最早一元論か二元論かという抽象的な話にこだわる必要はない[5]。

2　国内裁判所における条約の取り扱い

国内法と国際法の関係について考察するに際して、最も重要となるのは実際上国内裁判所において国際法がどのように取り扱われているかということである。わが国の憲法98条2項は、「日本国が締結した条約及び確立された国際法規は、これを誠実に遵守することを必要とする」と規定していることから、条約が公布された以上は国内法的効力をもち、自動執行性（self-executing)[6]が認められる条約については直ちに国内適用が可能となるとする理解が通説であるとされている[7]。しかしながら、この点についてのわが国における国内裁判所の判断を見ると、国際法、特に条約の取り扱いに関する立場は必ずしも明確ではない[8]。例えば、わが国の国内裁判所において、自動執行性について問題とすることなく、国際法規範に国内効力が認められるとし、当然のようにそれを具体的事件に適用し判断してきたと指摘されるが[9]、最高裁判所においては正面からこの問題を取り扱った判断が行われたことはない[10]。本来、自動執行性と国内法上当該規範が効力を持つかということ、個人の請求権を基礎づけるものであるかということは質的に区別されるべきであるが、わが国の裁判例においてこの点が必ずしも意識されていないとの指摘がされる[11]。本章においては、この問題にはこれ以上深く立ち入ることを避けるが、個人の権利義務を直接規律しようとする当事国の意思の存在の有無、規律されるべき個人の権利義務の内容が国際法規範に明確に定められているか否かを条約の自動執行性の判断基準として理解する[12]。

以上を前提として、国際人権法の自動執行性についてわが国の国内裁判所における取り扱いを見ると、これが他の条約と比して認められやすい傾向にあるとされる。特に国際自由権規約について、通訳・翻訳規定について定める14条３項ｆの自動執行性が国内裁判所において認められたことがあるなど[13]、一般的な傾向として国際自由権規約にはわが国においても自動執行性が認められることが多いとされる[14]。しかしながら、裁判所における国際人権法に関する自動執行性の判断について未だに不明確な部分も多いことが指摘されている。

また、国際、国内法レヴェルにおける序列関係を考えた場合、通説的理解によれば憲法が条約に優位し、条約は法律に優位するということになる。このような理解を前提とした場合、法律の解釈の際に条約を考慮することは当然できるものと考えられるが、本来その法的性格が優位するはずの憲法解釈についてなぜ条約を考慮することができるのかという問題が生ずる。憲法優位説に立った場合、憲法解釈に下位法である国際法規範が考慮されることの正当性について議論されなければならないということになる[15]。この問題の検討に際して、ドイツにおける議論を参照し憲法解釈における条約の考慮を正当化する試みが参考になる。

3　ドイツにおける国際法親和性原則とわが国における国際法親和性解釈

(1)　国際法親和性原則

既述の通り、ドイツにおいてヨーロッパ人権条約の法的性格は一般法と等位のものであるとされている。ここで問題となるのが、ドイツ連邦憲法裁判所における違憲審査においてヨーロッパ人権条約違反の主張を根拠とすることができるかということである[16]。ドイツにおいて、ヨーロッパ人権条約違反を理由として憲法違反の主張をすることは認められないのが通説・判例の立場であるとされるが[17]、その一方で連邦憲法裁判所における基本法解釈に際して同条約を援用するという運用が行われてきたのも事実である。これは、ドイツにおいて基本法解釈の際に国際法親和性原則（der Grundsatz der Völkerrechtsfreundlichkeit）が重視されていることにその理由を求めることができるだろう。国際法親和性原則とは、国内の法領域において国際法上の規律の遵守を要求し、遵守を容易にすることを目標とした指導原理であり、これは「開かれた国家」性概念から発展したものであり、連邦憲法裁判所、学説においても広い定着が見られる[18]。国際法親和性原則は、ドイツ連邦憲法裁判所における1987年3月26日決定[19]において定着したと考えられており、ドイツ連邦憲法裁判所は、国内裁判所における法律の解釈及び適用が、国際法親和性原則を尊重したものとなっているかを審査しなければならないとする[20]。

⑵　国際法親和性解釈――わが国における条約の憲法解釈への援用――

わが国においても、憲法解釈に際して国際条約を援用することが正当化できるのであろうか。この問題に対して、憲法98条2項に基づいて、憲法は条約適合的に解釈されなければならないとする見解がある。これによれば、憲法解釈に際して条約規定を任意ないしは適宜に参照するに留まらず、原則として憲法は条約適合的に解釈されなければならないものとされる[21]。これは、憲法解釈に際して条約、特に国際人権条約を顧慮する義務が裁判所に対して課せられることを意味する。もっともこの場合においても、憲法の規定に反しないとする限定が付せられるので、国際人権法を根拠として国内憲法規範の行きすぎた拡大が図られることはない[22]。このような主張に対しては、そもそも下位規範として序せられる条約内容をなぜ憲法解釈に際して顧慮する義務が生ずるのか、仮にこれを国際人権法に限るとした場合でもその根拠が不明確であるなどの批判が予想される。しかしながら、少なくとも法律解釈については条約内容の顧慮義務を認めることができるだろうし、憲法規範等の上位規範についても当該規範内部において参照根拠を見いだすことができる場合にはこれを参照した国内法解釈を行うことが許されるということになろう[23]。

4　小　括

国際法優位の一元論を採用することは、「国家主権ないし国家の立法権（いわゆる憲法制定権力も含めて）を国家法秩序の最終的根拠とみるのは、正しくない」[24]ことを承認する意味を持つ。わが国における通説・判例は、国際条約の国内法レヴェルにおける直接適用には慎重な姿勢を示している。これは、刑事法領域においても同様のことがいえ、わが国における国際人権法を参照した刑事法領域における議論は活発であるとはいえない。しかしながら、わが国において、少なくとも国際法上の原則について法律の解釈についてはこれを参照する義務が存在し、憲法上の根拠規定が存在する場合には憲法解釈においてもこれを援用することが認められる。また、公正な裁判原則が刑事手続における中心的基準であることが認められているドイツにおいても、同原則の有用性及びドイツ刑事司法に対して実際に与えた影響の大きさを認めつつも、国際法的基準が重視されすぎることで、憲法、刑事法規範に悪影響があることを懸念する声も聞かれる[25]。この主張によれば、公正な裁判原則の具体的内容について、国内法、特に国内憲法規範からもこれを演繹する努力をするべきであるとされる[26]。以下では、公正な裁判原則の国内法的根拠についてドイツの議論を参照しながら若干の考察を行う。

第3節　国内憲法規範レヴェルにおける公正な裁判原則の法的根拠

1　ドイツ基本法における公正な裁判原則の法的根拠

(1)　基本法1条1項：人間の尊厳

従来ドイツにおいて、刑事手続における公正性について検討する際に、国家機関の不当な行動から個人をどのようにして保護するかという観点から議論がされてきた。しかしながら、この様な視点からの検討だけでは、刑事手続における公正性について議論するには不十分であり、基本権主体となる個人に焦点を当てた議論、公正な裁判原則を根拠として個人にいかなる法的地位が認められ得るのかといった視点が重要となるのである[27]。例えば、刑事捜査・訴追機関等、国家的機関による個人に対する侵害を伴う可能性のある行動を制限することを通じて手続の公正性を実現するという視点だけが「公正性」に関わる議論にとって重要となるわけではなく、被疑者・被告人に対して自らの法的地位に基づき手続に影響を与える機会が認められなければならない。

ドイツ基本法1条1項は、人間の尊厳を尊重し、保護することを国家の義務としている[28]。人間の尊厳を「尊重」することは、国家権力の不作為または介入禁止を要求するものであるとされ、これは人間の尊厳の「防御的機能」に基づく要請である。客体定式は、人間を「国家行為の単なる客体」とすることを人間の尊厳と矛盾するものとし、いかなる行為が人間の尊厳と対立、矛盾するかが問われる。刑事手続においても被疑者・被告人が刑事捜査・訴追の単なる客体として扱われることはあってはならず、被疑者・被告人の人間の尊厳が尊重されなければならない。ヨーロッパ人権条約6条は、被疑者・被告人に対して保障されなければならない権利について言及するものであり、これは刑事手続において被疑者・被告人の人間の尊厳が尊重されるために必要となる最低限の権利保障であるといえるだろう。人間の尊厳に反する刑事捜査・訴追機関等、国家的機関の行為は、当然に公正な裁判原則にも違反するため、厳に慎まれなければならない[29]。人権条約6条は、被疑者・被告人に対して認められる最低限の権利保障について言及するが、これを実現するためには違法な捜査活動を行わないなどの国家の不作為に加えて、公正な裁判の実現を目指した何らかの積極的な国家的措置が講じられることも必要となるだろう。人間の尊厳の「保護」には尊重要請を超える意味が認められるとされている。人間の尊厳保護という要請は、国家権力に対して積極的な作為を義務づける。公正な裁判原則は、刑事手続における被疑者・被告人の法的地位を保障するために最低限の権利保障を目指すものであるから、これを実現するために行われるべき何らかの措置が講じられることは、国家の人間の尊厳保護に関する義務からも当然に求められることになるだろう。ドイツにおいて人間の尊厳保障は、絶対的な憲法の最高価値であるとされていたのであるが、近年これを相対化しようとする動きがある[30]。このような議論は、刑事手続における最低限基準を定める公正な裁判原則の理解にとっても関係のないものではない。人間の尊厳保障の相対化は、従来、国家と個人の関係で論じられていた人間の尊厳保障に、第三者との関係を考慮することによって観念されることになる。例えば、犯罪被害者、加害者、国家の三者間の関係（法的三極関係）において、人間の尊厳保障の相対化が行われる可能性が生ずるのであり、これは刑事手続における公正な裁判原則による保障についても同様である。特に、近年世界中において議論されている、いわゆる「テロとの戦い」のために、刑事手続における最低限基準についての例外が認められ得るかという議論が活発に行われている。刑事手続における最低限基準は常に堅守されなければならないという主張もなされるが、人権裁判所は、総合判断の名の下に人権条約上の個別的権利が侵害されているような場合においても、手続全体の公正性は保たれているという判断を下すことがある。

確かに、被疑者・被告人の人権保障が他の利益、とりわけ被害者保護に関する利益、社会的利益に対して、常に優越するものではないという考えには一定の妥当性が認められる。刑事手続における被疑者・被告人は、刑事訴追等国家的活動の単なる客体として扱われてはならないが、被疑者・被告人の利益保護に偏重した制度運用が行われれば、犯罪行為によって被害を被った被害者保護がおろそかとなり、その人間の尊厳保障が十分に行われないという事態が生じうる。人権条約6条における要請は、刑事手続において遵守されるべき最低限の基準を示すものではあるが、その内容は一部相対的なものであると考えられる。これは、被疑者・被告人、国家以外の第三者、すなわち犯罪被害者、社会共同体との関係を考慮して観念されると考えられるが、被疑者・被告人自身の人間の尊厳保障の核となる部分に関わる諸権利の保障について、これが相対化されることはあってはならず、被疑者・被告人が国家活動の単なる客体として扱われることはあってはならない。この点につき、ドイツにおいて第三者の生命保護のために拷問の許容性が認められるかが議論されてきた。拷問の禁止は、その客体となる国家と個人との関係においては、議論の余地なくこれが絶対的に禁止されるということになろう。しかしながらここに第三者、特に拷問の客体となる個人によって身体・生命の危険にさらされている者の存在を考慮した場合、どのような結論が導かれるのであろうか。つまり、国家が生命の身体、生命等の危険にさらされた第三者の保護を目的として拷問を行おうとした場合、これが絶対的に禁止されるのかという問題が生ずる。拷問の客体となる個人に対しては拷問行為を行わない不作為義務が、その個人から生命、身体の危険にさらされている被害者に対しては、これを救出するための措置を講じなければならないという作為義務が国家に対しては課せられることになるが、いかなる場合、目的をもってしても拷問を許容することは困難であるという見解が支配的である[31]。

⑵　基本法20条３項：法治国家原則

ドイツにおける公正な裁判原則の法的根拠として、人間の尊厳に関わる基本法１条１項の他、法治国家原則について言及する基本法20条３項にこれを求めることが支配的な見解である。本条の規定から様々な憲法上の諸原則が演繹されるものとされるが、ここから間接的に公正な裁判原則を根拠づけることができるとされる[32]。連邦憲法裁判所においても、これら法治国家的要請を満たした公正な裁判の実現は、法治国家原則の決定的な要素であるとされる[33]。法治国家原則は、犯罪行為に対して何らかの刑罰を科すためには、法の定める規則に則った手続によることを求める[34]。これは先述した基本法１条１項における人間の尊厳保障の観点からも同様のことがいえるものとされ、法治国家的要請を満たす公正な裁判実現の為には、個別の基本権保障に根ざした手続的保障が行われていることが前提となる[35]。刑事手続における人間の尊厳保障、特に個人の主体性の尊重に着目した場合、被疑者・被告人に対して裁判所における判決、決定に対して影響を与える十分な機会を認めることも重要となり[36]、被疑者・被告人には効果的な防御活動の機会が認められなければならず[37]、刑事手続における刑事捜査・訴追側と被疑者・被告人は武器対等、機会対等の関係であることが求められる[38]。これを実現するために、具体的には被疑者・被告人に対する接見交通権を含めた弁護人依頼権の保障、証人尋問権の保障等が重要となる。

更に、迅速な公開裁判の要請も法治国家原則の実質的内容であるとされ[39]、ここでは当然に裁判官及び司法官憲が、偏見及び予断を抱くことのないように職務遂行にあたるということも公正な裁判の実現にとって必要なこととなる[40]。また、被告人がドイツ語を十分に解し得ない場合には、通訳・翻訳人の選任が求められることになる[41]。また、被告人の在廷権保障も公正な裁判の実現のために必須の条件であるとされ、訴訟能力に欠ける場合など一部の例外を除いて被告人不在のまま公判が行われることはない[42]。この他にも、法的聴聞権の保障も、基本法103条に加えて同20条３項から演繹されるものであるとされ、手続についての情報を得る権利、手続において自らの主張を行いこれが十分に考慮される機会が認められなければならない。この他にも、判決理由を知る権利についても、法治国家原則から演繹される[43]。

真実の発見及び事案の解明についても、法治国家原則の要請の一つであるとされ、国家にはこれに見合った刑事司法制度の構築が求められる[44]。先述の通り、法治国家原則からの要請として、被疑者・被告人には公正な裁判を求める権利が認められるとされるが、これも基本的には真実発見の要請に影響を受けることになる[45]。すなわち、国家には確実な真実発見が実現される刑事司法制度を構築することが求められる一方、ここでは被疑者・被告人の基本権にも配慮した運用が行われなければならず、両者の調整が求められることになる。犯罪行為の解明は憲法上の要請でもあるとされるが[46]、捜査活動が与える個人への影響が考慮され、比例原則の観点から捜査機関の行動が統制されなければならない[47]。

ドイツにおいて、基本法２条１項が個人の自由権について、更に20条３項が法治国家原則について規定しており、国家は個人の自由権を尊重しなければならず、その侵害を伴う国家的活動は憲法規範適合性が認められる法律によって正当化されている場合においてのみ許容される。証拠禁止についても法治国家原則からこれを肯定できる場合があるとされ、ここでは被疑者・被告人に対して証拠について争う機会が認められたかという観点も重要となるが、同時に機能的な刑事司法の保持という要素も考慮されることになるため[48]、常に個人の利益が公益に優先するとは限らない[49]。

⑶　公正な裁判原則の憲法規範的根拠としての人間の尊厳と法治国家原則

以上の検討を通じて明らかになるのは、ドイツにおける公正な裁判原則の法的性格として、主観法的側面に加えて客観法的側面の双方が認められるということである。確かに、公正な裁判原則は刑事手続において被疑者・被告人の主体的地位の尊重を求めるものであり、これは基本法１条１項の人間の尊厳保障とこれを具体化した基本権保障からの要請ということになる。公正な裁判原則は、単に刑事手続における目標を宣言したものではなく、各事案において被疑者・被告人が請求可能な基本的権利と位置づけられる。しかしながら、刑事手続が国家によって運営されることに鑑みると、国家の作為的介入がなければ本来主観法的性格が認められるはずの公正な裁判を求める権利を実質的に保障することが難しい場面が想定される。基本権には防御権的性格だけではなく、国家に客観法的義務を負わせる性格も認められる[50]。個人の尊厳及び基本権行使のために、国家に対する不作為を求めることのみならず、国家が人間の尊厳、基本権保障の為に求められる作為的介入及び制度保障を行わなければならない場面が想定され、これは刑事手続において特に顕著に現れる。人権条約上の公正な裁判原則は、被疑者・被告人に対する人権保障、とくに必要となる権利保障を通じて公正な裁判の実現を図る。被疑者・被告人の権利保障に関して、国家からの自由、すなわち刑事捜査・訴追機関等に代表される国家権力の介入を妨げることに議論の中心が置かれる傾向にあるが、刑事手続における被疑者・被告人の権利保障の担い手もまた国家であることは無視できない事実である。それ故、法治国家原則は、国家の不作為を通じた被疑者・被告人の主体性の尊重を求める一方で、これを実現するための刑事司法の構築という作為義務についても国家目標であるとする[51]。ドイツにおいて、刑事手続における被疑者・被告人の主体性の尊重が求められ、国家には作為、不作為の両形態で公正な裁判の実現についての義務が課せられることになる。

2　日本国憲法における公正な裁判原則の法的根拠

⑴　憲法13条：私生活上の自由と個人の尊重（尊厳）

わが国の通説[52]は、憲法13条にいう「個人の尊重」は個人の尊厳と同義であり、日本国憲法の「根本規範」として最も重視されなければならないとする。更に、憲法13条後段の幸福追求権は、同条前段の「個人の尊重＝個人の尊厳」を受けたものとして、同原理と密接不可分の関係にあり、憲法14条における平等原則と併せて、尊厳をもった存在として人は等しく扱われるべきであると憲法が要請していることを示すものである。更に、幸福追求権は、包括的権利として、個人の尊厳と連関した「新しい人権」の根拠として理解される。以上がわが国における憲法13条の通説的理解であるが、わが国の判例の理解によれば、憲法13条における自由は、主として私生活上の自由をさすのであって、個人の私生活領域における国家の侵入を抑えることをいうとされる。それ故、判例理論によれば、国家的領域において個人を尊重すること、または国家の創設した制度内部において、個人を尊厳を持った存在として処遇することを論理必然的に要請できないと理解されることになる[53]。

刑事手続における問題を取り扱う際にも、従来、被疑者・被告人に対する国家的介入を如何に制限するかということが議論の中心となってきたように思われる。もちろん、逮捕、捜索・差押え等の法的規制について考える場合、警察権限を如何にして制限するかということが、被疑者・被告人の自由を保障することにとっては重要である。しかしながら、先に見たドイツにおける議論からもわかるように、国家の私的領域に対する侵入から「防御」するという観点のみならず、国家的領域において個人が「尊厳」主体として処遇される存在であるという観点をもつことも重要となる。刑事手続の運用主体が国家であることはわが国においても同様であり、その対象となる被疑者・被告人の権利保障を行う場合に、国家からの防御の側面だけを強調しただけではこれを十分に行うことができない場面も想定される。国家権力の介入を禁止、ないしは制限することで保障される権利も重要であるが、国家による制度的保障を通じた基本権保障の必要性が看過されてはならない。このような性格を有する権利は、わが国の憲法上の規定に限ってみてもいくつか存在している。

また、憲法13条における「個人の尊重」が「人間の尊厳」と同義であるとした場合、「個人として尊重されるべき法律上の権利または法的保護に値する利益が侵害されたときは当然憲法13条前段違反となる」とされ、「殺人、傷害、肉体的・心理的強制、人間以下の生活条件、不法監禁、人身売買、奴隷的使役等はすべて明白に『個人の尊重違反』であろう」とする見解がある[54]。わが国の憲法13条においても人間の尊厳保障が求められるのだとすれば、被疑者・被告人及び受刑者が、刑事捜査・訴追の段階における身体拘束、更には受刑段階における刑罰の執行によって「人間の尊厳」が侵害されているといえるが、被害者等、第三者の「人間の尊厳」との比較衡量によってこれが正当化される場合があるとされる[55]。ドイツにおける議論に従えば、人間の尊厳保障の核心領域においてはいかなる衡量的判断を行うことも許されず、あくまでもその周辺領域においてのみこれが認められるとする。それ故、拷問及び非人道的取り扱いの禁止に抵触するような場合は別だが、これに当たらない周辺領域および人間の尊厳の問題とならない他の基本権の侵害が予定される捜査活動について、公共の福祉との関係を考慮することでこれが正当化される場合がある。すなわち、刑事手続における被疑者・被告人の権利は、人間の尊厳（個人の尊厳）と基本権に依拠する部分に分類される。原則として、人間の尊厳の核心領域に基づく部分は、他者の人間の尊厳との衡量可能性も認められないが、周辺部分については衡量可能性が認められ、比例原則[56]に基づき制限が認められる場合がある。人間の尊厳に関わらない基本権については、基本的に公共の福祉との比較衡量の対象となるが、この場合においても比例原則に則った制限のみが許容されるということになろう。

以上見たように、一定の制限が課される場合があるとはいえ、刑事手続において個人を尊厳主体として扱うことが求められるのであるが、そのためにはいかなる具体的な制度的保障及び権利保障が必要となるのであろうか。この問題について考える際に、わが国においてはいわゆる適正手続論に関する議論が重要となる。従来から、適正な手続的処遇を受ける権利は憲法13条

（幸福追求権）から認められ、刑事手続においては憲法31条がその直接的な根拠となるとするとする見解も主張されており[57]、憲法31条以下の解釈に際しても憲法13条からの要請が考慮されなければならない。

⑵　適正手続論概説

①　わが国における適正手続論の史的背景

わが国の憲法31条は、「何人も、法律の定める手続によらなければ、その生命若しくは自由を奪われ、又はその他の刑罰を科せられない」としており、これは一般に適正手続を要請するものであるとして理解される。適正手続の要請は、現行憲法の制定経緯に照らしても、合衆国憲法における修正第4条、第6条及び第8条の人権規定に由来するとされ[58]、戦後わが国の刑事手続において合衆国、特に連邦最高裁判所判決が与えた影響は非常に大きい[59]。特に、ウォーレン・コート時代における、いわゆる「デュー・プロセス革命」から影響を受けた、田宮教授によるデュー・プロセス論の展開はその顕著な例であるといえ、従来わが国の刑事手続において支配的であった実体的真実主義の考えに対して一石を投ずるものであった[60]。これは、国家刑罰権行使に際して最も基本的な目標とされているものであった積極的実体的真実主義、いわば必罰主義的思想に対して、刑法の実現は自明のことであるから、デュー・プロセス論においては、人権保護にのみフォーカスを当てて論ずればよいとするものである。田宮教授のデュー・プロセス論は、その簡明な理論構成もあって実践的な意味においても大きな影響力を持つことになり[61]、今日においてもその意義は未だ失われてはいない[62]。田宮博士の提唱するデュー・プロセス論を契機として、わが国の刑事手続における適正手続の保障の重要性が認識されるようになったが、その理解については必ずしも内容的一致を見ない。現在、適正手続に関する理解は、以下の二つに大別することができるように思われる[63]。第一に、適正手続を国家機関の適正な権力行使を保障するとの意味で捉えるものがある。この考えによれば、国家による権力行使、特に刑罰権の実現を適正に保障することを前提としながら、被疑者・被告人の人権保障との調和を図ることこそが適正手続の要請ということになろう。第二に、適正手続を訴訟関与者の適正な権限行使をも保障するとの意味で捉える考えである。この見解によれば、被疑者・被告人は単なる人権保障の客体ではなく、訴訟主体として位置づけられることになる。以上に関して、田口博士は、憲法的刑事手続の定着がいわれて久しいが、訴訟目的論としては実体的真実主義と刑法実現説の優位が保たれており、これは刑事訴訟法の政策論と基礎理論との不調和であると指摘される[64]。以上の指摘が正当なものであるとすれば、わが国の刑事手続における適正手続論は、まさに真実の発見とそれに基づく刑法の実現に立脚しながらも、被疑者・被告人の人権保障を目指すものであるといえるだろう。この様な理解を前提とするなら、わが国の刑事手続における目的としては、第一義的に国家刑罰権の行使が想定されており、適正手続論においても人権保障はこれに準ずるものとして考えられることになる。国家刑罰権の行使が刑事手続における目的の一つであることは疑いないが、刑法の実現が唯一の刑事手続の目的といいうるものであるのか、以下では刑事手続の目的と適正手続論との関係について若干の考察を行う。

②　刑事手続の目的と適正手続

わが国の刑事手続において、刑事捜査・訴追権の行使による事案の解明と被疑者・被告人の基本権保障に基づく権利保障の調和が求められており、刑事訴訟法1条においても明言される。以上のように、被疑者・被告人の権利保障の重要性が認識されているものではあるが、刑事手続の目的については、第一義的に刑法の実現、すなわち国家刑罰権の行使であるとされる[65]。国家刑罰権の行使を刑事手続の第一目的であると捉えた場合、いきおい実体的真実の発見が強調され、そこに人権保障という観念を持ち込んだとしても結局のところ真実の発見を重視した比較衡量的判断が行われ被疑者・被告人の人権保障はそれに準ずるものとして扱われるという理解がされかねない[66]。実体的真実主義は、有罪者を逃がさずに処罰するという積極的側面と、無辜の不処罰という消極的側面があるとされるが[67]、国家刑罰権の行使を刑事手続における第一目的であると考えた場合、真実の発見が人権保障に優先して考えられることになるだろう。確かに、刑罰権が適正に行使されるためには、適正な捜査活動に基づく事案の解明が行われることが前提となるが、刑事手続を通じて明らかにされる真相は、真実としての蓋然性が高いとされるもののいってみれば裁判所によって真実として擬製されたものに過ぎないとの見方をすることができるし[68]、審理の結果被告人に無罪判決が下される場合もあるのだから刑事手続が刑法の実現だけを目的とするものではないといえる。更にいえば、起訴便宜主義が妥当するわが国において、刑事手続が途中で打ち切られることは珍しくなく、広義の刑事手続においては終局的判断としてのダイヴァージョンが行われることも多い。以上に関して、刑事手続の「利益調整」機能を強調する立場からは、刑事手続における目的を一つのもの、たとえば刑法の実現に限って考える必要はないのではないかという主張がされる。すなわち、刑事手続の目的を英米法的な「現実的な紛争解決」でもなく、大陸法的な「潜在的な紛争解決」としても捉えず、実質的な「利害調整」であると考えた場合[69]、真実の発見、人権保護、適正手続の要請の各ファクターを、具体的状況に応じて刑事手続の中間目的として捉えることができるというのである。すなわち、真実の発見、人権保護、適正手続の要請は、刑事手続の「利害調整」機能における重要な要素ではあるが、それ自体が最終的な目的とはならず、あくまでも最終的な刑事事件の解決にとっての中間目標として位置づけられることになる。以上のように理解した場合、刑事手続の目的としての「利害調整」の行き着く先には、ドイツにおける「法的平和の回復」[70]及び「社会的法的秩序の回復」[71]などが想定され、ここでは真実発見と人権保障との比較衡量が刑事手続の唯一の課題では無く[72]、その他の社会的利益等も考慮に入れた「適正手続」を観念することも可能となるように思われる。

また、適正手続論と刑事手続の目的について議論されるに際して、わが国が採用する訴訟構造との関係についても検討しなければならないように思われる。わが国の刑事手続において、一般的に当事者主義訴訟構造が採用されているといわれることが多く、これは合衆国における影響を強く受けたものであると説明される。当事者主義訴訟構造を純化すれば、実際に起こった事件の内容如何を問わず、当事者間における何らかの合意があればそれに基づいた事件処理が可能ということになるが、わが国において合衆国におけるアラインメント制度のようなものは採用されておらず、未だに国家刑罰権の行使の前提として事案の解明という要素が重視されているのは既述の通りである[73]。更に、わが国における捜査手続段階における法制度をみると、戦前の旧刑事訴訟法、すなわち大陸法における職権主義的な制度が維持されている部分が散見されるものであり、また、公判手続においても裁判所による訴因変更命令が認められる場合があること、証拠評価において自由心証主義が維持されていることなど、裁判官に対して幅広い裁量権が認められていることなどからも、わが国においていかなる訴訟構造が採用されているかということを簡単に断言することはできないのではないか。更に、わが国において主張された適正手続論は、当事者主義訴訟構造の導入に伴って発展したものではなく、むしろ職権主義的訴訟構造を維持したまま議論されたものであるとの指摘もある[74]。この問題は、わが国において近年採用された裁判員制度との関連においても議論が必要となる。すなわち、職権主義的訴訟構造を維持しながら、適正手続論という被疑者・被告人の人権保障を中核とした英米法に由来する原理を媒介に、訴訟構造の当事者主義化を推し進めてきたわが国の刑事手続において、法律の素人である裁判員の司法参加という要素が加わり、わが国の刑事司法制度は大きな変化の兆しを見せているということである。すなわち、これまでの真実の発見を基軸とした国家刑罰権の行使と、被疑者・被告人の人権保障に根ざした主体的地位の保障のいずれを重視するかという議論に加えて、いわば国民の代表である裁判員という要素を考慮しなければならなくなったのである。裁判員制度は、裁判員法１条の規定からも明らかなように、国民の刑事司法制度に対する理解の増進を目的としている。裁判員に対しては、その職務遂行に際して、裁判官と同様の誠実、公正義務が課され、刑事訴訟法１条が示す刑事手続の目的に合致した行動が求められるものではあるが、刑事手続の目的に民主主義原理に基づく国民の司法に対する理解という新たな要素が加わったと考えなければならなくなったのではないか[75]。また、近年の司法制度改革において、従来手続の埒外に置かれてきた被害者が訴訟参加者としての地位を認められるようになるなど、刑事手続の目的の複数化、相対化についても考慮されなければならない状況変化を認めることができる。このような状況のもと、刑事手続の目的を法的平和及び法的社会秩序の回復とし、その為の中間的目標として真実の発見、人権保護、適正手続の要請、更には裁判員に代表される国民一般、被害者等の利益を想定することには、一定の妥当性、有効性を認めることができるように思われる。先に挙げた法的平和概念を刑事手続の主目的とするドイツにおいても、近年、公正な裁判原則を通じて被疑者・被告人の主体的地位の尊重を図る動きが活発であり、一見当事者主義的とも見える権利保障、制度的保障が行われている。周知の通り、ドイツにおいては職権主義訴訟構造が採用されており、彼の地における被疑者・被告人の権利保障を通じた手続の一部当事者化とも映る動きは、わが国における適正手続論にとっても興味深いものとなる。

⑶　適正手続論の解釈

先に見たドイツにおける状況とは異なり、わが国の憲法は刑事手続に関する具体的規定を有しており[76]、憲法31条の規定が適正手続条項として一般に理解される[77]。本条の規定は、これに続く刑事手続上の権利規定の総則的規定であると理解され、適正な刑事手続としての具体的要件は憲法33条以下に詳しく明示されているため、さしあたり刑事手続に関する規定の合憲性は33条以下の規定に照らして判断されることになるが、適正性の判断については31条の規定の規定が機能することになる[78]。具体的には、逮捕及び捜索・押収に関する令状主義（憲法33、35条）、弁護人依頼権及び接見交通権（憲法34条）、公平な裁判所における迅速な公開裁判を受ける権利及び証人尋問権と弁護人依頼権の保障（憲法37条）、自己負罪拒否権及び自白法則（憲法38条）について言及する憲法上の規定からの要請に基づいた刑事訴訟法規範の立法及び解釈が求められることになり、これを満たしていない刑事手続の運用は憲法違反ということになる。

憲法31条の規定は、国家からの自由という側面を強調した「消極的権利」として位置づけられるのが一般的である。しなしながら、刑事手続という国家が管理・運用主体となり、むしろ国家の組織と作用を前提としてのみ成立する場面において、本条の規定は、いたずらに自由を剥奪されないように憲法及び下位法が要求する自由剥奪に関するルールに則った手続的運用を求める請求権を個人に認めるものであると理解されるべきであろう[79]。この様な理解を前提とした場合、憲法33条以下は、国家からの自由それ自体のみを直接的な保障内容としているというよりは、刑事手続において国家機関による自由の剥奪が許されることがあることを前提とし、やむを得ず自由に対する侵害を伴う手法が用いられる場合には、個人に対して適正な手続的保障を国家に対して請求する権利を認める規定であると解釈されることになる。以上のような理解を前提とした場合にも、決して自由が軽視されることはなく、むしろ手続的要件を備えなければ国家は一歩も市民生活に近づけないということになるし、市民側からすれば手続的要件を欠いた権力侵害が排除されることを断固として請求できるということになり[80]、憲法13条が刑事手続において個人が尊厳主体として取り扱われることを要請することとも矛盾しない。

刑事手続に関する憲法上の諸規定の解釈について公正な裁判原則及びドイツにおいてその憲法的根拠の一つとされる法治国家原則におけるそれと比して必ずしも十分ではない点が散見される。例えば、令状主義は強制処分法定主義と併せて刑事手続上の重要原則として位置づけられるが、わが国においては必ずしもこれが十分に機能していないのではないかということが近年指摘されている[81]。また、弁護人依頼権及び接見交通権についてもその保障内容が制限的であること[82]、公平な裁判所の要請が個別の裁判内容に及ばないこと[83]、等を挙げることができよう。上記問題点に関して、これを解決するために人権保障の観点から発展的な憲法解釈が求められるが、この根拠となるのが上記憲法31条以下の解釈であり、憲法13条における個人の尊重（尊厳）規定である。

(4)　憲法13条と憲法31条以下の規定との関係

先述の通り、憲法13条の規定を根拠として国家的領域において個人が「尊厳」主体として処遇されることが要請されるのであれば、刑事手続においても被疑者・被告人の「尊厳」主体としての地位が尊重されなければならない。その為に、国家による制度的保障を通じた具体的権利の保障が行われなければならず、刑事手続に関する憲法31条以下の解釈も憲法13条の要請に適合的なものにならなければならない。更に、憲法13条と31条以下を窓口として国際自由権規約14条をわが国の憲法解釈に援用することが可能であると考えた場合、刑事手続に関する法解釈及び運用が公正な裁判原則からの要請に適合的であるかが精査されなければならない。

3　小　括

適正手続論及び公正な裁判原則について、その起源はともに英米法に求めることができる[84]。両者はいずれも、被疑者・被告人の人権保障を通じて適正な手続及び公正な裁判の実現を図るという点で共通するものであり、その個別的内容にも類似点が多い。しかしながら、適正手続論と公正な裁判原則について、前者は国内法であり後者は国際法として位置づけられる点で大きく異なる。わが国の適正手続論は、国内法、特に憲法規範に合致した刑事手続の運用が行われているかを問題とする。これに対して、公正な裁判原則は、条約締約国の国内法にとどまらず、いわば汎ヨーロッパ的人権基準に照らして、公正な裁判が実現されたかを問題とするものである。これは、ヨーロッパ人権裁判所の審査方法からも明白であり、国内裁判所において合憲であるとされた制度が人権条約違反であると認定され、実際に法改正が行われた例も珍しくない[85]。以上のように、適正手続論と公正な裁判原則、両者はともに手続的適正ないし公正を実現しようとする点において共通性が認められるのではあるが、適正及び公正が対象とする範囲において少なからぬ差異が認められるのである。

わが国において、憲法の最高法規性が認められており、全ての国内法は憲法規範における諸原理に合致したものでなければならない。しかしながら、わが国における国内法に依拠した法制度は、何らかの問題を指摘されている場合においても、憲法に依拠してさえいれば制度的改正を行う必要は無く、そこに内在する（かもしれない）瑕疵を治癒することが困難となる。この様な場面において、ドイツにおいては状況を異にする。例えば、ドイツ刑事法分野において、国際法、ヨーロッパ法からの影響が多大であり、今日のドイツ刑事司法に極めて重要な存在となっていることが認められている[86]。これは、わが国において外国法制、外国判例の比較研究が重要でありその結果として制度的改正の提言が行われるというような次元にとどまらず、国際・ヨーロッパ法レヴェルにおける基準に合致しない制度的改正が実際に行われている。ドイツにおける国際・ヨーロッパ法基準として、特に重要となるのがヨーロッパ人権条約であり、特にその６条における公正な裁判原則が果たす役割は大きい。人権条約の示す基準は、確かにヨーロッパ的なものであり、法解釈上、その効力が及ぶのはヨーロッパ域内における条約締約国に対してのみである。しかしながら、同条約における人権保護の基本的思想は、ヨーロッパ域外、全世界においても妥当するものであるという主張もされており、各地域の法文化等の特殊性を考慮した場合でも妥当性が認められる部分は多いように思われる。それは、ドイツ法に由来する法制度を有するわが国においても同様である。むしろ、職権主義訴訟構造を採用するドイツにおいてすら、公正な裁判原則を通じて当事者主義的な権利及び制度保障が行われていることに鑑みれば、一般に当事者主義的訴訟構造を採用しているとされ英米法由来の適正手続論の重要性が強調されるわが国において、同原則の示す内容について考慮されるべき部分を認めることができよう。公正な裁判原則について、わが国の批准する国際自由権規約14条においてヨーロッパ人権条約６条とほぼ同様の構成で規定されており、わが国においても同原則の国際法的根拠が認められることになる。更に、わが国においてもドイツにおけるものと同様、国内憲法規範、特に憲法13条、及び憲法31条以下の規定を根拠として同原則を演繹することができる可能性がある。刑事手続において個人を尊厳主体として扱うことを通じた裁判の公正性維持という基本理念は適正手続論の解釈にとっても有益であり、わが国の憲法31条以下の解釈はこれに見合ったものであることが求められる。

憲法32条以下において、適正手続にとって必要となる被疑者・被告人の権利保障、裁判所、裁判官に対する要請等について言及されており、その解釈については合衆国判例法との比較を通じた多くの研究が蓄積されている。その結果アメリカにおける判例法からわが国に導入された刑事手続上の原則は少なくないものであり、戦後わが国の刑事手続制度が合衆国における議論を参照しながら発展してきたのは間違いない[87]。しかしながら、わが国の刑事手続制度は合衆国におけるそれと完全に一致するものではなく、刑事実体法たる刑法はもちろんのこと、刑事訴訟法規範においてすら職権主義的な性格が認められる規定が維持されているように思われる。実際に、適正手続論の旗振り役であった田宮博士は、わが国の「現行法は当事者主義化したとくり返し喧伝されるものの、優越者による一手請負的な作業に信を置く思想が、現実には根強く残っている」と指摘される。当事者主義的訴訟構造が被疑者・被告人の人権保障に資するものであり、裁判の公正性の維持に有益であることは、ヨーロッパ人権裁判所においても指摘されており、わが国においても職権主義の当事者化こそが適正手続論の本質であるとする主張がある。当事者主義の純化がなされれば、確かに被疑者・被告人の権利保障は強化され、その基本的人権に由来する法的地位の保障はされやすくなるだろう。しかしながら、先にも検討したようにわが国において当事者処分主義によるアラインメント制度が導入されていない背景にも留意する必要がある。すなわち、一方では被疑者・被告人の権利保障の必要性を説きながらも、他方では実体的真実の解明に対する要請があることは無視できない。裁判員制度、被害者参加制度の導入などを契機として、今後刑事手続の目的の相対化に関する議論がされたとしても、真実の発見という要素の重要性が失われることはないのではないか。ドイツにおいても主張されるように、外国法に由来する原理、例えば適正手続論及び公正な裁判原則を導入したからといって、その国独自の法文化を無視しなければならないということはなく、むしろその中核的要素を維持しながら、各国の特殊性を考慮することは認められるはずである。そうだとすれば、わが国においても、適正手続論の導入によってわが国の法制度を完全にアメリカ化する必要はないし、独自の法文化を維持しながら日本的な適正手続論を構築すれば良いということになろう。以上のような議論を行う際にも、公正な裁判原則に関する議論は有益なものであるといえ、合衆国における判例法理とは異なった形態において、人権保障を通じた裁判の公正性維持に関する一つの基準を示してくれるものであるといえる。

第4節　おわりに

わが国においても、世界レヴェルにおいて共通した人権保障基準に適合した刑事司法制度の構築を図る場合に、公正な裁判原則の示す内容が重要となる。同原則はわが国においても国際自由権規約14条を根拠に国内法的効力が認められる。裁判所における違憲審査権の存在を考慮しても、国内法的規範のみでは個人（被疑者・被告人、受刑者等）を救済することには限界がある。憲法と国際人権条約の間に衝突が起これば、これに起因する憲法改正が求められるなど、立法府に対して何らかの措置を講ずることが求められる可能性があり、少なくとも憲法及び法律の新たな解釈を生む土壌にはなりうる。以上に関して、ドイツ等、ヨーロッパ評議会加盟国において、国内憲法規範に適合的であるとされた諸制度についてもヨーロッパ人権条約違反が認定され法改正が行われることで、結果的にヨーロッパ人権保障基準に基づいた刑事司法の構築が成されたという評価がされる。

しかしながら条約の直接適用については、基本権保障など他の憲法上の要請からも排除されない場合に限定されるとの憲法論からの主張があり、間接適用についても、国際法規範は法律と同位に考え、憲法98条2項はせいぜい国際法親和性解釈を基礎づける意味を持つに過ぎないとの見方をすることもできる。しかしながら、ドイツにおける議論を見ると国内憲法規範からも公正な裁判原則を演繹する試みが行われており、これはわが国においても参照可能である。ドイツにおいて、人間の尊厳に関する基本法1条1項及び法治国家原則に関する基本法20条3項から公正な裁判原則を演繹できるとされているが、これにはわが国の憲法13条、31条以下の規定が対応する[88]。わが国の憲法31条以下について、これまで合衆国由来の適正手続論を基礎として解釈が積み重ねられてきたが、公正な裁判原則の示す内容のそれと比して不十分な部分が散見される。憲法13条における個人の尊重（尊厳）規定を考慮した場合、被疑者・被告人の主体性の尊重にとって必要となる部分については、憲法31条以下の規定について更なる拡大、発展的解釈が求められることになる。わが国の国内裁判所は、国際法からの要請に対してあまり積極的な反応を見せないが、国際人権法が求める被疑者・被告人の権利保障拡大の要請について、少なくとも国内憲法規範及び刑事法規範を窓口として刑事手続に関連する国内法の発展的解釈を促すことで国際人権法の内容を国内法レヴェルにおいて具体化できる可能性が存在することがわかった。

注

1　江島晶子「憲法と「国際人権－国際システムと国内システムの共生」憲法問題17号14-16頁（2006年）。
2　齋藤正彰「(〈特集〉憲法と国際人権法－共通の人権規範の確立に向けて）新たな人権救済制度がもたらす人権規範の共通化」法律時報84巻5号25頁（2012年）。
3「国際法と国内法を次元のちがう別個の法体系と見るのが二元論、両者を同一の法体系に属すると見るのが一元論」であるとされる。以上について、樋口陽一『憲法Ⅰ』407頁（青林書院・1998年）。
4　以上わが国における国際法と国内法の関係を巡る議論の現状について、斉藤正彰『憲法と国際規律』39頁（信山社、2012年）。
5　内野正幸『憲法解釈の論点〔第4版〕』197頁（日本評論社、2005年）。
6　自動執行性とは、「立法府又は行政府によるそれ以上の措置の必要なしに適用されうる」という意味で用いられる。以上について、岩沢雄司『条約の国内適用可能性』164頁参照（有斐閣、1985年）。
7　高橋和之「国際人権の論理と国内人権の論理」ジュリスト1244号81頁（2003年）。
8　山田哲史『グローバル化と憲法』200頁以下参照（弘文堂、2017年）。
9　長谷部恭男『憲法〔第6版〕』437-438頁（新生社、2014年）。
10　山田・前掲註(8)・200頁。
11　山田・前掲註(8)・205頁。
12　以上に関して、山田・前掲註(8)・206頁、
13　東京高判平5年2月3日東高刑事報44巻1-12号11頁。
14　山田・前掲註(8)・206頁。
15　山田・前掲註(8)・243-244頁。
16　斎藤・前掲註(4)・76頁。
17　斎藤・前掲註(4)・77頁。
18　国際法親和性原則の定義について、山田・前掲註(8)・352頁以下参照、*Schorkopf*, Staatsrecht der internationalen Beziehungen, 2017, §1 Rn.54ff.
19　BVerfGE 74, 358.
20　斎藤・前掲註(4)・78頁。
21　斎藤・前掲註(4)・80頁。

22　斎藤・前掲註(4)・81頁。

23　山田・前掲註(8)・459頁。

24　君塚正臣「憲法と条約の関係・序説：国内法と国際法の理論上の二元的理解とその帰結について」関西大学法学論集51巻2・3号128頁130頁。

25　*Jahn,* ZStW 127 2015, 561.

26　*Jahn,* (Fn.25), S.564.

27　*Jahn,* (Fn.25), S.557.

28　ドイツにおける人間の尊厳の尊重、保護に関する議論について、玉蟲由樹『人間の尊厳保障の法理－人間の尊厳条項の規範的意義と動態－』96頁以下参照（尚学社、2013年)。

29　*Jahn,* (Fn. 25), S.570.

30　玉蟲・前掲註(28)・180頁。

31　ドイツにおける拷問の禁止相対化論とこれに対する批判を紹介するものとして、川又信彦「拷問禁止の絶対性について－日本とドイツの憲法論を比較して」埼玉大学経済学会社会科学論集133号75頁以下参照（2011年)。ドイツにおける救出目的での拷問に関する議論について、玉蟲・前掲註(28)・165頁以下参照。

32　*Jahn,* (Fn.25), S.563.

33　BVerfGE 109, 13, 31. 法治国家原則と公正な裁判原則に関して言及したとされるドイツ連邦憲法裁判所の判決について、*Jarass/Pieroth,* Kommentar zum GG 14.Aufl. 2016, § 20 Rn.42ff, 137ff. を参照した。

34　BVerfGE 107, 104, 118.

35　BVerfGE 130, 1, 25.

36　BVerfGE 101, 397, 405.

37　BVerfGE 65, 171, 174f.

38　BVerfGE 63, 45, 61.

39　BVerfGE 103, 44, 68f.

40　BVerfGE 123, 148, 179f.

41　BVerfGE 64, 135, 145.

42　BVerfGE 89, 120, 129f.

43　BVerfGE 118, 212, 241.

44　BVerfGE 86, 288, 317.

45　*Jarass/* (Fn.33), Rn.141.

46　BVerfGE 77, 65, 76.

47　BVerfGE 113, 29, 52f.

48　BVerfGE 51, 324, 343.

49　公正な裁判原則と証拠禁止について、本書第5章第3節参照。

50　いわゆる基本権保護義務論について、小山剛『基本権の内容形成－立法による憲法価値の実現』78頁以下参照（尚学社、2006年)。

51　基本権保護義務と国家目標規定の関係について、例えば *Sommermann,* Staatsziel und Staatszielbestimmungen, 1997, S.419ff.

52　憲法13条解釈の通説的見解の整理について、山本龍彦「法曹実務にとっての近代立憲主義［第11回］国家的「名誉毀損」と憲法13条－私生活上の自由／個人の尊厳－」判例時報2306号３頁（2016）を参照した。

53　山本・前掲註(52)・５頁。

54　粕谷友介『憲法の解釈と憲法変動』81頁以下参照（有斐閣、1988年)。

55　玉蟲・前掲註(28)・188頁。

56　小山・前掲註(50)・83頁。

57　佐藤幸治『憲法〔第３版〕』462-463頁（青林書院、1995年)。

58　井戸田侃「刑事手続手続と憲法31条」立命館法学15号82頁（1956年)、小早川義則『デュー・プロセスと合衆国最高裁Ⅰ』１頁（成文堂、2006年)。

59　合衆国において、適正手続の要請は、1215年のマグナ・カルタ第39条「自由人は…国法（«lex terrade, law of land» によるのでなければ)、逮捕、監禁、差押、法外放置もしくは追放をうけ、またはその方法によって侵害されることはない」という文言にその起源があるとされる。マグナ・カルタは、封建領主が国王のコントロールを受けずその下にある人々を支配しうることを意味するものであり、ここでいう «lex terrade» も近代的な意味での «due process of law» を意味するものではないことが確認されている。しかしながら後年になって、クックによるマグナ・カルタに対する近代的な解釈を通じて、マグナ・カルタは近代的な意味での自由と人権の保障をするものであると見なされるようになった。クックによれば、«law of land» によらないことは «due process of law» によらないことを意味するとされ、«due process of law» は、権力の恣意を排斥し、人民に適正な手続を保障するという近代的な意味を与えられることになった。また、合衆国における «due process of law» とイギリスにおける «natural justice» の考えは、ともにクックに由来する概念であるとされており、近似性が認められるとされる。以上について、田中英夫『デュー・プロセス』284-286頁参照（東京大学出版会、1987年)。

60　田宮裕『刑事手続とデュー・プロセス』28頁以下参照（有斐閣、1972年)。

61　田口守一「適正手続」法学教室268号10頁（2003年)。

62　わが国の刑事訴訟法学において、様々な場面で適正手続及びデュー・プロセスの要請の重要性が説かれる。しかしながら、その具体的内容については議論があり、更なる検討が求められる。以上について、刑事手続の目的とは何か、という議論が重要となる。刑事手続の目的に関する議論について、田口守一『刑事手続の目的〔増補版〕』33頁以下参照（成文堂、2010年)。

63　適正手続に関する分類について、田口・前掲註(62)・51頁参照。

64　田口・前掲註(62)・46頁。

65　香城敏麿『刑事訴訟法の構造』６頁（信山社、2005年)。

66　田口・前掲註(62)・33頁。

67　香城・前掲註(65)・７頁。

68　山口邦夫『19世紀ドイツ刑法学研究－フォイエルバハからメルケルへ－〔尚学社復刻版〕』189頁以下参照（尚学社、2009年）。

69　鈴木茂嗣『刑事手続の基本構造』142頁以下参照（成文堂、1979年）。

70　ドイツにおける「法的平和概念」について、田口・前掲註(62)・36頁以下参照。

71　社会的法的秩序概念について、田口・前掲註(62)・48頁以下参照。

72　田口・前掲註(62)・53頁。

73　合衆国においても、近年、真実の発見を重視する主張がされており、当事者間の合意にのみ基づいて事件処理が行われることが必ずしも正当化されるものではないとの指摘がされる。以上について、田口・前掲註(61)・11頁参照。

74　田口・前掲註(61)・12頁参照。

75　裁判員制度等、国民の司法参加と民主主義原理の関連を否定することはできないとする見解として、例えば、葛野尋之「裁判員制度と刑事司法改革」法社会学79号39頁参照（2013年）。対して、民主主義原理から裁判員制度の理解を説くことに慎重であるべきだとし、自由主義的観点からの議論がされるべきだとする意見について、渡辺直行「裁判員制度の理念的位置づけと、憲法の関係及び今後の検討課題についての一考察」修道法学第28巻第１号26頁以下参照参照（2009年）。

76　わが国の憲法が刑事手続に関する詳細な規定を置く根拠として、戦前の旧法下における警察・検察権力の逸脱・濫用の反省からこれを押さえようとする意図があったこと、また刑罰権は、国家権力の意思を貫徹するにもっとも手っ取り早いものでありかつ制度として確立していることを理由に挙げることができるのではないかとされる。以上に関して、奥平康弘『憲法 III 憲法が保障する権利』292-293頁（有斐閣、1993年）。

77　以上に対して、日本国憲法制定経緯に鑑み、本条の規定は刑事手続上の法定手続の要請については定めるが適正手続の保障までを求めるものではなかったとし、適正手続論は最高裁判例によって作り上げられたとする見解について、釜田泰介「憲法31条に関する一考察」同志社法学57巻５号１頁以下参照（2006年）。

78　憲法31条と33条以下の規定の関係について、大石眞「憲法的刑事手続」大石眞＝石川健治編『憲法の争点』ジュリスト増刊159頁（2008年）、を参照した。

79　奥平・前掲註(76)・298頁。

80　奥平・前掲註(76)・299頁。

81　この問題について、さしあたり、山田哲史「GPS 捜査と憲法（特集 GPS 捜査とプライバシー　－最大2017･３･15を読む）」法学セミナー第63巻９号28頁以下参照(2017年)。

82　この点について、本書６章第２節３参照。

83　芹沢斉＝市川正人＝阪口正二郎編『新基本法コンメンタール　憲法』279頁〔青井美帆〕(日本評論社、2011年)。

84　合衆国における «due process of law» とイギリスにおける «natural justice» の概念

は、ともに「何人も自らの事件において裁判官たりえない」という原則、「何人も告知と聴聞の機会を与えられることなしに不利益を与えられることはない」という原則を主柱としているもので、公正な裁判原則がイギリス法に大きく影響を受けるものであることを考慮すれば、デュー・プロセス論と公正な裁判原則の起源にはある程度の共通性を認めることができるように思われる。

85　以上について、ドイツにおける事後的保安拘禁の例を挙げることができよう。ドイツ事後的保安拘禁制度に対するヨーロッパ人権裁判所の判断と、ドイツにおける法改正について、Vgl. *Satzger*, StV 2013, 243ff.

86　Vgl. *Vogel*, JZ 2012, 25ff.

87　例えば、違法収集証拠排除法則を例として挙げることができよう。同法則に関する明文の規定はわが国において存在せず、これが合衆国判例法を参考にして導入されたことは周知の通りである。以上について、田宮裕『刑事手続とその運用』36頁以下参照（有斐閣、1990年）。

88　人間の尊厳と個人の尊厳を同視することができるかについても議論があるが、近年ドイツにおいて抽象的な「あるべき人間像」を前提とした人間の尊厳論からの脱却をはかる見解が主張されることに鑑みて、わが国の憲法13条解釈に際して少なくとも個人に焦点をあてた「ドイツ人間の尊厳論」を参照できるものと考える。以上に関して、玉蟲・前掲註(28)・48頁参照。

第5章　公正な裁判の実現と証拠判断

第1節　はじめに

先に検討したように、ヨーロッパ人権条約6条2項は、刑事上の罪に問われている全ての者は法律に基づいてその有罪が立証されるまでは無罪と推定されるとする無罪推定原則について定める[1]。ここでいう立証は、当然「公正な立証」であることが求められ、これは「公正な証拠」に基づくものでなければならない。それ故、警察、検察等、刑事捜査・訴追機関によって公正な裁判原則に反する手法を通じ収集された証拠に基づき何らかの事実が立証されたとしても、当該立証は人権条約6条2項の要請、すなわち無罪推定原則の要請を満たすものとはいえず、被疑者・被告人の公正な裁判を求める権利を侵害するものである。

捜査機関等によって違法に収集された証拠を手続から排除しなければならないという考えは、ドイツ等大陸法諸国においても肯定されるが[2]、証拠法に関わる問題は、従来国内法レヴェルの問題として捉えられるものであった。しなしながら、近年の急激な法のヨーロッパ化の波を受けて、刑事司法の領域においても各国間における相互的司法共助が活発に行われるようになり、他国において収集された証拠の証拠能力及び許容性をどのようにして捉えるかという問題、すなわち証拠の相互承認に関する問題が顕在化している[3]。特に、ヨーロッパ域内においては、「ヒト・モノ・カネ」の自由な移動を目指したEUに代表される、汎ヨーロッパ的枠組みが構築されており、先に挙げた外国における証拠の取り扱いに関する問題をめぐる議論は活発である。以上の状況のもと、ドイツ等、ヨーロッパ諸国の刑事訴訟法学において、証拠法に関する議論はもちろんこと他の刑事手続上の問題についても国内法のみに依拠して議論することでは足りず、ヨーロッパ法、ひいては国際法的な観点からの考察が不可欠であることが認識されている[4]。これは、刑事手続上の公正概念についても同様のことがいえるのであり、公正な証明による公正な裁判の実現という問題を議論する際にも、ヨーロッパ人権条約6条における公正な裁判原則とこれに関わる人権裁判所の判断が重要となる。先にも述べたように、証拠法に関する問題は、従来各国の国内法に関する問題としてのみ認識されていたものではあるが、昨今においてはヨーロッパレヴェルにおいてこれを検討する必要性が認められており、いってみれば汎ヨーロッパ的な公正概念に合致した証拠法基準の構築が目指されているのである。人権条約上の公正概念は、人権保障を基軸として公正な裁判の実現を目指すという点にその特徴があり、刑事手続においては被疑者・被告人に対する十分な権利保障こそが公正な裁判実現にとって重要な要素として理解される。証拠法基準についても、被疑者・被告人を基軸として公正な裁判が実現されたかという観点からの定立が求められることになろう。

本章においては、被疑者・被告人の側から見た公正な証明とは何かという問題、これを担保するための証拠法基準がいかなるものであるかという問題について、ヨーロッパ人権条約6条及びこれに関する人権裁判所の判断を参考にしながら考察していく。

第2節　公正な証明と公正な裁判

1　刑事手続の目的と公正な証明

(1)　刑事手続における真実解明の要請

刑事手続において、解明された真実とされる事実に基づいて、裁判所の判断が行われなければならない。以上の前提は、国家刑罰権の確定及びその行使という帰結をもたらすものである刑事手続の性格に鑑みれば当然の要請であるといえるが、一方で刑事手続上の真実は形式的なものに過ぎず、ここで実現される結果はいってみれば不完全なものに過ぎないという見方をすることができる[5]。もちろん、現代的な刑事司法制度を有する全ての国において、正しい結果をもたらす法制度の構築が常に目指されており、その為の努力が行われていると考えられるが、刑事手続の結果が常に正しいという前提に立つことはできないし、そこに介在する誤判の危険性が看過されてはならない[6]。刑事手続上の真実は、各国の証拠法によって証拠能力及びその許容性が認められた証拠に基礎づけられたものにすぎず、これは自然科学上の証明によって明らかにされた結果が全世界において妥当する客観的蓋然性を備えたものであるとされることとは異なる[7]。また、有罪の立証に必要となる証明の程度についても、対象となる事実に関する理解の相違によって、各国間で差異が存在することが予想される。手続的正義及び公正が実現されるために真実の発見及び実質的正義の実現に最適となる証拠法を含む手続法の整備が求められることになるが、刑事手続上の真実が不完全であることを前提とするなら、公正な裁判実現のために真実の解明に対する努力と同時に、被疑者・被告人等、個人の主体的地位及び基本自由の保障に関する真摯な努力が求められることになる[8]。

⑵　真実解明の要請と公正な裁判原則の関係

上述したように、公正な裁判実現のためには、真実とされる事実の解明が必要となる[9]。刑事手続は、証拠に基づいて行われなければならず、裁判所の判断も全て証拠に拠らなければならないため、刑事手続における証拠の取り扱いをどのようにするかということが、手続的公正の実現にとっても極めて重要な要素となる。刑事手続上の証明手続の目的は、過去に存在したとされる事実を現存する情報源から解明していくことであり、裁判所は当該事実に基づいて判断を下すことになる[10]。裁判の公正性を担保するためには、「手続の公正性」の維持が重要となるのと同時に、そこからもたらされた「結果の公正性」が実現されることが必要である[11]。しかしながら、刑事手続上の証拠は主に刑事捜査・訴追機関によって収集されることになるため、刑事手続において効率性を追求していけばいきおい手続的な公正性が軽視されるといった事態が生ずることが容易に想像できる。これは、従来、刑事手続における目的について、真相の解明とそれに基づく刑罰権の行使の重要性が強調されてきたことからも明らかであり、そこでは犯人の処罰という結果が最も重要な要素として理解されることになる。しかしながら、公正性について手続全体を視野に入れて考えた場合、もたらされた結論が正しい、すなわち犯人が処罰されるという結果を得ることができた場合においても、それを獲得する手段としての手続に何らかの瑕疵が存在する場合、全体としての「公正性」が損なわれていると考えることもできる。刑事手続上の立証は証拠によって行われるのだから、刑事捜査・訴追機関の当該証拠の収集手段に公正性が認められない時には、それによって立証された事実にも公正性が認められず、この様な場合には公正な裁判が実現されたとはいえない。

2　ヨーロッパ刑事手続における公正概念

(1)　公正な裁判原則違反と国内憲法規範の関係

ヨーロッパ諸国における刑事手続上の公正概念を解釈する指標として、現在ヨーロッパ人権条約6条における公正な裁判原則の理解が重要となる。当初、公正な裁判原則は、ドイツ等、他のヨーロッパ評議会加盟国においても重要視されることはなかったが、今日においてはヨーロッパ域内における刑事手続にとって中心的な基準であるとされる。ドイツにおいては、第二次世界大戦後、自由主義的思想に基づき多くの法改正が行われたが、ヨーロッパ人権条約の存在なくしてこれら法改正の実現を語ることはできない[12]。少なくとも自由及び人間の尊厳に関わる法確信に対する侵害が認められる場合には、公正な裁判原則違反が認められるとされるが[13]、その具体的内容については判例の蓄積が少ないことなどから必ずしも明確ではない[14]。具体的な判断基準として、絶対的上告理由に言及するドイツ刑事訴訟法338条が想定する事情を超える場合に初めて、公正な裁判原則に違反する訴訟障害が認められることになるという指摘がされる[15]。これは原則として成文法による手続法解釈が望ましいのであるから、公正な裁判原則の適用は原則として現行法が予定しない事態が生じた場合に初めて認められるべきだとする考えに基づく。以上のように、公正な裁判原則を国内法規範によって解決することのできない瑕疵を治癒するためのものであると理解した場合、結果の公正性を阻害する手続的公正の違反を認める為には、すくなくとも国内憲法規範に対する違反、またはこれを超える程度の重大な違反の存在が求められることになる。

(2) 公正な裁判原則の具体的内容

本章における検討に必要な範囲で、公正な裁判原則の具体的内容についてもう一度簡単に概観しておく。人権条約6条は、被疑者・被告人に対して認められる総合的権利として公正な裁判を求める権利を保障する。人権条約6条3項において具体的な権利保障について言及され、これは公正な裁判を求める権利の内容の一部を示すものではあるが、その全てを包含するものではないことに注意しなければならない[16]。すなわち、本条における具体的権利の侵害が行われた場合でも、直ちに公正な裁判を求める権利が侵害されたとはいえず、総合的に見れば当該手続における公正性が維持されていると判断される可能性がある。更に、人権条約6条2項が無罪推定原則について規定しており、公正な裁判を求める権利は手続の全段階における無罪推定を前提としたものであることが求められる。人権条約6条2項は、法律に基づいて被告人の有罪が立証されるまでその無罪が推定されることを要請する。有罪判決は、各国の証拠法に基づいた証拠によって、高度な蓋然性及び合理的な疑いを超える程度に確実な証明[17]が行われた場合にのみ下される。更に被疑者・被告人には、刑事手続上の立証に対して何らかの影響を与える機会が認められるが、これは無罪推定原則を理由とする立証責任の転換、黙秘権、自己負罪拒否権からの帰結である。また、無罪推定を前提とした刑事手続上の運用を行う場合、被疑者・被告人に対して公正な聴聞の機会の保障が行われることが重要であり[18]、これは公正な裁判原則が要請する被疑者・被告人に対する最低限度の権利保障を実現する前提となる。無罪推定原則は、自由心証主義と証拠法に基づく立証の関係性を浮き彫りにするものであり、刑事捜査・訴追に関する利益と被疑者・被告人に認められる利益との調和を図りながら公正な裁判を実現するための一種の調整弁としての機能を認めることができる[19]。通常、被訴追側である被疑者・被告人の利益と訴追側である警察・検察等の利益が互いに衝突する場面が多いと考えられるが、いかなる法制度、法規範を基準として、刑事手続上の立証が公正な裁判の一部をなすと評価されるのであろうか。この問題を考えるに際して、被疑者・被告人及び刑事訴追側に認められる刑事手続上の利益の調和を如何にして図るかという観点が重要となり、各国の刑事手続における訴訟関与者の権利保障のあり方が問われる。刑事手続上の権利保障の内容について、これも基本的には各国の国内法によって異なるが、当事者主義訴訟構造と職権主義構造に関するステレオタイプ的な議論に見られがちな、手続と結果どちらを優先するかという議論に留まらず、公正な裁判原則の要請を満たす権利保障のあり方が検討されなければならない。すなわち、事実認定にとって重要となる全ての証拠が顕出されている場合にのみ、手続の公正性が担保されているということができ[20]、ここでは自由心証主義を前提とする裁判官の証拠評価の公正性を担保する必要性に加えて、証拠収集及び証拠採用、証拠について争う機会を被疑者・被告人に対して認めることなどが必要となる[21]。

⑶　あるべき法の基準としての公正な裁判原則

更に、公正な裁判原則には、将来におけるあるべき法（lex ferenda）としての基準を提示する機能が認められる[22]。被疑者・被告人に認められる権利保障について、公正な裁判原則の要請を満たしていない場合には、法改正による対応が求められることになる場合も想定され、刑事捜査・訴追等に代表される公的利益を確保することのみを理由として被疑者・被告人に認められるべき権利保障が行われないとする運用は許されない。公正な裁判の実現のためには、被疑者・被告人に対して一定の権利保障が行われることが前提となり、その最低限の枠組みを定めるのが公正な裁判原則ということになる[23]。ドイツにおいて、公正な裁判原則を通じて英米法に由来する当事者主義的手続の思想が意識されることにより、従来職権主義的手続構造には存在しなかった概念が採用された例がある[24]。例えば、人権条約6条3項dの解釈において重要となる、被疑者・被告人にとって不利な証人（witnesses against him）及び有利な証人（witnesses on his behalf）という概念は、従来のドイツ刑事手続においては全く馴染みのないものであった[25]。更に、当事者の権利保障に関する機会対等、武器対等の考え方も人権条約を通じてもたらされたものである。これは、職権主義訴訟構造を採用する国において、本来当事者主義的といわれた制度が採用されることを通じて、被疑者・被告人の法的地位向上が図られたものであるといえよう。かつて、事実認定こそが裁判所の果たすべき唯一の役割とされたが、今日ではこの様な理解はとられず、特に対審構造を採用する法制度において、訴訟関与者に対して手続への積極的な影響を与える機会を認める場合がほとんどであろう。証拠採用や、証拠調べ請求権の保障等がその顕著な例である[26]。事案の解明及びこれに基づく刑罰権の行使を強調すれば、被疑者・被告人の取調、証拠収集等の手段に違法が存在しても問題はないという結論を採ることもできる。事実、わが国においても従来は証拠の形状、形態は収集手段の如何によって変化しないので、警察等の行動に違法性が認められても証拠能力、許容性には影響がないと主張された時期があった。しかしながら、現在においては、必罰主義的な発想に批判が加えられて久しく、被疑者・被告人の人権保障にも配慮した刑事手続の運用が必要であるという認識が当然のものとなっている。先にも述べた通り、これは刑事手続において公的利益と被疑者・被告人の利益の調整が求められていることを意味するものであり、これを実現する手段は複数考えられるが、すくなくともその一つとして証拠排除法則及び証拠禁止を挙げることができよう[27]。証拠排除の目的として、証明の基礎となる情報源の利用を制限することにより刑事手続における公正性及び立証手続の確実性を担保することを挙げることができる。刑事捜査・訴追という公的利益を担う警察・検察等の行動に一定の違反が認められる場合、そこから得られた証拠を制限、排除することで、結果的に被疑者・被告人に有利な結果をもたらすことができるように思われる。

第3節　公正な裁判と証拠排除
――ヨーロッパ人権裁判所における証拠排除に関する判断の検討――

先にも述べたように、公正な裁判の実現と公正な証拠を用いた公正な立証は切っても切れない関係にあり、公正ではない証拠による立証は公正な裁判の実現を阻害する大きな要因となる。それ故、各条約締約国においても、証拠法及び証拠法則に関する活発な議論が行われており、一定の条件が認められる場合に当該証拠が手続から排除される場合があることが認識されている。しかしながら、人権裁判所における証拠排除基準について、未だ明確かつ統一的な判断がされていないのが現状であり、汎ヨーロッパ的な証拠排除基準の定立は未だ行われていない。これは、人権条約6条における公正な裁判原則の保障のために、いかなる証拠排除基準が示されるべきかについて、未だに十分な議論がされていないという人権裁判所の考えに基因するとの指摘がされる[28]。証拠法及び証拠法則は、刑事手続における中核的な要素であるから、公正な裁判原則に関わる他の要素にも深く関わるものであり、軽々に統一的な証拠排除基準を示すことができないと考えられる。

以下では、人権裁判所の証拠排除に関する判断基準について考察し、公正な裁判原則と証拠排除の関係について検討する。

1　ヨーロッパ人権裁判所における証拠排除基準

(1)　Schenk判決[29]

いわゆるSchenk判決においてヨーロッパ人権裁判所は、はじめて証拠排除に関する判断を行った。本判決において示された人権裁判所の証拠排除に関わる姿勢は、今日まで維持されているといってよい[30]。

本件における事実の概要は以下の通りである。申立人Schenkは、会社経営者であった。Schenkは、偽名と偽の宛名を用いて新聞広告を出した。当該広告は、かつて外人部隊に所属した者やそれと同種の経歴を有する者を探す目的で出されたものである。これに対していくつか応募があり、Schenk

はその中からPautyに妻の殺害を依頼することにした。PautyはSchenkの妻にこのことを知らせた後、両名はKanton Waadt州の予審判事にSchenkの立てた殺害計画を告げた。判事によるPautyの取り調べが行われた後、捜査は別の機関に引き継がれた。更に、フランスの捜査機関に対しても司法共助が求められることになり、結果としてフランスの捜査当局に所属するMesserli警部が当該捜査に協力することになった。Pautyはパリで新たに取り調べを受けることになり、そこでSchenkが殺害依頼の経過報告を求めるため、近日中に再度接触をしてくる可能性があることを告げた。捜査当局は、Pautyの電話に盗聴器を設置し、Schenkからの連絡を待った。後日、何も知らないSchenkはPautyに電話で詳細な妻の殺害計画を指示し、Pautyはこれを録音することに成功した。当該通話を録音したテープは、予審判事に提出された後、鑑定人に送られることになった。

この後行われたSchenkに対する刑事手続において、当該録音テープを手続から排除することが求められたが、Pautyの盗聴行為に対する刑事訴追が法的に不可能であることを理由に、裁判所は当該申立を棄却した。更に、録音テープの内容は、別の方法で書証として用いることもできたことが指摘された。録音テープは、全ての訴訟参加者が在廷する公判廷で再生されており、また、裁判所は職権及び弁護人の申立に基づき複数の証人に対する尋問を行ったのであるから、Pautyの録音したテープを当該手続において用いることは許されると判示されたものである。しかしながらMesserli警部に対する尋問は行われず、これを求める弁護人の申立もされなかった。後にSchenkは、録音テープが排除されなかったのは不当であるとして上訴しているが、いずれも理由がないとして退けられている。

以上の事案について、SchenkはPautyによる録音が人権条約に違反するとして異議申し立てを行ったものである。まず、これに対してヨーロッパ人権委員会は、人権条約8条違反を理由とする異議申し立てには理由がないと判断した。引き続いて、人権裁判所は当該事案における人権条約6条違反が認められるかについて、テープ録音が行われた状況も含めた包括的審査を行った。

本件事案における人権裁判所の判断において、まず人権条約6条を根拠とする公正な裁判を求める権利は、証拠の許容性に関する規定を包含するものではないことが確認された。その理由として、刑事手続における証拠の許容性は、各条約締約国の国内法を根拠として判断されるべきことが挙げられる。また、人権裁判所は、あくまでも申立人に対して行われた刑事手続が総合的に公正であったかという観点から判断を行うものであるから、違法な手段を用いて収集された証拠が存在する場合にも手続全体の公正性が維持されたと判断されることがある[31]。この点について、人権裁判所が強調したのは、本件事案においては申立人の防御権侵害が認められないということであった。人権裁判所の認定した事実に拠れば、申立人はテープ録音の違法性について認識しており、その信頼性に関して疑義を投げかける機会が認められていた。更に、テープ録音を行ったPautyに対して証人尋問を行う機会が認められていたこと、またMeseerli警部に対してはその機会があったのにもかかわらず証人尋問が行われなかったことを指摘している。

更に本件事案においては、録音テープ以外にも複数の証人から申立人の有罪を基礎づける証言が得られており、当該テープが申立人の有罪を立証する唯一の証拠ではなかったことも人権条約6条1項違反が認められない理由であるとされた。この他にも、申立人によって録音テープを証拠として許容することが無罪推定原則に違反することが主張されたが、いずれも理由がないものとして退けられている。

Pettiti判事は本判決における人権裁判所の姿勢に疑問を示し、少数意見として以下のように述べている。

すなわち、本判決は、人権条約6条は証拠の許容性判断に関する規定を置いておらず、これは基本的に各国の国内法に委ねられる問題であるとし、人権裁判所は総合判断に基づき手続の公正性判断を行うものであるから違法に収集された証拠が許容される場合があるとしたが、これには賛成できない。総合的な公正性が認められない場合のみならず、違法に収集された証拠に基づいて判決を下す裁判所があってはならない。本件事案においては、問題となった録音テープの違法性が認められないばかりか、国内裁判所において当該テープの許容性が認められている。確かに、申立人の有罪を基礎づける録音テープ以外の証拠の存在が認められるものではあるが、当該テープも有罪判決を基礎づける証拠として用いられたことに変わりはないことから、本件事案において人権条約6条違反が認められる。

以上のPettiti判事の反対意見は、捜査機関の証拠収集手段に違法性がある場合には、端的にこれを許容してはならないとするが、人権裁判所において公正性が判断される場合に、総合的判断が行われる。これは、国内法違反が認められる場合のみならず、たとえ人権条約6条に違反する個別的事情が認められる場合においても、手続全体の公正性が損なわれたとまではいえない場面が想定できるとするものである。それでは、人権裁判所においていかなる事情が考慮され手続の公正性判断が行われているのか、以下検討する。

(2)　国内法に対する違反

既述の通り、人権裁判所において証拠法に関わる問題は、原則として国内法の問題であると捉えられている。それ故人権裁判所は、違法に収集された証拠排除に関する明確な基準を示さず、あくまでも総合判断において手続自体の公正性を審査する。

人権裁判所は、各条約締約国の法適用について審査を行い、証拠排除の判断を行うことができるのかが問題となる。人権条約19条は、人権裁判所には各条約締約国に対して、人権条約上の義務を履行させる権能があることを規定するものではあるが、これは人権条約に関わるものに限定される。すなわち、人権裁判所は、各条約締約国の国内法及び他の国際条約の遵守を求める権能を有するものではないとされるのである[32]。各条約締約国の国内裁判所の判断について、その事実誤認及び法律違反等に関わる審査を行うことは認められない。各条約締約国における刑事捜査・訴追機関等に対して、各機関が人権条約に反する行動を行っている場合を除いて、人権裁判所がその判断を遵守するよう直接求めることはできない。以上のことは、各条約締約国の国内裁判所に対しても同様のことがいえ、刑事手続における恣意的運用が行われている場合を除いて、国内裁判所の判断に人権裁判所が直接介入することは認められないのである[33]。以上見たように、人権裁判所は各条約締約国の国内裁判所の判断について審査する直接の権限を持たない。しかしながら、これは人権裁判所が国内裁判所の行う国内法に関わる判断に拘束されることを意味することではないことに留意する必要がある。いわゆるKahn判決において、人権裁判所は証拠収集手段の違法性について判断を行ったものであるが、それは明確に国内裁判所の判決を意識したものであった。以下ではKahn判決について見ていくことにする。

⑶ Kahn判決

いわゆるKahn判決[34]における事実の概要は以下の通りである[35]。

申立人Kahnは、マンチェスター空港の税関において、そのいとこ（以下Aとする）と共に麻薬の携行に関する嫌疑を理由に捜索を受けた。両人は、ともにパキスタンからの便でマンチェスター空港に到着した。捜索の結果、Aがコカインを所持していることが発覚した。これを受けてサウスヨークシャーの警察部長は、申立人の友人宅に盗聴器を設置することを承認した。その後申立人は、当該友人宅を訪問したが、申立人、友人（以下Bとする）共に盗聴器の存在を認識しておらず、当局から監視されていることに気づいていなかった。Bとの会話から申立人がAを通じて麻薬の密輸に関与していたことが発覚、申立人は身体拘束され刑事訴追されることになった。なお、当該訴追に際して、申立人は自らの犯行事実について自白を行っていない。訴追側は盗聴という捜査手法を用いたことが、Aの占有権侵害に当たることを認めたものではあるが、申立人は盗聴により録音された音声の中に自らの声が含まれていることを認めた。裁判官は、予備審問手続（voir-dire procedure）において当該録音テープの許容性について審査を行った。その際に訴追側は、当該テープの存在なくして申立人に対する刑事訴追を行うことはできなかったことを認めたが、裁判所はこれを許容する判断を行った。結果として、申立人には有罪判決が下され、3年の自由刑が宣告された。これに対して申立人による上訴が行われたが退けられている。

以上の事案について、人権裁判所は捜査当局による録音行為が人権条約8条に違反することを認めている。本件事案において、当時のイギリス法は、盗聴に代表される、捜査当局によって秘密裏に行われる音声の収集・録音等に関して明確な要件を定めていなかった[36]。盗聴・録音が捜査のために行われるものだとしても、私人のプライヴァシーに対する侵害を伴う行動が許容されるための条件が定められていなければならず、捜査機関はこれに合致した行動をとることが求められる。これは、人権条約８条からの要請であり、個人のプライヴァシー保護のために必要となる[37]。

また、本件事案において、人権裁判所は人権条約６条の違反に関する審査も行っており、その際、先に紹介したSchenk判決において示された証拠の許容性判断は基本的に国内法の問題として扱われるという原則を強調する。すなわち、捜査機関の行った盗聴を用いた捜査活動について、確かにこれを許容する規定が存在しないのではあるが、同時にイギリス法はプライヴァシー空間の保護に関する規定を有していないのであるから、当該捜査手法を用いた捜査機関の行動はイギリス国内法に違反するものではないとし、手続全体の公正性が損なわれてはいないと判断された。更に、本件事案において、申立人に対して自己に不利益な供述を引き出すようなわな及び詐術的方法が用いられてはおらず、Bとの会話はその自由意思に基づいて行われたことが認められている。以上の理由からも、問題とされた捜査機関の行動は人権条約８条違反となることが認められたが、人権条約６条における公正な裁判原則に反するとまではいえないとされたのであろう[38]。先にも述べたとおり、Schenk判決において、問題とされる証拠が有罪判決を基礎づける唯一または重要なものであったかが人権裁判所の公正性判断にとって重要となるが、申立人とBの会話の録音について、人権裁判所はこれが有罪判決を基礎づける唯一の証拠であることを認めるものではあるが、当該証拠の信用性は特に高いものであるとして、他の補強証拠を特に必要としないとされた。

また、予備審問手続及び上訴審において申立人に対して問題とされた証拠の許容性について異議申立を行う機会が十分に認められていたことも、人権裁判所が人権条約６条違反を認定しなかった理由であろう。認定された事実によれば、申立人の主張はイギリスの国内裁判所において十分に検討されたが、いずれも理由がないとして退けられたとされる。人権裁判所は、これらの理由を総合的に鑑みて本件事案における人権条約６条１項に違反する事実は認められないものであると判示した。

以上のようにKahn判決において、人権裁判所は公正な裁判原則違反は認められないとしたが、これに対してはLoucaides判事の少数意見が付されている。Kahn判決における多数意見は、捜査当局の行動が人権条約8条に違反するとしながら、これを通じて得られた証拠に基づいて有罪判決を下すことを認めている。しかしながらLoucaides判事は、本件事案において捜査当局の行動は人権条約8条違反に該当することはもちろん、人権条約6条1項にも違反するとされなければならないと結論づける。というのは、条約締約国における人権条約の国内法制化措置が行われていなかったことを、あたかも正当化できるかのような理由を後付けで考えることは許されず、人権条約8条に違反する捜査当局の行動を最終的に公正と見なした場合、当該活動の再発防止が行えるかといった観点からも疑問が残り、多数意見における結論には賛成できないとされた。更にLoucaides判事の少数意見は、人権条約に違反する行動を通じて得られた証拠を原則として手続から排除すべきであるとする。

2　総合判断論

⑴　総合判断論概説

先に見た人権裁判所の判断に拠れば、各条約締約国の刑事手続おいて人権侵害に起因する何らかの瑕疵が認められる場合においても、これは基本的に国内法の問題として処理されなければならない。しかしながら、当該瑕疵に対して有効となる国内法的手段が存在しない場合には、人権条約上の規定を用いてこれを解決することが可能となり、各条約締約国には人権条約上の基準に合致した刑事手続上の運用が求められることになる。特に重要となるのが人権条約6条を根拠とする公正な裁判原則なのではあるが、その適用については慎重な姿勢が求められており、同原則はいってみれば人権侵害に対する非常ブレーキのような役割を果たすものであると指摘がされる。それ故、人権条約6条に列挙された個別的権利の侵害があった場合でも、これから直ちに公正な裁判の実現が阻害されたということはできない。人権条約6

条１項１文は、総体的権利（Gesamtrecht）としての公正な裁判を求める権利について規定している。これに加えて６条１項、２項、３項において個別的権利（Teilrechte）についてそれぞれ言及され、人権裁判所判決によって発展的に理解されてきた。これら個別的権利は、総体的権利とされる公正な裁判を求める権利を実現させる為に必要なものであるとして理解され、公正な裁判の実現に寄与するとされる。人権裁判所は、手続が総合的に公正であることを求めるものであり、人権条約６条１項、２項、３項が規定する個別的権利並びに同条１項１文における総体的権利から直接的に演繹される法的地位が共に保障されなければならないとする[39]。公正性審査に際して、人権裁判所が用いる手法が総合判断論であり、ここでは常に手続全体、すなわち公判手続のみならず、捜査手続等における事情をも考慮した判断が行われることになる[40]。人権条約６条１項から３項における個別的権利が侵害された場合、人権裁判所が総体的権利から直接に演繹できると判断する法的地位の侵害が確認される場合に人権条約違反を認めることができるが[41]、あくまでも裁判全体の公正性については総合的に判断されることになる。人権裁判所は、条約締約国に対して人権条約違反の判決を下す際に、理論的明確性よりも結論の妥当性（Plausibilität）を優先させる傾向にある。例えば、人権条約６条に関する複数の違反が申し立てられた場合においても、それぞれの理由についての個別的判断を行うことはほとんどなく、単に人権条約６条違反を認定する場合がほとんどである。これらのことから、人権裁判所の判断、特に総合判断論に関わる部分について、人権条約に関する解釈の明確性を損ない、その実効性をも失わせかねないとの批判がされた[42]。総合判断論自体については、汎ヨーロッパ的人権基準の構築にとって有益であること、手続の初期段階における瑕疵がその後の手続において治癒される場合を考慮することができる等のメリットが指摘されるが、公正性基準は不明確に過ぎその有用性は低いとの批判がされる[43]。また、実務家からも、裁判所に幅広い裁量が認められるため本来の公正性基準からの不当な逸脱を招くとの批判が行われている[44]。しなしながら、もっとも批判されなければならないことは、人権裁判所が明確な判断をしないことを理由として、人権条約に基づく基準を狭く解釈しその意義を減退、失わせることである。実際に、何らかの問題について人権裁判所が解釈の余地を残すような判断をした場合、これをあえて狭く解釈しリスクを回避するという手段がとられてきた。以上の事態を放置すれば、総合判断論は、人権条約のもたらす変化を拒む条約締約国の望む結果（人権条約に違反するような制度維持）をもたらす抜け道のような存在となってしまうだろう[45]。人権条約は、条約締約国において国内法制化され、発展的に理解されなければならないものであり、人権裁判所への異議申立はあくまでも補助的、緊急的手段と考えられなければならない。国内法制化の際に、一定の裁量権が認められる場合があるが、これはあくまでも公正な裁判原則の要請の範囲でのみ認められるものであり、自国に都合の良い人権条約の解釈を認めるものではない。国内裁判所は、人権裁判所が明確な判断を行うまでただ待つのではなく、人権条約の解釈を積極的に行う必要がある。各国の国内裁判所は、人権条約を発展的に解釈し、人権裁判所が求める人権保障基準の代弁者となり、かつこれを実践する方法を提示しなければならない。

⑵　総合判断論の具体的内容

人権裁判所における裁判の公正性審査の際、原則として総合判断論が用いられ、当該手続全体の公正性が維持されているかが問われる。証拠の許容性及び信用性に関わるものについて、先に紹介したSchenk判決がリーディングケースとされており、ここで示された基準は現在まで維持されているといってよい[46]。人権裁判所の用いる総合判断論の具体的内容について、証拠の許容性及び信用性に関わる問題としては、審査対象となる手続において、被疑者・被告人に対して証拠の許容性、信用性について争う機会が認められていたかが重要な基準となる[47]。更に、いわゆるHeglas判決において、人権裁判所は以下のように判示した[48]。すなわち、裁判の公正性について総合的判断が行われるに際して、防御権保障が行われたかが考慮されなければならない。具体的には、まず申立人が証拠の許容性について質問し、かつその利用について異議を申し立てる機会が認められたかが審査される。人権条約6条1項の規定から、訴追側、防御側の間に機会対等、武器対等が求められることに鑑みれば、被疑者・被告人にとって自らの訴追に用いられる証拠の許容性、信用性を争う機会が認められなければならないという結論は納得できる。また、Schenk 判決は、問題とされる証拠が有罪判決を基礎づける重要な証拠である場合、その信用性判断は慎重に行われるべきであり、基本的に有罪の事実の立証には他の補強証拠を必要とすることを示唆する。しかしながら、Kahn 判決、Heglas 判決等において、被疑者・被告人に対して十分な「証拠について争う機会」が認められており、かつ当該証拠の信用性が高いと判断された場合には、他の補強証拠を必要としないとの判断がされている。また、Allan 判決[49]、Bykov 判決[50]等においても、被疑者・被告人に対して十分な「証拠について争う機会」が認められたかが重要となる旨の判断がされており、これが総合判断論にとって重要な基準であることに疑いはない[51]。

また、その他考慮すべき要素として、公益保護と公正な裁判原則の関係性が重要となる[52]。2000年以降、人権裁判所において公益を考慮することによって公正な裁判原則の適用例外を認める可能性が示されたが[53]、公益、特に刑事訴追に関わる利益を考慮することによって、公正な裁判原則違反を理由とする証拠排除を制限的に運用することの当否について、慎重に検討されなければならない。確かに捜査機関の不手際を理由として、有罪の高い蓋然性が認められる場合においてさえ被告人が無罪となるという結論を認めることは、人権への配慮の必要性を十分に考慮したとしても、社会全体にとってバランスを欠き行き過ぎた措置であるという見方をすることもできよう。しかしながら、社会全体を揺るがすような事態、例えば法治国家原則に反する刑事捜査・訴追機関が行われた場合にのみ、公正な裁判原則の違反を理由とする証拠排除が行われることが求められるのであろうか[54]。既述の通り、裁判における結果の公正性は手続の公正性を経てもたらされるべきものである。換言すれば、有罪判決を正当化する為には、捜査機関による証拠収集活動をも含めた手続の公正性が担保されなければならない。人権条約上の規定からの要請は、過大なものではなくむしろ国家が遵守すべき最低限基準であることを考えると、第三者、そして刑事訴追に関わる利益を最大限考慮したとしても、人権条約の要請を満たしていない行動を通じて得られた全ての証拠に基づく有罪判決を正当化することはできず、この様な場合には裁判の公正性は維持されていないと判断されるべきである。更に、被疑者・被告人に対して公正な裁判を求める権利を保障することこそが、有罪判決及びそれに基づく刑罰の執行を正当化する根拠と解するのであれば、刑事捜査・訴追機関においても同権利の保障に関する十分な具体的措置を講ずる義務が認められることになる。国家には、刑事捜査・訴追といった公的利益を保護する義務があるのと同時に、その構成員としての国民に認められる基本権を保障する義務が課せられる。特に、刑事捜査・訴追に関する国家的活動が実行される際、その性質からいきおい対象となる個人の権利・利益への侵害が生ずる高い可能性が認められる。刑事捜査・訴追という重要な公的利益を確保するためとはいえ、その犠牲として被疑者・被告人を国家的活動の単なる客体として扱うことは認められない。刑事手続における個人の主体性尊重の観点からも、被疑者・被告人に対する公正な裁判を求める権利の保障を第一として、刑事捜査・訴追機関の行動が行われることが求められる。確かに、刑事捜査・訴追活動が行われる際に不正な行動が行われたとしても、これが常に捜査官等の故意によって惹起されたものとはいえないだろう。しかしながら、当該活動が例え過失によって引き起こされたのだとしても、国家がその責任を負い将来における抑止のための措置を講じなければならないことに変わりはない。いずれにせよ肝要なのは、公益保護を重視するあまり被疑者・被告人の基本権に由来する権利に対する侵害が見過ごされてはならず、万が一そのような事態が生じる結果を招いた場合には、国家による十分な補償が行われることが必要になるということである[55]。

3　総合判断論における特別な考慮要素

上記のように人権裁判所は、通常、裁判の公正性審査について総合判断論を用いるものではあるが、特定の個別的権利及び事情が関係する事案においては、これらの要素を重視した判断が行われる。具体的には、自己負罪拒否権の侵害があった場合（詐術的行為によって不利益供述を引き出した場合等も含む)、並びに人権条約３条違反、すなわち捜査機関等によって拷問行為、非人道的取扱いが行われた場合がこれにあたる。更に、おとり捜査等を通じて犯罪誘発行為が行われた場合[56]、人権条約６条３項ｄの違反、すなわち被疑者・被告人に対して証人尋問権の保障が行われなかった場合も同様であり、これら個別的権利の侵害から総体的権利としての公正な裁判を求める権利の侵害が認められることがある。

(1)　人権条約３条違反と公正な裁判原則

人権条約３条は拷問の禁止について規定するが、同条の規定は自己負罪拒否権の問題とも深く関わる。人権裁判所において、自己負罪拒否権の保障を絶対的なもとしては捉えず、他の権利主体との関係において相対化されうると考えられている[57]。しかしながら、同権利の保障について、刑事捜査・訴追機関の利益保護を理由にこれを相対化することは基本的には認められないと考えるべきである。それ故、刑事手続において、自己負罪拒否権は事実上被疑者・被告人に認められる絶対的な権利であると考えることができ、これに反するような刑事捜査・訴追機関の行動は認められないことになろう[58]。以下では、自己負罪拒否権と公正な裁判原則について、いわゆるJalloh判決[59]の内容を概観し、若干の検討を加える。

ドイツにおいて申立人Jallohは、麻薬の密売に関わる嫌疑を理由に警察の監視対象となっており、密売方法がいかなるものであったかについて捜査されていた。捜査の結果、申立人が口腔内に隠匿したプラスチックの小袋に入った麻薬を取り出した後、他者に手交するところが確認された。申立人は、麻薬密売を理由に逮捕されたが、なおその口腔内には他の麻薬が隠匿されていることが疑われていた。それ故検察官は、医師に申立人への催吐剤投与を指示し、申立人は0.2182グラムのコカインの入ったプラスチック製小袋を吐き出した。引き続いて、申立人は勾留されることになったが、その身体が勾留に耐え得るものではないとの主張がなされた。後の胃カメラを用いた検査で、申立人の食道に胃液の逆流による炎症が確認された。申立人には、麻薬の密売を理由に有罪判決が下され、１年の自由刑が宣告されたが、その執行は申立人の保護を理由に中断された。国内裁判所は、捜査段階で用いられた催吐剤の投与について、比例原則の観点から許容されるとし、ドイツ刑事訴訟法81条aによって正当化されるものとした。

後に上訴が行われ、申立人に対する刑期は六月に減軽されたが最終的に有罪判決は維持された。引き続いて申立人が行った、用いられた捜査手法がドイツ基本法1条1項、同2条1、2項等に反するとして提起された憲法訴訟についても理由がないものとして退けられている。申立人は、以上の国内裁判所における判決を不服として人権裁判所に提訴している。結果として人権裁判所は、捜査機関の行動が人権条約3条及び6条に違反するとの判決を下している。

人権裁判所における人権条約3条違反に関わる判断に際して、問題とされる捜査機関等の行為それ自体に着目して審査が行われる。すなわち、同条が禁止する拷問及び屈辱的、非人道的な行為が行われた状況の如何に関わらず、行為それ自体の性質、内容が人権条約3条の禁止するものであったかが重要となる[60]。人権裁判所の判断によれば、故意に身体的傷害を加える、1時間以上に渡り中断することなく集中的な身体的または精神的苦痛を加える行為が行われた場合、当該行為は人権条約3条に抵触するものであるとされる。更に、対象者に恐怖の感情を芽生えさせること、過度な圧迫感を生じさせること、身体的または精神的な抵抗ができなくなる可能性のある行為を行った場合、これが人権条約3条の禁止する屈辱的行為であると判断される可能性がある。人権条約6条との関係においては、これら拷問及び屈辱的、非人道的な行為を通じて得られた証拠の取り扱いが問題となる。人権裁判所は、証拠の許容性判断について、これが国内法の問題であるとの立場にたつが、人権条約3条に違反する行為を通じて得られた証拠が刑事手続において許容されることは決して許されないと結論づける。具体的には、拷問にあたる不当な暴力行為、残忍な行為を通じて得られた自白及びその他の証拠を用いて被疑者・被告人の刑事訴追を行うことは、例え当該自白に高い信用性が認められる場合においても決して許されないとした。

⑵　犯罪誘発行為と公正な裁判原則

国家による犯罪誘発行為（Tatprovokation）が行われた場合、人権裁判所においてこれが人権条約6条に違反すると判断されることがある。犯罪誘発行為について、当該行為が行われなかったとしても当該犯罪が行われたか否かということが、主に嫌疑性の有無という基準に照らして判断されている。とはいえ、警察官による積極的な麻薬購入の申出があった事案において犯罪誘発行為の存在が肯定されるなど、刑事捜査・訴追機関によって当該犯罪が主導されたという事情までは犯罪誘発行為の認定に求められていない[61]。人権裁判所において、国家機関による行為者を犯罪行為に向かわせる重大な刺激の有無という基準についても言及されるが、その内容には曖昧な点も残るという指摘もある。近年では Furcht 判決において[62]、国家による犯罪誘発行為を通じて当該行為がなければ犯罪を行わなかったであろう者に犯罪を実行させた場合において、そこから得られた証拠を用いて当該行為者を刑事訴追することは公正ではなく、当該証拠は手続から排除されなければならないものとされた。以上のように、犯罪誘発行為の認定基準については未だに議論があるが、人権裁判所において当該行為の有無が裁判の公正性判断にとって重要視されていることは間違いない。

(3)　証人尋問権の保障と公正な裁判原則

既述の通り、人権裁判所が行う裁判の公正性に関わる総合判断、特に証拠の許容性、信用性判断にとって、人権条約6条3項dにおける証人尋問権の保障が重要となる。この問題に関して、近年ではいわゆる Haas 判決が興味深い[63]。本件は、ルフトハンザ機へのハイジャックに関わるものであり、Monika Haas が被告人として訴追された。ドイツ国内裁判所において、Haas に対して航空輸送に対する攻撃及び人質罪、殺人未遂の幇助などを理由に5年の自由刑が宣告されたが、その有罪判決を基礎づける証言はレバノン当局によって勾留されている者によって行われたものであり、その身柄がドイツ当局へ引き渡されることはなかった。それ故、当該証人がドイツにおける裁判に出廷することはできず、裁判所による尋問はもちろんのこと、Haas が当該証人に直接尋問する機会が認められることはなかった。当該証人による証言は、ドイツ連邦捜査局の捜査員によって公判手続にもたらされたものではあったが、ドイツ国内裁判所はその信用性を高く評価し、Haas

の有罪判決を基礎づける重要な証拠として採用したのである。

本件事案において人権裁判所は、被告人に認められる証人尋問権は人権条約6条1項からも導出される重要な権利であるとした。更に、本判決においても、証拠の許容性、信用性の問題は基本的に国内裁判所の判断に委ねられるとされ、人権裁判所の関心は手続全体の公正性であることが示されている。その上で、原則として証人は被告人の在廷する法廷内で証言しなければならず、被告人には証人尋問を通じた証言の信用性等を争う機会が認められなければならないとされたが、本件事案においては問題とされる証人への直接の尋問が事実上不可能であること、かつ証人の証言以外にも被告人の有罪を基礎づける証拠が存在したことなどを理由として、当該証言は手続から排除される必要はないと判断された。以上の判断は、被告人と証人それぞれの生存及び自由等に関わる権利、利益が考慮されなければならないとの考えに基づいているもので[64]、人権裁判所の判断において被疑者・被告人の人権保障が他の利益と比して絶対的に優先するものではないことを示唆するものであるといえよう。確かに、被疑者・被告人の権利利益の保護を過度に強調し第三者の利益及び公的利益が不当に侵害されることは好ましいものであるとはいえないし、当該瑕疵を裁判の適切な証拠評価で治癒することができる場面も想定できるが、刑事捜査・訴追機関が故意、または過失によって被疑者・被告人に対して十分な証人尋問の機会を提供することができなかった場合には、やはり証拠排除によってその瑕疵を治癒すべきではないだろうか[65]。

⑷　他の人権条約上の規定との関係

人権裁判所における裁判の公正性審査について、先に検討したもの以外にも人権条約8条との関係が考慮されることがあり、特に刑事捜査・訴追機関等、国家機関による個人のプライヴァシー空間への侵害を伴う活動に対する規制との関係が考慮される場合がある。人権条約上の規定は、人権裁判所においてそれぞれ独立に解釈されるものではあるが、これは人権条約8条違反となる行動を通じて得られた証拠が排除される根拠を人権条約6条に求めることができないことを意味するものではない。人権条約6条の規定が公正な裁判原則について定めており、その審査には総合判断論が用いられることは既述の通りであるが、人権条約８条に関わる要素もこれに含まれるのである。先に見たKahn判決のように、刑事捜査・訴追機関によって人権条約８条違反となる行動がとられた場合においても、総合的には人権条約６条違反とはならないとする判断が人権裁判所において行われることがままあるが、疑問である。確かに、人権条約上の規定は、それぞれが独立して理解されなければならない。しかしながら、これは換言すれば人権条約上の個別の要請は、全て人権保護という人権条約における目的を達成するために不可欠の規定であると考えることもでき、これら個別規定に抵触する国家機関の行動を総合判断の名の下に看過することは認められないはずである。人権条約上の規定を国内法制化し、これを実現する義務が条約締約国には課せられる。それ故、ある条約締約国が人権条約８条からの要請を満たすことができなかった、もしくは当初からこれを無視するつもりであった場合、この誤った解釈、行動によって当該国家の司法の機能性が失われていると評価されることになるはずである[66]。各条約締約国には人権条約８条の規定を遵守した制度的保障の構築を行うことが求められるのであり[67]、その為の十分な措置がとられていない場合には、当該手続において公正な裁判原則からの要請が満たされているとはいいがたいように思われる。

4　小　括

人権裁判所は、裁判の公正性審査に際して総合判断論を用いる。総合判断論にはその基準が曖昧であるなどの批判がされるが、人権裁判所は違法な証拠採用及び違法な手段を用いて収集された証拠を用いることを許容する若しくは黙認しているわけではない。裁判所が違法な証拠を採用すること及び判断の基礎として用いることは、人権条約上の個別的権利のみならず、総体的権利である公正な裁判を求める権利それ自体を侵害するものである可能性が認められる[68]。人権裁判所は、申立のあった全ての事件について、手続の公正性が維持されたかを判断している。証拠排除に関していえば、被告人の訴追に用いられた証拠について、その収集手段及び評価方法等が人権条約６条に反するものでなかったかを個別に審査しているのである[69]。

人権裁判所が用いる総合判断論について、特に証拠の許容性、信用性に関わるものについては、以下の立場がとられているといえよう。問題とされている証拠の信用性が高ければ高いほど、当該証拠によって証明された事実の真実性が増すことになる。しかしながら、証拠の信用性が低い場合には、これによって証明された事実の真実性には疑問が生ずることになり、これを補強するために他の証拠が求められることになる。証拠の信用性判断については、証拠の性質及びその獲得された状況が考慮されなければならず、当該証拠が私人によって獲得されたものであるのか、捜査機関等、国家機関によって獲得されたのかも重要な判断要素となる。証拠の信用性に疑いがある場合には、刑事手続における早期の段階において、被疑者・被告人に対してこれを争う機会が認められたかが問題となる[70]。

以上のように、人権裁判所において総合判断によって裁判の公正性が審査されることになるが、拷問及び他の類似行為によって証拠が獲得された場合、その許容性は常に否定されることになる[71]。これに加えて、国家による犯罪誘発行為が行われた場合においても、当該行為を通じて得られた証言等の許容性、信用性を否定する判断が行われる傾向にあるが、自己負罪拒否権の侵害が疑われる全ての場合に公正な裁判原則違反が認められるわけではない。また、「証拠について争う機会」について、証人尋問権の侵害が疑われるような場合においても、証人等の利益、刑事捜査・訴追に関わる公的利益等との比較衡量的判断が行われ、証拠の許容性、信用性が損なわれていないと判断されることがある。

人権裁判所における裁判の公正性判断について、拷問の禁止等、絶対的審査基準となるものも存在するが、基本的には手続の全事情を考慮した総合判断が行われている。これは、汎ヨーロッパ的規範の構築にとっては有益であるとの意見もあるが、一方で総合判断の名の下に人権条約に抵触する刑事捜査・訴追機関の行動を不当に許容するものであるとの批判もある。対して、刑事捜査・訴追機関の行動が公正な裁判原則に違反する場合はもちろん、人権条約上の個別規定に違反する場合においても、当該活動を通じて得られた証拠の許容性、信用性は否定されるべきであるとする主張もあるが[72]、証拠排除に関する人権裁判所の態度は必ずしも明確ではない。

第４節　刑事手続における公正な裁判の実現と証拠判断

１　人権裁判所における公正性判断

⑴　公正な裁判原則における衡量可能性

先にも述べたとおり、結果の公正性は公正な手続を通じてもたらされたものでなければならならず、以上の命題は刑事手続においても妥当する。刑事手続上の結果は、全て証拠に基づいてもたらされなければならないものであるから、当該証拠に公正性が認められない場合には、これに基づく刑事手続上の結果の公正性にも疑問が生ずることになろう。公正な証拠による公正な証明によらなければ、公正な裁判の実現が行われたとはいえない。

証拠の許容性判断に際して、手続の公正性が維持されたといえる為には、どのような基準に合致した運用がされなければならないかが問われるが、ヨーロッパ域内の刑事手続において、人権条約６条を根拠とする公正な裁判原則が重要な指針を示すものとされている。刑事手続における目的として、事案の解明及び真実の発見といった要素が軽視されてはならないが[73]、同時に刑事手続上の真実の危うさについても認識されなければならならず、必罰主義的な考えに基づく刑事手続の運用は厳に慎まれなければならない。わが国においても、アメリカ法の影響を受けた適正手続論が主張され、刑事捜査・訴追の対象となる被疑者・被告人の人権保障の重要性が説かれて久しいが、ヨーロッパにおいても公正な裁判原則の重要性が認識されるに伴い、被疑者・被告人の人権保障を基軸とした権利及び制度的保障が行われることを前提とした刑事手続上の運用がされなければ公正な裁判の実現はあり得ないとの理解がされるに至る。人権条約６条を根拠とする公正な裁判原則の具体的内容は多岐にわたるが、そのいずれもが被疑者・被告人の人権保障に根ざした刑事手続の運用を前提とするものであり、刑事手続においてその遵守が求められる最低限基準として理解されなければならない。しかしながら、人権裁判所における公正性判断について、総合判断論が用いられており、公正な裁判原則を構成する個別の権利が侵害された場合においても、このことをもって直ちに公正な裁判の実現が阻害されたと判断されない場合があることは既に述べたとおりである。これは、公正な裁判原則を構成する要素の中に衡量可能性が認められるものがあることを示唆する。

(2)　総合判断論における絶対的基準と相対的基準

公正な裁判原則が刑事手続において遵守されるべき「最低限基準」を示すということを前提とすれば、公正な裁判原則を構成する個別的要素に関する何らかの違反が認められる場合には、直ちに公正な裁判の実現が阻害されたという結論を導くことができ、当該違反の原因となる国家機関の行動を通じて得られた証拠は手続から絶対的に排除されなければならないということになろう。しかしながら、人権裁判所における公正性判断に際して、被疑者・被告人以外の第三者の利益、特に公的利益が考慮される場合がある。つまり、人権条約6条における公正な裁判原則は、人権条約の性格に鑑みて被疑者・被告人の人権保障を通じて公正な裁判の実現を図るものであるといえるが、人権裁判所の判断において人権保障からの要請が犯罪の解決及びそれに伴う刑罰権の確保、執行等に関わる公的利益に絶対的に優越するものではないことがうかがわれる。このことは、公正な裁判原則を構成する要素に関わる違法な手段を通じて収集された証拠であり、かつ当該証拠が有罪判決を維持する唯一の証拠となる場合でも、これが排除されない場合があるとする人権裁判所の判断からも見て取ることができよう[74]。

以上のように、人権裁判所における総合判断に際して、被疑者・被告人の権利保障と公益等との比較衡量が行われる場面が認められるのではあるが、一方で公正な裁判原則を構成する要素の中でその衡量可能性が認められないものも存在する。人権裁判所の判断によれば、人権条約3条における拷問の禁止に抵触するような国家機関の行動は、いかなる状況においても認められないものとされ、これは犯罪の制圧及び治安維持等公的利益はもちろんのこと、一般市民等第三者の生命、身体等に関わる利益を保護する必要であっても絶対的に許容されないとされる。公正な裁判原則は、ドイツにおいて人間の尊厳保障に関わる基本法１条１項に国内法的根拠が求められることがあるが、拷問の禁止についても同様に人間の尊厳保障を理由に肯定される[75]。人間の尊厳保障について、かつてはその絶対的性格が強調された。しかしながら、近年、人間の尊厳は衡量可能性が認められないコア部分と衡量可能性が認められる周辺部分とに区別できるという主張がされる。人間の尊厳保障が刑事手続における公正な裁判原則の根拠になると仮定した場合でも、同原則についても衡量可能性が認められないコア部分と衡量可能性が認められる周辺部分とが区別される拷問の禁止等については前者にあたるが、他の要素の中には後者に分類され、公的利益及び第三者利益との衡量可能性が認められる場合があるという結論が導き出されよう。公正な裁判の実現を阻害するとされる基準について、拷問の禁止に並ぶもしくはこれに準ずるものとして自己負罪拒否権の侵害、国家による犯罪誘発行為、証人尋問権の保障が行われていない等の事情があれば、総合判断の際にこれが重視され、公正な裁判の実現が阻害されているとの判断が行われる傾向にある。

2　ヨーロッパ人権条約締約国における公正な裁判原則と証拠排除基準

(1)　公正な裁判原則の各条約締約国における影響

これまでの総合判断論の具体的内容に関する検討を通じて、いくつかの特別な事情が介在する場合、これを重視した公正性判断が行われていることを明らかにしたが、人権裁判所における公正性判断について未だに不明確な点も多い。総合判断論は、法制度の異なる条約締約国に汎ヨーロッパ的人権保護基準を適用する有効な手段となり得るが、一方で国内裁判所が人権条約を自国に都合の良く解釈する可能性を残す[76]。確かに、人権条約上の規定に合致した法制度の構築に必要となる国内法制化の具体的方法について、各条約締約国に対して一定の裁量が認められているのではあるが、これはあくまでも人権条約の要請に合致する限度においてのみであり、人権条約の恣意的解釈によってその要請を無視することは認められない。それでは、人権条約締約国において人権条約からの要請はどのように受け止められ、実現されているのであろうか。例えば、条約締約国の国内裁判所において、人権条約違反を回避するために人権裁判所の示す基準を厳格に解釈する傾向にあることが指摘される。というのは、人権条約違反が疑われるような捜査機関の行動は、そもそも国内法に違反する可能性が高いのであるから、人権裁判所による人権条約違反の判断を回避するためにこの様な措置がとられるのであろう[77]。

(2)　ドイツにおける証拠排除基準と公正な裁判原則からの要請

人権裁判所において、公正な裁判原則違反となる明確な基準は未だ定立されておらず、刑事手続における公正性基準については各条約締約国における裁量に委ねられるところが大きく、これは同原則に関わる証拠排除基準についても同様である。それ故、証拠排除に関する具体的な運用に際しては、まず各国における国内法が参照されることになる。

例えば、ドイツ刑事手続における証拠採用手続に関して、その公正性を担保する為の要件について論じられる際に以下の要素が重要となる[78]。

①　刑事手続における法律主義（das strafprozessuale Gesetzlichkeitsprinzip）からの要請

刑事手続における法律主義からの要請、特に人権条約との関係においては、私的及び家族生活並びに住居に対する侵害を伴う捜査機関等の行動の規制について定める8条の規定が重要となる。具体的には、身体への捜索、電話等の通信傍受、GPS発信器の設置、住居等の捜索、潜入捜査官による捜査活動等が行われる場合、当該捜査手法が関係する基本権についての議論を経た後、これが許容されるための要件が法律によって定められていることが求められる[79]。更に犯罪誘発行為が行われた場合には、そこから直ちに公正な裁判原則の違反が認められることがある。

②　比例原則

更に、比例原則（民主主義国家における最低限度の要請）の観点から、刑事捜査・訴追機関の行動の目的と、当該行為によって侵害される虞のある被疑者・被告人の権利・利益との関係が検討されなければならない。すなわち、刑事捜査・訴追という公益追求のためとはいえ、不当に被疑者・被告人等、私人の権利・利益が侵害されてはならず、両者の調整が行われなければならない。

③　**拷問の禁止**

また、いかなる場合であっても、人権条約3条違反となる取調手法、特に拷問及び対象者の非人道的取り扱いに該当する行為が許容されてはならないことは当然である。

④　**防御権保障**

最後に、人権条約6条における権利保障について、被疑者・被告人の十分かつ効果的な防御権保障がされなければならない。また、その行使に際して、刑事手続において使用される言語の十分な理解が前提となることから、先に検討した証人尋問権の保障に関わるもの以外にも、通訳・翻訳権保障の重要性が強調される。

⑤　**ドイツにおける公正な裁判原則を基礎とした証拠排除基準**

以上①から④までの要素についてまとめると、まず身体、住居等に対するプライヴァシー侵害を伴う刑事捜査・訴追機関の行動が許容される要件について法律によって定められていなければならない。当該要件の具体化が行われる際、比例原則の観点から十分な検討が行われなければならないことはもちろんであるが、実際の運用に際しても被疑者・被告人の権利保障に十分配慮しながら、刑事捜査・訴追等の実施が求められるだろう。この際、個人の人権と国家及び公的利益との間で何らかの比較衡量的判断が行われることになるが、拷問及び非人道的取り扱いの禁止という要請に抵触する刑事捜査・訴追機関の行動はいかなる場合であっても正当化されない。既述の通り、公正な裁判原則を構成する要素についても衡量可能性が認められる場合があるが、人間の尊厳保障に関わる要素については絶対的保障が行われなければならず、例えそれが第三者の生命・身体等に関わる極めて重要な利益を保護する目的で行われる行動であっても許容され得ないのである。この他にも、被疑者・被告人の手続参加を通じた公正な裁判の実現に公正な裁判原則の本質があると考えた場合、争われている証拠の許容性及び価値判断について、被疑者・被告人が影響を与える機会を有していたかが重要となる。具体的には、証人尋問権の保障によって証人の証言の信用性を争う機会があったかなどが重要となろう。また、通訳・翻訳権の保障が十分に行われることも裁判所の証拠判断にとって重要となる。

第5節　わが国における違法収集証拠排除と証拠判断基準

1　わが国における違法収集証拠排除法則

(1)　違法収集証拠排除法則採用の経緯

旧刑事訴訟法時代において、形式的な法解釈により結論を導くことができると理解され、違法に収集された証拠の証拠能力が否定される余地は非常に限定されていた[80]。しかしながら、適正手続の保障について定める現行憲法の精神からすれば、捜査機関の行った証拠収集手続に少なくとも憲法上問題とされる違法の存在が認められる場合、当該証拠の証拠能力を否定するという結論を導くことも可能である。

昭和53年、最高裁判所は、わが国において初めて違法収集証拠排除法則の採用を宣言し、一定の場合において、捜査機関が違法に収集した証拠について、その証拠能力を否定し刑事手続からこれが排除される旨判示した[81]。同判決において、最高裁は、排除法則がいかなる理由から根拠付けられるかについて明確な判断をしておらず、また証拠排除基準についても、「令状主義の精神を没却する重大な違法」という抽象的なものを示すにとどまった。その後も下級審においてはともかくとして、最高裁において排除法則の適用が争われた事案は僅かな数にとどまり[82]、未だ明確かつ具体的な排除法則の適用基準が示されていないのが現状である。

わが国における排除法則は、合衆国において判例理論として展開された排除法則（the exclusionary rule）から多大な影響を受けて生まれたものであるとされ、合衆国における議論がそのまま援用されることも多いが、排除法則の適用を認める根拠、適用基準等について異なる部分も少なくなく、わが国の最高裁が示す排除法則にかかわる判断を踏まえた検討が必ずしも十分にされてこなかったのではないかという指摘がなされた[83]。最高裁によって排除法則の適用が宣言されて以降、今日に至るまで多くの活発な議論が展開されてきたが、排除法則の根拠および排除基準について更なる検討を要する部分も認められる。刑事手続における違法収集証拠排除法則について、その適用基準をどのように判断するかが問われるが、先に見たように同法則の適用については、その反作用の大きさからか裁判所における慎重な判断が行われており、実際に証拠排除が行われたケースは決して多くない。被疑者・被告人の権利保障と捜査の必要性等との間の関係を考慮して、証拠排除基準が決せられることになるように思われるが、あまりに慎重な排除法則の運用が行われることは、捜査機関の違法行為を見逃し、被疑者・被告人の法的地位を不当に侵害するという結果をもたらすことも想定される。これまでの検討から明らかなように、公正な裁判は、公正な証明、つまり公正な証拠によって立証された事実に基づいて初めて実現される。わが国においても刑事捜査・訴追機関の違法に収集された証拠に対して、証拠排除法則の適切な運用が行われれば捜査機関の違法捜査に対する抑止効果が発揮されると同時に、被疑者・被告人の権利保障にとっても有益な結果がもたらされることが期待される。

(2)　わが国における証拠排除基準の現況

わが国において排除法則に関する憲法、刑事訴訟法上の明文による規定は存在しない。わが国の判例は、当初、「押収物は押収手続が違法であっても物其自体の性質、形状に変異を来す筈がないから其形状等に関する証拠たる価値に変わりはない」[84]とし、学説においても、証拠については収集手続の違法は証拠価値に影響するものではなく、手続違法を理由として証拠排除を行い、有罪であることが明らかな者を処罰できはいことは実体的真実主義に反するなどの批判がされ[85]、排除法則の適用について消極的な主張がされた。

しかしながら、適正手続の理念に基づく合衆国における議論が注目されるようになり、学説の多くは少なくとも収集手続に重大な違法がある証拠について、排除法則が適用されるべきであると主張するようになった。これは多くの下級審判例においても大きな影響を与え、ついに、わが国の最高裁は「事案の真相の究明も、個人の基本的人権の保障を全うしつつ、適正な手続のもとでされなければならないものであり、ことに憲法35条が、憲法33条の場合及び令状による場合を除き、住居の不可侵、捜索及び押収を受けることのない権利を保障し、これを受けて刑訴法が捜索及び押収等につき厳格な規定を設けていること、また、憲法31条が法の適正な手続を保障していること等に鑑みると、証拠の押収等の手続に、憲法35条及びこれを受けた刑訴法218条１項等の所期する令状主義の精神を没却するような重大な違法があり、これを証拠として許容することが、将来における違法な捜査の抑制の見地からして相当でないと認められる場合においては、その証拠能力は否定されるものと解するべきである」と判示し、初めて排除法則の採用を宣言した[86]。ここでは、わが国の刑訴法１条が示される刑訴法の目的である「事案の真相の究明」と「個人の基本的人権の保障」という、二つの要請を調和させる必要性から、一定の場合に違法収集証拠を排除することが求められるとされる[87]。

昭和53年判決において最高裁は、令状主義の精神と抑止効果を考慮した政策的考慮から排除法則を採用したものであり、同法則の根拠を憲法に求めておらず、これを刑事訴訟法上の原則であると位置づける。確かにわが国の憲法は、排除法則に関する明文の規定を有していないが、このことから直ちに排除法則が憲法上の要請に基づくものではないとすることができるのであろうか。現在の合衆国判例における理解は、同法則の目的について、違法捜査抑止を主たるものとしてあげ、排除法則は、第４修正の権利を保障するために司法的に創りだされた政策的手段であるとされるのが一般的である。しかしながら、合衆国において、排除法則を第４修正の一部であるとし、侵害を被った個人の憲法規範に由来する権利であるとする学説も少なくない。適正手続の保障は、わが国の憲法31条においても定められるものであり、例えば憲法35条に大きく違反して得られた証拠を用いて被告人を処罰することは、適正手続の理念に反するものとして理解されるように思われる。わが国の判例における文言を見れば、排除法則の主目的を違法捜査抑止としており、排除法則を訴訟法上の原則とした上でその適用指針として憲法を援用したと解するのが一般的な解釈であるとされる[88]。しかしながら、法執行活動を憲法の制限下におくとの構想を持つ現行憲法が、プライヴァシー保護および、挙動の自由の保障という憲法の構造を形作る基本権について侵害が生じても、何ら特別の対応を要求しないとするのは困難であり、このような考えが、たとえ憲法制定者の意思に反するものであったとしても、憲法が保持する基本的価値や原理により敵った原則や法理を導きださなければならない[89]。排除法則の採用を宣言した最高裁昭和53年判決においても「事案の真相の究明」と「個人の基本的人権の保障」という、二つの要請を調和させ、適正手続の保障が行われなければならないとされているのであるから、第一義的に適正手続の保障に根拠を求め、これを担保するための手段として排除法則を導出したとすることも決して無理な解釈ではないように思われる[90]。

わが国における証拠排除の判断方法について、絶対的排除説、相対的排除説の二つに大別されてきたものとされている[91]。絶対的排除説は、「端的に手続の違法の有無を排除の基準とする」とするものであり、手続違法の内容として、軽微な違法であっても違法の存在が認められれば証拠排除が行われるというものと、違法の重大性を基準とする見解があるが[92]、現在前者の立場をとる論者は見られない。相対的排除説は、適正手続の違反が認められる場合には、絶対的に証拠排除が行なわれるとするが、その他の場合には、違法捜査抑止及び司法の十全性の見地から、比較衡量的判断を行い証拠排除の可否が決せられるとする。以上について具体的には、手続違反の程度・状況・有意性・頻発性、手続違反と証拠獲得との因果性の程度、証拠の重要性、事件の重大性等が考慮され[93]、排除法則適用の有無が判断されるものとされる。絶対的排除説においても、手続違法の認定に際して、違法の重大性を要件とするものであり、その内容は実質的に適正手続の違反を指すように思われ、相対的排除説においても適正手続の違反が認められれば証拠排除が行なわれるのであるから、両者の内容について差異が認められるのは適正手続の違反以外の違法が認められる場合ということになる。この点について、違法の存在が認められた場合において、利害損失判断に基づく比較衡量を是認するか否かという点で、両説には大きな差異が認められることになる。

既述のように最高裁昭和53年判決は、「令状主義の精神を没却するような重大な違法があり、これを証拠として許容することが、将来における違法な捜査の抑制の見地からして相当でないと認められる場合」において、証拠排除が行なわれるとしており、違法の重大性と、排除相当性を排除法則適用の基準としている。最高裁は、「重大な違法」判断について、主に①法規からの逸脱の程度、②令状主義の諸規定を潜脱する警察官の意図の有無、③強制力行使の有無等が判断要因となるとしているが[94]、これらはいずれも警察等捜査機関の活動内容が適正なものであったか否かを中心に、違法の重大性判断が行なわれていることの証左であるように思われる。

以上の考察から明らかになるのは、わが国において刑事捜査・訴追機関の行動に焦点が当てられ証拠排除の可否が判断される傾向にあり、刑事捜査・訴追の対象者である被疑者・被告人の観点はあまり考慮されていないことである。

2　わが国における公正な裁判の実現と証拠判断

⑴　証拠排除による公正な裁判実現の必要性

公正な証拠を基礎とした公正な証明が行われることが公正な裁判実現の前提となることについて、わが国においても承認できるものと思われる[95]。人権条約6条2項において言及される無罪推定原則は、わが国の刑事手続においても重要な刑事手続上の原則として承認されている。しかしながら、わが国における無罪推定原則は、裁判所における証明方法の観点のみが強調されて理解される傾向にある。この点については、被疑者・被告人に対して無罪推定を前提とした権利保障が行われなければならないということが認識されなければならず、特に捜査手続段階における権利保障のより一層の充実が求められる。無罪推定原則からの要請を満たす被疑者・被告人の権利保障に関わる法制度が実際に構築されている場合でも、刑事捜査・訴追機関の行動がこれに違反する行動をとることが想定され、この場合には当該行動を通じて得られた証拠を排除することによって、被疑者・被告人に対する事後的な救済が図られなければならない。

⑵　公正な裁判原則と証拠排除基準

適正手続論と公正な裁判原則の内容的類似性に鑑みて、最高裁判所の示す証拠排除基準につき、「重大な違法性」の解釈に際して公正な裁判原則に関する議論を参照できるように思われる。すなわち適正手続論及び公正な裁判原則は、ともに様々な要素から構成されるが、その違反が認定されるための基準としては相対的基準と絶対的基準に分類される。以上に関して、人権条約上の公正な裁判原則からの要請と同様、わが国においても拷問の禁止及び非人道的取り扱いの禁止に該当する刑事捜査・訴追機関の行動が行われた場合には、これを適正手続及び公正な裁判原則の違反に関する絶対的基準として捉え、当該活動を通じて得られた証拠排除の絶対的理由としなければならないだろう。なぜなら、拷問の禁止については、わが国の憲法38条2項が明確にこれを求めているし、憲法13条における個人の尊重要請とドイツにおける人間の尊厳に関する基本法1条1項との関係を考慮した場合に、憲法13条からも拷問の禁止に関わる要請を肯定することができるように思われる。拷問の禁止及び非人道的取り扱い禁止の要請は、いかなる場合であっても刑事捜査・訴追に関わる利益及び被害者等他の第三者利益等との衡量可能性が認められるべきではなく、これに抵触する刑事捜査・訴追機関の行動がどのような目的で行われるようなものであっても正当化される余地はないと解されるべきであろう。わが国の憲法31条以下の規定はもちろん[96]、刑事訴訟法1条の規定においても被疑者・被告人の権利保障と他の公的利益等との比較衡量的判断が行われる場合が認められることが明言されてはいるが、衡量可能性が認められない絶対的保障の対象となる権利・利益の存在が看過されてはならず、これは近年問題となるテロ行為に代表される重大犯罪の捜査が行われるに際しても同様である。また「違法の重大性」を問題にするということは、違法捜査の抑止よりは、むしろ、手続の公正さの維持ないしは司法の無瑕性という根拠になじむとする指摘がされる[97]。排除法則の適用基準としての違法の重大性判断について、手続の公正性という観点を持ち込むのであれば、捜査機関等の行動の違法性判断に加えて、被疑者等の主体的地位の保障が担保されているか、すなわち被疑者等に刑事手続において最低限認められなければならない権利保障がされたかについて判断されなければならない。

(3)　わが国における証拠判断基準と証拠について争う権利

既述の通り、公正な裁判原則を構成する要素について、コア領域ではなくその周辺領域となる部分については衡量可能性が認められる。しかしながら、衡量可能性が認められる可能性がある場合にも、比例原則の観点から十分な検討が行われなければならない。特に、刑事捜査・訴追機関の用いる手段それ自体の性質はもちろんのこと、そこから獲得される証拠の性質にも着目した議論が行われなければならない。刑事手続上の法律主義からの要請、わが国においては憲法33条及び35条、これを受けて規定された刑事訴訟法の諸規定（刑事訴訟法197条1項、199条、218条等）における強制処分法定主義ならびに令状主義からの要請に合致した証拠判断が行われる必要性がある。わが国の刑事訴訟法197条1項は、「捜査については、その目的を達するため必要な取調をすることができる。但し、強制の処分は、この法律に特別の定のある場合でなければ、これをすることができない」と定めており、強制処分に分類される捜査活動は刑事訴訟法上の個別の根拠条文に依拠し、そこに定められた要件に従って行われなければならない[98]。わが国におけるこれまでの通説的な理解によれば、強制処分性の判断枠組みとして、重要な権利・利益に対する制約の有無を基本として、事案によっては個人の意思の制圧の有無を問題としてきた[99]。以上の判断枠組みにおいて、強制処分性が認められる捜査手法に対して、原則的には法律の規定に基づく統制が行われなければならないはずだが、従来の裁判実務における捜査機関の行動に関する判断はかなり柔軟に行われてきたことが指摘されている。例えば、捜査手法の許容性が問題となった場合、一見法律の要件が欠けるように見える場合においても、裁判所による柔軟な解釈が行われ既存の条文の中に位置づけるという対応がされてきた[100]。以上に関して、過去にも判例による「強制採尿令状」の創出と呼ばれる事態が生じるなど[101]、いわゆる「新しい捜査手法」[102]によって獲得された証拠の許容性をめぐって特に問題となることがある。例えば、先に挙げた強制採尿に関わる問題の他[103]、近年においてはおとり捜査に関する問題[104]、DNA 型鑑定に関わる問題[105]、通信傍受に関する問題[106]、GPS 発信器を用いた位置情報の取得に関する問題等を挙げることができよう[107]。これらの問題から、刑事捜査・訴追機関が用いる新しい捜査方法が許容される要件について、裁判所による解釈に対して過大ともいえる期待ないしは要求がされていることがうかがわれる[108]。被疑者・被告人の権利・利益に対する侵害を伴う刑事捜査・訴追機関の行動が許容される場合があることはわが国の憲法上の規定からも明らかであるが、本来であればまず当該捜査手法と被疑者・被告人の基本権保障との関係について憲法論的議論が十分に尽くされなければならない。具体的には、まず制限の対象となる基本権の確定、明示が必要であり、その後に比例原則に基づき法律によって当該基本権への侵害を伴う具体的処分の統制について規定されなければならない[109]。以上のような経過を経て、当該捜査手法を刑事捜査・訴追機関が用いることができるのかということが検討され、仮にこれが認められるとされた場合に初めてその要件が裁判所によって示されなければならないはずである。また、強制処分法定主義を厳格に解すれば、新しい捜査方法を許容する要件については第一に立法による解決が図られることが当然のように思われるが、わが国においては裁判所における現行法の解釈によってこれを解決しようとする傾向が認められる[110]。

これは、被疑者・被告人に対して手続に影響を与える十分な機会を認めなければならないという観点からも問題があろう。特に証拠の許容性及び価値について争う場合、刑事捜査・訴追機関の行う証拠収集活動が現行法上いかなる要件に基づいて正当化されうるのかということが明確にされていない場合、十分な防御活動を行うことができないことが予想される。被疑者・被告人には、刑事捜査・訴追機関の行動及び当該活動を通じて獲得された証拠の許容性、信用性について争う機会が認められ、手続に対して影響を与える機会が認められなければならない。以上に関して、刑事手続における証明方法は、厳格な証明および自由な証明の二つに大別することができ、「厳格な証明」は、証拠能力のある証拠によりかつ適式な証拠調べの手続を経たものであることが求められ、それ以外の証明は「自由な証明」と呼ばれるのが一般的な理解である。以上の理解に従えば、訴訟法的事実、例えば証拠判断に関する事実の立証についても自由な証明で足りることになるが、当該証拠が訴訟の帰趨を決する決定的なものである場合には、当事者に十分な攻撃防御を尽くさせるべきである。法によって厳格な証明が求められない場合においても、自由な証明で足りるとするのは適当でない場合が存在し、少なくとも被告人が異議を申し立てたものについてはこれをそのまま用いるべきではなく、公判廷で被告人にその内容を検討する機会が与えられなければならない[111]。実際に、弁護側から捜査手続の違法が具体的に主張され、違法収集証拠の排除が申し立てられており、これが当該訴訟にとって重要な証拠である場合には、少なくとも捜査官等の関係者に対する証人尋問を実施するなどして、当事者に攻撃防御を尽くさせる、というのが一般的な実務上の運用であるとされるが[112]、これとは異なる判断がされた裁判例もあり[113]、実務上の運用が必ずしも統一されているとはいえない。

第6節　おわりに

以上見たように、ヨーロッパ人権条約6条における公正な裁判原則は、人権保障上の観点から刑事司法に対して遵守が求められる最低限必要となる要素を示し、これに合致した法規範及び制度等を通じて公正な裁判の実現を図る。しかしながら、仮に公正な裁判原則に合致する法規範及び制度の構築が行われたとしても、これに反する国家的活動が行われる可能性は否定できない。特に、公正な裁判原則に違反する刑事捜査・訴追機関等の国家機関の行動に対してどのような対処が求められるのであろうか。本章において検討したように、公正な裁判実現のためには「公正な証拠による立証」が不可欠となる。公正な証拠とは何かについて考えるに際して、証拠自体に関わる特性については無論のこと証拠収集手段についても十分な検討がされなければならない。確かに手続的公正は、刑事手続における目的そのものではなく、あくまでも刑事手続における目的実現に資するもの、いわば補助的な存在であると考えることもできる。しかしながら、刑事手続上の結果が、しばしば個人の権利及び利益への侵害を伴う刑罰権の執行に結びつくことに鑑みれば、手続的公正の重要性を軽んじることは許されず、むしろ手続的公正を前提とする場合に初めて刑事手続上のあらゆる結果が正当化されるという考えを採ることもできよう。それ故、刑事裁判において刑罰権確定の基礎となる事実の確定に用いられる証拠について、証拠それ自体の性質に公正性が認められなければならないことは勿論、その収集手段についても公正性が認められなければならない。証拠の公正性を担保するためには、被疑者・被告人に対して証拠の公正性について争う十分な機会を認めることが必要であり、これは当事者間の武器対等及び機会対等の観点からも当然である。証拠の公正性が認められる場合に初めて、裁判所の行った事実認定についての公正性を認めることができ、当該事実を起訴とした刑罰権の確定及びその執行についてもこれが公正であるということができる。

注

1　人権条約上の無罪推定原則について、本書第2章第4節参照。

2　ドイツにおいて、証拠禁止（Beweisverbote）という概念が用いられる。これは、証拠採用の禁止（Beweiserhebungsverbot）と証拠評価の禁止（Beweisverwertungsverbot）という二つの概念からなる。大陸法における証拠禁止と、英米法における証拠排除について、基本的に両概念は区別されるものであとされてきた（例えば、渥美東洋『レッスン刑事訴訟法〔中〕』173頁以下参照（中央大学出版部、1986年）。）以上に関して、わが国において証拠能力が肯定される為の条件として証拠禁止に触れないことを挙げられることができ違法収集証拠排除法則は証拠禁止の一類型であるとの説明がされることがある（以上について、例えば、大久保隆志『刑事訴訟法』290頁参照（新世社、2014年））。更にわが国において、証拠禁止と証拠排除概念の差異が縮小し、これを同一視しても差し支えないという主張もされることから（宇藤崇「毒樹の果実」論について（〈特集〉排除法則の課題と展望）」現代刑事法55号43頁（2003年））、本章においてドイツにおける議論を参照する際にも、証拠排除という語を用いて論を進めることにする。

3　*Mavany,* Die Europäische Beweisanordnung und das Prinzip der gegenseitigen Anerkennung, 2012, S.1.

4　*Jahn,* ZStW 127 2015, 580.

5　山口邦夫『帝国崩壊後（1806年）のドイツ刑法学』163頁（尚学社、2009年）。

6　以上に関して、哲学の分野においても同様の指摘がされる。例えばロールズは、手続的正義の実現について、これが不完全なものであることを前提として議論がされなければならないとする。RAWLS, THEORY OF JUSTICE 85（1971）. ロールズの手続的正義に関して、仲正昌樹編著『政治思想の知恵』174頁以下参照〔大澤津〕（法律文化社、2013年）。また、Rawlsの正義論と公正な裁判の関係について、Vgl. *Demko,* ≪ Menschenrecht auf Verteidigung ≫ und Fairness des Strafverfahrens auf nationaler, europäischer und internationaler Ebene, 2014, S.145.

7　*Gless,* JR 2008, 195.

8　*Demko*（Fn. 6）, S.148. 先に示したロールズの理解に拠れば、手続的公正は手続的正義に包含される概念であるとされ、より実務的な意味を持つという。以上に理解に従い、本章においては以下「手続的公正」という語を用いることにする。

9　ある者が刑事手続の対象とされた場合、その段階を問わずに何らかの不利益を被る可能性がある。更に、手続の結果として有罪判決が下された場合には、刑罰的制裁が科せられることが多く、その場合に被る不利益は一般的に大きいものといえる。それ故、特定の者に対して刑罰的制裁を科す場合、それは解明された事実に基づくものである必要があえるといえる。

10　*Gless,* Beweisrechtsgrundsätze einer grenzüberschreitenden Strafvervolgung, 2006, S.319.

11　*Gless*（Fn.10）, S.202.

12　*Kühl,* ZStW 100 1988, 601.

13　ドイツにおいて、人間の尊厳は、憲法の最高価値であることが確認されているが、一方でその内容の不明確性が批判されることがある。ドイツ連邦憲法裁判所は、人間の尊厳保障に反するのは人間を「国家行為の単なる客体とする」ことであると定義する「客体定式（Objektsformel）」を用いて保護領域の画定を行ってきた。ここでは、人間の尊厳とは何かということよりも、人間の尊厳保障に対立・矛盾する行為は何かということが問題とされる。以上に関して、玉蟲由樹『人間の尊厳保障の法理－人間の尊厳条項の規範的意義と動態－』99頁（尚学社、2013年）。

14　*Jahn*（Fn.4）, S.576.

15　*Jahn*（Fn.4）, S.576.

16　人権条約6条の具体的内容については、本稿第2章参照。

17　訴追側に求められる立証の程度についても、国によってそれぞれに異なるが、その最低基準についても公正な裁判原則の要求を満たすものでなければならない。

18　*Germelmann,* Das rechtliche Gehör vor Gericht im europäischen Recht, 2014, S.267.

19　*Gless*（Fn.10）, S.212.

20　*Gless*（Fn.10）, S.201.

21　*Jahn*（Fn.4）, S.567.

22　*Jahn*（Fn.4）, S.577.

23　*Jahn*（Fn.4）, S.577.

24　*Esser,* Auf dem Weg zu einem europäischen Strafverfahren, 2002, S.855.

25　*Jahn*（Fn.4）, S.578.

26　*Gless*（Fn.10）, S.199.

27　*Gless*（Fn.10）, S.202.

28　*Schneider,* Beweisverbote aus dem Fair-Trial-Prinzip des Art. 6 EMRK: Der Nemo-tenetur-Grundsatz im Lichte der EMRK, 2013, S.35.

29　*Schenk v. Schwitzerland*（App 10862/84）（12 July 1988）

30　*Schneider*（Fn.28）, S.35.

31　*Schneider*（Fn.28）, S.36-37.

32　*Mihailov v. Bulgaria*（App 52367/99）（21 July 2005）para 33.

33　*Sisojeva and Others v. Latvia*（App 60654/00）（15 January 2007）para 89.

34　*Khan v. the United Kingdom*（App 35394/97）（12 May 2000）

35　Kahn 判決の検討に際して、笹山文徳「イギリス刑事手続における違法収集証拠排除の根拠論」同志社法学68巻4号191頁以下を参照した（2016年）。

36　以上について、内務省がいくつかの内規を定めていたが、これは捜査機関の行動を制限するものでも後の情報公開を求めるものでもなかった。Vgl. *Schneider*（Fn.29）, S.39.

37　人権条約8条は、国家に対して個人のプライヴァシー領域の保護を求める規定である。刑事手続において、特に私生活及び住居の保護に関わるものが重要となる。以上に関して、例えば身体への侵襲を伴う捜査活動、家宅捜索等が想定されるが、これら刑事捜査・訴追機関の活動が許容される要件について、事前に立法的措置がとられていることが求められる。法的要件について、比例制原則に則ったものでなければならないことはもちろんではあるが、必ずしも明文の規定によるものであることは要求されず、裁判官によって判決等において示されたものでも良いとされる。Vgl. *Meyer-Ladewig/Nettesheim/von Raumer,* Kommentar zur Europäische Menschenrechtskonvention, 4. Aufl. 2017, Art.8 Rn.1-6.

38　*Schneider*（Fn.28）, S.60.

39　しかしながら、個別的権利については他の要素との比較衡量によって、その制限が認められる場合があるものとされている。人権条約6条1項、2項、3項において個別的権利として規定されるものについても、同条1項1文（総体的権利）からも演繹されるものがあるとされるが、これは当該権利の制限を原則認めないとする人権裁判所の立場の表れであろう。

40　*Gaede*, HRRS 2008, 283.

41　*Gaede* , Fairneß als Teilhabe, 2007, S.430f.

42　*Esser*（Fn.24）, S.860ff.

43　*Rzepka,* Zur Fairness im deutschen Strafverfahren, 2000, S.103.
　一方で、汎ヨーロッパ的規範の構築にとって、総合判断論は有効であるとの指摘もある。

44　*Kühne/Nash,* JZ 2000, 996. ; *Schneider*（Fn.30）, S.40.

45　*Gaede,*（Fn.40）, S.284.

46　*Schneider*（Fn.28）, S.49.

47　以上に関して、人権裁判所は、あくまでも人権条約を担保するための司法機関であり、条約締約国における最上級審裁判所の更なる上級審というわけではない。それ故、人権裁判所の判断は、国内手続において証拠の許容性及び信用性を争う機会が被疑者・被告人に認められていたかというものに限定される。先に挙げたSchenk、Kahn判決に加えて、例えばBykov判決においてもこのことがうかがわれる（*Bykov v. Russia*（App 4378/02）（10 March 2009）para.95）。

48 *Heglas v. Czech Republic*（App 5935/02）（1 March 2007）

49 *Allan v. The United Kingdom*（App 48539/99）（5 November 2002）

50 *Bykov v. Russia*（App 4378/02）（10 March 2009）

51 以上の指摘について、*Schneider*（Fn.29）, S.53-55.

52 *Gaede* JR 2008, 501.

53 特に*O' Halloran and Francis v. United Kingdom*（App 15809/02 25624/02）（29 June 2007）について、笹山・前掲註(35)・195頁以下参照。

54 *Gaede*（Fn.52）, S.501.

55 補償の形態については、証拠排除、刑の減軽、金銭による補償等が考えられるが、実現の方式については各国の刑事司法に一定の裁量が認められることになろう。しかしながら、裁量権が認められる範囲について、公正な裁判原則の要請を満たす範囲に限られることになることはいうまでもない。

56 人権裁判所におけるおとり捜査の取り扱いについて、内藤大海「おとり捜査の違法性判断を巡る欧州の動向－欧州人権裁判所の判例理論を参考にして－(1)、(2)」熊本法学131、132巻175-213、131-163頁（2014年）が詳細な検討を行っている。

57 *Schneider*（Fn.28）, S.93.

58 *Schneider*（Fn.28）, S.93.

59 *Jalloh v. Germany*（App 54810/00）（11 July 2006）

60 *Dörr*, JuS 2007, 264, 265

61 *Schuska*, Rechtsfolge des Verstoßen gegen Art. 6 EMRK, 2006, S.61.

62 *Furcht v. Germany*（App 54648/09）（23 October 2014）

63 *Haas v. Germany*（App 73047/01）（17.November 2005）

64 EGMR, NStZ 2007, 103.

65 *Schuska*（Fn.61）, S.135.

66 *Gaede*（Fn.52）, S.501.

67 *Gaede*（Fn.52）, S.501.

68 *Gaede*（Fn.52）, S.494.

69 *Gaede*（Fn.52）, S.495.

70 *Schneider*（Fn.28）, S.51.

71 *Schneider*（Fn.28）, S.49.

72 *Gaede*（Fn.52）, S.502.

73 例えば、わが国の刑事訴訟法1条において、事案の解明に対する要請について言及されている。また、ドイツにおいても刑事訴訟法244条が示すように真実の発見という要素は、刑事手続の目的の一つとして位置づけられている。

74 この様な場合においても、被疑者・被告人に対して、証拠の許容性及び価値について十分に争う機会が認められていることが前提となるが、人権裁判所が公正な裁判原則についての衡量可能性を認める立場をとることに変わりはない。

75　玉蟲・前掲註(13)・159頁以下参照。

76　EGMR, NJW 2001, 2694ff.

77　以上に関して、ドイツ連邦裁判所は、勾留中の被疑者の妻との会話を、一見監視設備が備わっていないように見える接見室において盗聴し、かつこれを証拠として用いたこと捜査機関の行動について、これが公正な裁判を求める権利を侵害するものであると判示した。ただし、その理由について自己負罪拒否権への侵害及びドイツ刑事訴訟法136条ａ違反等が認定されることはなく、総合的判断から人権条約６条違反となるものとされた。具体的には、勾留の状況、妻との秘密交通権の制限がされたこと、事件に関わるものとそうではない私的な会話を区別することが不可能であること等の事情が考慮されたものと考えられる。この様に、条約締約国の国内裁判所において、あらかじめ過去に示された人権裁判所の示す基準について厳格に解釈し、刑事捜査・訴追機関の行動に関する違法判断を行う傾向にあることが認められる。BGH 1 StR 701/08 v.29.4.2009.

78　*Esser,* Mindestanforderungen der EMRK an den Strafprozessualen Beweis in Baustein des europäischen Beweisrechts, 2007, S.44.

79　人権裁判所の判断によれば、国内刑事訴訟法規範における明文による規定がない場合でも、裁判所の判断によって具体的基準が示されていればこれで足りるとされることがある。Vgl. *Meyer-Ladewig/Nettesheim/von Raumer* (Fn.37), Rn. 102ff. 事前に示された基準が被疑者・被告人の防御活動を行う指針及び刑事捜査・訴追機関に対する行動統制指針となる程度には具体化されたものであることが求められるだろう。

80　大谷直人「違法に収集した証拠」松尾浩也＝井上正仁編『刑事訴訟法の争点〔第３版〕』ジュリスト増刊194頁（2002年）。

81　最一小判昭53年９月７日刑集32巻６号1672頁。

82　最高裁において、排除法則の適用が争われたものとして、①最一小判昭53年９月７日刑集32巻６号1672頁、②最二小判昭61年４月25日刑集40巻３号215頁、③最二小決昭63年９月16日刑集42巻７号1051頁、④最三小決平６年９月16日刑集48巻６号420頁、⑤最三小決平７年５月30日刑集49巻５号703頁、⑥最三小決平８年10月29日刑集50巻９号683頁、⑦最二小判平15年２月14日刑集57巻２号121頁、⑧最三小決平21年９月28日刑集63巻７号868頁、がある。この中で、最高裁が排除法則の適用を認めたのは、⑦の事案においてのみである。

83　川出敏裕「いわゆる「毒樹の果実論」の意義と妥当範囲」『松尾浩也先生古稀祝賀論文集下巻』527頁（有斐閣、1998年）。

84　最一小判昭24年12月13日裁判集刑事15巻349頁。

85　加藤克佳「違法収集証拠排除法則」法学教室245号38頁（2001年）。

86　最判昭53年９月７日刑集32巻６号1972頁。

87　柳川重規「判例が採用する違法収集証拠排除法則についての検討」法学新報第113

号700頁（2007年）。

88　加藤・前傾註(85)・39頁。

89　柳川・前傾註(87)・719頁参照。

90　田宮裕『刑事訴訟法〔新版〕』402頁（有斐閣、1996年）。

91　池田修・前田雅英『刑事訴訟法講義〔第3版〕』、438頁、（東京大学出版会、2009年）。

92　例えば、渥美博士によれば、「捜索」、「押収」に当たらない干渉、「憲法上保護された領域」における「他の干渉を受けないとの客観的期待」の侵害に至らず、「権利侵害」が認められない場合等において、規範説の帰結として排除法則が適用されることはないとしている。渥美東洋『全訂刑事訴訟法〔第2版〕』194頁参照（成文堂、2009年）。これは、法執行官の活動の実質的内容及び、そこから生じた違法の性質及び程度等に鑑みて、当該違法に排除法則の適用が求められる程度の重大性が認められるものであったか否かを証拠排除基準とするものであるように思われる。

93　井上正仁『刑事手続における証拠排除』404頁（1985年、弘文堂）。

94　最小1判昭53年9月7日刑集32巻6号1972頁。以上の分類について、柳川・前掲註(87)・708頁参照。

95　　無論、求められる証明方法及び証明の程度については、各国によって差異が認められるが、公正な裁判原則は証拠の公正性及び証明の公正性に関して、被疑者・被告人に最低限の権利保障の実施という要素を、証拠判断についての統一的基準の一つとして示すものである。

96　例えば、逮捕に関する憲法33条の規定、捜索・差押えに関する憲法35条の規定において、人身の自由及びプライヴァシー権が刑事捜査・訴追権と比較衡量的判断のもとに置かれ制限される可能性があることが示されている。

97　井上・前掲註(93)・554頁、川出・前掲註(83)・530頁。

98　後藤昭「法定主義の復活？」法律時報89巻6号4頁（2017年）。

99　緑大輔「監視型捜査における情報取得時の法的規律（小特集　強制・任意・プライヴァシー「監視捜査」をめぐる憲法学と刑訴法学の対話）」法律時報87巻5号、66頁(2015年)。

100　後藤・前掲註(98)・5頁。

101　最一決昭55年10月23日刑集第34巻5号30頁。

102「新しい捜査手法」について、わが国においては、まず当該手法が任意処分に留まるのか強制処分となるのかについて問題とされるだろう。わが国の現状に鑑みて、既存の強制処分に関する具体的規定は、令状主義の重要性にてらして特に設けられた総則・確認規定であるとされ、それ以外の新しいタイプの強制処分については端的に規定がないことになるとの主張がされた（いわゆる「新しい強制処分説」について、田宮・前掲註(90)・72頁以下参照)。しかしながら、わが国における現行刑事訴訟法が施行されてから半世紀以上の年月が経っており、その間の社会情勢及び技術革新等を考慮すれば、必ずしも十分な立法措置がとられているとはいえない部分が認められる。

103　強制採尿を認める刑事訴訟法上の規定が存在しないのであるから、多くの学説はこれを違法としつつ、どの令状を用いればもっとも不都合を少なくできるかを予備的に検討してきたとされる（以上について、渡辺直行「令状主義・強制処分法定主義と捜索・差押・強制採尿に関する若干の考察」修道法学30巻2号94頁参照（2008年））。強制採尿令状による事務上の運用が定着してしまっている現実はあるが、憲法論的議論を基礎とした強制採尿の可否について検討され、立法による解決が図られるのが強制処分法定主義本来の姿であろう。以上のことは、全ての「新しい捜査手法」にとって同様であるといえる。

104　おとり捜査に関する問題点について、例えば、内藤・前掲註(56)「おとり捜査の違法性判断を巡る欧州の動向－欧州人権裁判所の判例理論を参考にして－(1)」・136以下頁参照、渡辺直行「おとり捜査における違法性の本質と「内心の自由」の侵害」野村稔古希『野村稔先生古稀祝賀論文集』603頁、604頁（成文堂、2015年）。

105　わが国におけるDNA型鑑定に関する問題点について、拙稿「刑事手続における強制採血及びDNA型鑑定に関する一考察」広島法学36巻2号107-146頁参照（2012年)、拙稿「監視捜査における情報取得と保存、事後的利用について：DNA型鑑定、DNA型データベースに関するものを中心に（特集「総合的監視」の検討)」犯罪と刑罰27 号111-133頁参照（2018年)。更に、DNAデータベースをめぐる問題点について、玉蟲由樹「警察DNAデータベースの合憲性」日本法学82巻2号433-461頁参照(2016年)。

106　例えば、最1小決平11年12月16日刑集53巻9号1327頁。

107　最大平29年3月15日刑集第71巻3号13頁。

108　以上について、刑事裁判実務経験者からも批判がされる。例えば、香城敏麿『刑事訴訟法の構造』80頁参照（信山社、2005年)。

109　小山剛『基本権の内容形成－立法による憲法価値の実現』113頁以下参照（尚学社、2004年)。

110　いわゆるGPS判決における最高裁判所の判断は、強制処分法定主義の復活を示すものであるとの評価がされることもあるが（後藤・前掲註(98)・6頁)、本判決が新しい捜査手法についての議会による熟議を経た立法を促進するものとなることを期待したい（山田哲史「新技術と捜査活動規制（2・完)」岡山大学法学会雑誌65巻2号193頁、240頁参照（2015年)。)。この他にも、DNA型鑑定の強制処分性と認めるものとして、東京高裁平成28年8月23日高裁刑集69巻1号16頁。本裁判例についての評釈として、久岡康成「刑事犯例研究23」立命館法学第378号359頁以下参照（2018年)。

111　いわゆる適正な証明について、平野龍一『刑事訴訟法概説』153頁参照（東京大学出版会、1968年)。

112　例えば、東京高判平22年1月26日判タ1326号280頁。

113　例えば、東京地判平21年7月16日（LEX/DB文献番号≪25463959≫)。

第6章　わが国の刑事手続における具体的問題に関する若干の検討

第1節　はじめに

これまでの検討を通じて、公正な裁判原則の要請は、わが国においても国際法上の原則としてのみならず、国内憲法規範からもこれを正当化できる可能性があることが明らかとなった。同原則は、被疑者・被告人の人権保障を通じた公正な裁判の実現にとって必要となる最低限基準を示すものであるため、被疑者・被告人にはこれに見合った刑事手続上の取扱いを求める権利があるのと同時に、国家にはこれを保障する義務が課せられることになる。以上に関して、本稿では公正な裁判原則の具体的内容を、ヨーロッパ人権条約6条に関するヨーロッパ人権裁判所の判断及び国際自由権規約14条に関する国際自由権規約人権委員会の見解から検討してきた。公正な裁判原則の示す具体的内容とわが国の刑事手続上の被疑者・被告人の取り扱いをめぐる現状を比較すると、わが国の刑事手続において個人の尊厳を前提とした主体的地位の尊重が必ずしも十分ではない部分があり、とりわけ、被疑者・被告人の権利保障水準について、これを改善する必要性が認められる。わが国において公正な裁判原則からの要請を具体化する際に、まず現行法の発展的解釈を通じて現存する問題を解決する方法が考えられる。しかしながら、現行法の幅を超えて、なお解決しなければならない諸処の問題が存在している場合も想定される。このような問題に対しては立法的措置をもって対処しなければならないということになろう。以下では、特に刑事手続に関する憲法上の規定を根拠とする諸権利について、公正な裁判原則の示す具体的内容を参照しながら、個人の主体性の尊重に深く関わると思われる被疑者・被告人に対する告知権に関する問題、証拠開示に関する問題、証人尋問権に関する問題、弁護人依頼権・接見交通権に関する問題、通訳・翻訳権に関する問題を取り上げ若干の考察を行う。

第2節　刑事手続上の被疑者・被告人に対する権利保障に関する若干の検討
――公正な裁判原則からの要請との比較検討を通じて――

1　被疑者・被告人に対する告知権に関する問題

日本国憲法31条における適正手続の保障は、被疑者・被告人に対して、被疑事実が告知され、それに対して弁解、防御する機会を保障する[1]。更に、自由権規約14条3項(a)において、被疑者・被告人に対して「その罪の性質及び理由を告げられること(to be informed ... of the nature and cause of the charge against him)」が求められるとされており、被疑者・被告人の告知権について規定される。わが国において「告知・聴聞」の機会は、一般的に起訴状およびその伝達を通じて保障される[2]。また近時において、起訴状における公訴事実の記載は、被告人に対して「告知・聴聞」の機会を付与する基本的な手続であるとされており[3]、これは一般的に認められているものとされる[4]。わが国においても従来から、英米法における起訴状には、被告人の防御権を保障する役割が認められることが指摘されており[5]、戦後合衆国憲法から影響を受けて制定されたわが国の現行憲法31条における適正手続保障の内容に鑑み、被疑者・被告人への告知、それに対する弁解、防御する機会を保障することも起訴状の重要な役割であるといえるだろう[6]。

以上見たように、わが国の刑事手続において起訴状は、被疑者・被告人に対して被疑事実告知し、これに対する弁解、防御の機会を与える役割を担うが、公訴提起に際して裁判所に提出される起訴状をもって、被疑者・被告人に適切な防御機会を与えることができるかについてはなお議論を要するであろう。すなわち、わが国において起訴状一本主義が妥当するのであるから、詳細な被疑事実の記載は裁判官に対して予断を抱かせる危険性を孕む。判例は、事実の特定を優先させて詳細な記載を許容する傾向にあるが、極端な場合においては違法であるとされる[7]。詳細な被疑事実の告知は、被疑者・被告人の防御活動、計画のために必要な要素であると思われる一方、公訴提起のために提出される起訴状において詳細な被疑事実の告知が行われることは、被疑者・被告人の防御活動を侵害する可能性が認められるのである。更に逮捕状においても、被疑者・被告人に向けられた被疑事実について明示されなければならないものとされている（刑事訴訟法200条）。逮捕状において、被疑者の特定が行われなければならないことは勿論のこと、被疑事実の記載が行われることが求められており、これは憲法33条の要請であるとされている。更に、犯罪の「明示」が要求されている趣旨からすれば、犯罪事実が具体的に特定されることが必要となろう。しかしながら、被疑者に対して逮捕状が逮捕時に提示されることに鑑みると、被疑事実の内容についてある程度の不明確さは許容されるものとされ、構成要件の特定程度の明示がされていれば足りるとされる[8]。公判開始前、特に捜査手続段階においても、被疑者がその被疑事実を認識することは、その防御活動のために必要なことであると思われるが、逮捕状において詳細な被疑事実が告知されることは事実上困難であり、実務上も嫌疑の根拠となる構成要件事実の明示が行われる程度の記載が行われるにとどまっている。更に被疑者に対する被疑事実の告知は、勾留質問の際にも行われなければならない（刑事訴訟法207条１項、67条）。ここで示される被疑事実の内容も逮捕状におけるものと同様に、そこまで詳細なものとはなり得ないだろう。

以上見たように、起訴状、逮捕状、勾留状において被疑者・被告人に向けられた被疑事実が告知され、ある程度被疑者・被告人の防御活動に資すると考えられる。しかしながら起訴状は、当然のことながら被告人の訴追を目的とするものであるから、そこで示される内容が被告人の防御活動にとって十分なものとなるかについては疑問が残る。また、逮捕、勾留状における被疑事実の告知は、その性質上簡潔なものにならざるを得ないから、これも被疑者の防御活動にとって十分なものとはなり得ない。ヨーロッパ人権条約においても、６条３項ａが被疑者・被告人に対する被疑事実の告知を求めるが、ここで重要とされるのは、起訴状、逮捕状を通じて行われる被疑事実の告知よりも訴追側の防御側に対する証拠開示である。以下、わが国における証拠開示の問題について検討する。

2　証拠開示に関する問題

わが国の現行法において、検察官が収集した証拠は「公判の開廷前には、これを公にしてはならない」されており（刑事訴訟法47条)、被告人、弁護人は、検察官がどのような証拠を収集しているかを事前に知ることができないものとされている。それ故、従来、検察官が請求しようとする証拠について、「あらかじめ、相手方にこれを閲覧する機会を与えなければならない」と規定するのみで、この他には被告人、弁護人が検察官の有する証拠を確認する機会は設けられていなかった（刑事訴訟法299条1項）[9]。確かに、事前に検察が弁護側に対して証拠開示を行えば、証人に証言拒否を働きかける等、何らかの手段を用いて証拠隠滅が図られることも考えられる。罪証隠滅が行われる可能性もあることを考えると、被告人の防御権に配慮しながらバランスを考えながら証拠開示が行われるべきであるという主張にも妥当性が認められるのかもしれない。しかしながら、圧倒的な証拠収集能力を有する検察に対する防御側の取り得る手段が、公訴提起後に提出された証拠を弾劾することしかなかったということは、甚だ問題であったといわざるを得ないだろう。わが国における従来の判例は、刑事訴訟法294条を根拠として、裁判所の証拠開示命令を認めるものであった。学説においても、開示に親しみやすい証拠を類型化し、訴訟指揮権に基づく開示命令によって個別開示義務を認めるものが多数をしめる。これらの見解についても、証拠開示を制度的に認めるというよりは、必要に応じて裁判所が職権によって証拠開示を命ずるという、刑事実務上の運用に関するものであるといえ、被告人の防御権保障に配慮したものであるとはいいがたかった。

2004年、裁判員裁判の導入を契機として証拠開示制度が導入された。従来は、証拠調べ開始後でなければ開示が認められなかったが、新制度においては公判開始前においても開示が認められる場合があり、証拠開示の範囲についても、従来の判例におけるものと比して、鑑定書類、供述調書等が開示の対象となるなど、その対象が拡大された。従来、刑事訴訟法294条を根拠とした裁判所の証拠開示命令によってのみ開示が行われたが、当事者の開示請求権が規定されたことも新制度における特徴であろう。また従来の証拠開示は、裁判所の裁量に基づく運用によって行われるものであり、開示の行われる条件、限界が曖昧であったが、裁判所による開示命令の明文化、当事者の不服申立制度が明文によって規定されるなど、わが国における証拠開示に関する状況は従前と比して一歩前進したといえよう[10]。しかしながら、同制度は改正後の刑事訴訟法316条の14以下、すなわち「公判前整理手続」の一部分として導入されたものであり、公判前整理手続における争点・証拠の整理のために認められたものなのである[11]。同制度における証拠開示は、2016年の法改正によって弁護側に対して証拠標目を記載したリストが開示されることになったとはいえ、事前の全面開示というものではなく、法定の開示条件を満たした場合に開示が義務づけられるという制限的なものであり、開示の必要性の程度、開示による弊害の有無を考慮し証拠開示の可否が判断される[12]。それ故、2004年の立法当時、証拠開示に対する評価はそれほど高いものであるとはいえなかったが、これを契機として証拠開示に関する判例、学説における議論が活発に行われることになる[13]。

以上のように、2004年の法改正によって、わが国の刑事手続においても一定の条件のもとに、被告人、弁護人が検察に対して証拠開示を求めることができるようになり、判例においても証拠開示に関する諸規定の積極的解釈が行われ、当初予想されたよりも広い範囲において証拠開示が認められる運用が行われている[14]。以上のような、裁判所における証拠開示関連規定に関する解釈、運用の姿勢は、弁護実務、学説においておおむね好意的に受け入れられているものではあるが[15]、現行法制度における証拠開示の限界も指摘される。すなわち、現行証拠開示制度は、運用によってその適用範囲が拡大されてはいるが、やはり公判前整理手続を前提とするものであり、「類型証拠」と「主張関連証拠」の解釈次第で証拠開示の範囲は拡がるとはいえ[16]、法解釈上証拠開示の範囲はなお制限的である[17]。更に弁護実務からは現行制度の複雑さが指摘されており、制度の簡易化が求められている[18]。

2004年の法改正によって導入された新制度は、2016年の法改正を経てわが国における証拠開示について新たな一歩を踏み出すものであり、被告人の防御権保障の観点から一定の肯定的評価を与えることができる。しかしながら、現行証拠開示制度は、被疑者・被告人に対する反対尋問権保障の実質化、防御機会の保障にとって未だ不十分な点が多いといわざるを得ない。仮に刑事手続における当事者主義を純化すれば、すべての訴訟活動は各当事者の責任で行われるべきであるとされ、証拠収集活動についても訴追側、防御側それぞれが独自に行うべきであるとされることになる。結果として、各当事者が収集した証拠は、それぞれが自らの訴訟活動についてのみ用いることとなり、証拠開示義務はいずれの当事者に対しても認められないということになる。しかしながら以上のような単純な理解は、当事者間に実質的な武器対等を求める公正な裁判原則の要請からは到底認めることはできず、戦後わが国が多大な影響を受けたアメリカ法に由来する適正手続論からの要請とも一致しない[19]。裁判所は、当事者のする主張を認識、考慮しかつこれを公正に審査する義務を負う。その前提として、訴訟当事者には公判における全ての証拠について主張し争う権利が認められなければならないのであり、これを実質的に担保するために、例えば、人権裁判所は訴追側に対して全面的な証拠開示を求めている。これに対して、わが国の現行法における証拠開示は、その必要性が認められるときに「認められる」ものであり、人権条約6条が訴追側に対する全面的な証拠開示を原則として求めるものとはその性質を異にする。

わが国において全面証拠開示が実現されない原因として、以下のような理解を前提として証拠開示制度が構築されたという事情が影響している。わが国において検察官が犯罪事実について合理的疑いを超えて証明しなければならないという挙証責任が課せられており、被告人・弁護人はこれに対して合理的疑いを生じさせる防御活動を行うという当事者主義訴訟を遂行するために現行証拠開示制度は設計されている。以上を前提として、検察官の主張を裏付ける証拠と、それに疑義を示すものは開示され、証拠開示を受けされた被告人が自らに有利な主張を行う場合には、具体性に応じてこれに関連する証拠も開示されることになる。証人威迫、証拠隠滅等の事態を生じさせないこと、証拠開示と証拠の整理とを有機的に連動させ、虚偽供述を含めた無限定な主張、無関係な資料が混入することによる防御準備の長期化、争点が拡散及び混濁することを防ぐために、この様な制度が設けられる必要があると考えられた[20]。

しかしながら、全面証拠開示は、手続の迅速化、効率化にとって有効な手段であり[21]、検察官の主張・立証について「合理的疑い」を生じさせる防御活動のために、「全ての証拠」のチェック・検討が必要であるという論理もあり得るという反論がされる[22]。検察官の客観義務が認められるドイツにおいて、被告人と検察官との間に「知識の平等」が生まれるため被疑者・被告人と事件に関連する捜査の経過・記録が記録化を通じた手続の公開が行われており、被疑者・被告人の主体性の保障及び意見表明権が保障されている。ここに検察官の選択権は認められていない[23]。ただし、職権主義的訴訟構造を理由とする捜査の密航性保持の必要性を根拠として、事件のみに関連する捜査経過の記録については一定の選択権が検察官には認められている。検察官の当事者性を強調しその客観義務を否定する場合においても[24]、公判における被告人の防御活動に捜査活動全般の詳細が重要となることに鑑みると、公訴提起の対象たる「事件」に対する捜査手続の経過や結果に関する記録、そして証拠が開示することは理論上可能であるとされる[25]。先述したとおり、人権裁判所においても証拠非開示の例外が認められることはあるが、あくまでも全面証拠開示が原則である。わが国においても証拠非開示はあくまでも限定的な場面における例外とされなければならないように思われるが[26]、現状では全面証拠開示の実現は困難であり裁判実務における証拠開示制度の積極的運用に期待するしかないとする意見もある[27]。

上述したように、わが国において採用されているとされる当事者主義訴訟構造[28]を理由として全面的な証拠開示制度が導入され得ないと説明されるが、その一方で当事者主義というフレーズに込められることの多かった被告人の主体性保障、公正な裁判の実現のため、一極的な証拠収集の経過や結果を全て開示する制度の必要性が主張されている[29]。公正な裁判原則は、少なくとも公判段階における全面的な証拠開示を要請しているが、人権条約6条、自由権規約14条の内容的親和性、わが国の憲法上の規定、特に13条、31条、32条、37条等を根拠として、被告人には証拠開示請求権が認められ得る[30]。更に、訴訟構造の問題と証拠開示とを切り離して考えた場合にも、憲法上のアクセス権等を通じて、証拠開示請求権を演繹しうるとの主張がされている[31]。訴訟構造の如何に関わらず、被告人の主体性の尊重を前提とした公正な裁判の実現という観点から、証拠開示の是非が議論されるべきである。

更に、公判段階における証拠開示に加え、捜査手続段階、特に何らかの強制処分が行われる場合に、当該処分の根拠資料の開示が被疑者の防御権保障にとって重要であるとの指摘がされる[32]。わが国の現行法は、強制処分の可否に関する裁判所の判断資料を被疑者・被告人が閲覧する機会を認めていない[33]。しかしながら、わが国の憲法32条が裁判を受ける権利について定めており、これを受けた憲法34条後段の規定が「何人も、正当な理由がなければ、拘禁されず、要求があれば、その理由は、直ちに本人及びその弁護人の出席する公開の法廷で示されなければならない」と定めていることから、人権条約及びドイツ法が求める以上に、身体を拘束されたものに対する権利保障を求めていると考えることができることから、少なくともわが国の刑事訴訟法上の勾留理由開示、保釈請求手続、準抗告手続において防御側に全ての証拠資料が示される必要があること、これを怠った場合には当該身体拘束を取り消すことができるという解釈の可能性が示されている[34]。この様な見解に対しては、捜査の必要性、捜査目的の達成等の観点から反論が予想されるが[35]、捜査手続の結果が公判手続における被告人の防御活動に与える影響の大きさを考えると、身体拘束に関わるものを含めた強制処分全般について、被疑者に対しその判断資料に触れる機会を認めることが望ましいように思われる。

3　証人尋問権の保障に関する問題

証拠採用決定がなされた場合において、証拠調べの手続が行われる。人的証拠がその対象となる場合には、尋問が行われることになる。現行法の規定によれば、裁判長又は陪席の裁判官がまず尋問を行い（刑事訴訟法304条1項）、その後に当事者が続く（刑事訴訟法304条2項）。わが国は刑事手続において当事者主義構造を採用するとされることから、証拠請求した当事者がまず主尋問を行い、その後反対尋問が行われることになるといういわゆる「交互尋問」による運用が行われる（刑事訴訟法304条3項）。主尋問が終了した後、相手方は主尋問において現れた事項および関連する事項、証人の供述の証明力を争う事項について反対尋問を行うことができる（刑事訴訟法規則199条の4第1項）。反対尋問に引き続き、再主尋問を行うことは認められるが（刑事訴訟法規則199条の2第1項）、再反対尋問については裁判長の許可を受けなければならない。被告人は、訴追側である検察の請求した証人に対して、反対尋問という方法を通じて尋問権が認められるが、被告人の証人尋問権の保障について、わが国の現行法は独立の規定を有するものではない。

以上のように、被告人に対しては、自らの不利となる証言を行う証人等に対して、反対尋問をすることが認められるのではあるが、常にその機会が保障されているわけではない。憲法37条2項の保障する証人尋問権の観点からすれば、原供述者に対する反対尋問が不可能であるという点で供述書と伝聞証言とは同格に扱われるものであり、供述書の証拠能力を判断する場合においても反対尋問権の保障が行われなければならない[36]。これは、憲法37条2項にいうすべての証人を実質的に捉え、およそ供述証拠を提供する者一般をその対象とすると解する立場を前提としている。以上の理解に従えば、刑事訴訟法320条の規定は反対尋問権の保障を前提としていると理解されることになり、当該権利の保障が行われなかった場合には、原則（公判廷での供述すらも）として証拠能力が否定されることになる。しかしながら、判例は、憲法が保障するのは法廷に出廷した証人に対して反対尋問権を保障するだけであるから、証人たり得るもの全てに対して尋問権を保障するものではないとする[37]。以上のような判例の理解に対しては批判が向けられる。すなわち、伝聞法則の内容を証人尋問権の保障との関係で、その合憲性を検討するという作業は重要な課題であるとの指摘が従来からされており[38]、憲法37条2項における証人尋問権の保障について、当然に供述証拠を提供する者一般が証人とされ、その証人に対する反対尋問権をも含むものと解されるのであり、原供述者に対する反対尋問権を行使し得ない伝聞証拠に対して証拠能力を認めることはできないという主張がされる。この見解は、伝聞禁止の原則が憲法に由来する原則であるという前提に立つ[39]。

とはいえ、反対尋問を通じて直接その真偽を確かめることができないことのみを理由として、これらの証言を直ちに伝聞とするのは相当ではないとする主張[40]にも妥当性が認められるのかもしれない。実際にわが国において、「信用性の情況的保障」と「必要性」が認められる場合には、伝聞法則の例外を認めることができるとされている[41]。ただ現行法規定に則って伝聞例外を認める場合でも、公判廷での被告人側からの反対尋問がなされなくても、それがなされたと同じように真実性が保障されている情況がなければならないし、当該証人の「喚問不能」ないしは「困難」である場合に限定されるべきであろう[42]。

わが国の刑事訴訟法321条から328条は、伝聞例外について規定しており、321条は、６種類の書面について、この他にも322条は被告人の供述書面について、323条は特信文書、326条は同意文書について、327条は同意書面、328条は弾劾証拠について規定する等、広い範囲で伝聞法則の例外が認められている。以上諸規定において、伝聞例外が認められるための要件にはそれぞれ差異が見られるが、先述した「信用性の情況的保障」と「必要性」が必要であるという観点から、「必要性」に加えて「特信情況」の存在が求められる場合がある。

刑事訴訟法321条の規定は、６種類の書面について伝聞例外が認められることがある旨規定しており、例えば、本条１項の規定は被告人以外の供述代用書面の伝聞例外について言及する。刑事訴訟法321条１項１号は、裁判官の面前における供述録取書について定めており（裁面調書）、供述不能（321条１項１号前段）、異なった供述の存在（321条１項１号後段）が伝聞例外要件であるとされる。いわゆる裁面調書の許容性について、裁判官が性質上公平な第三者の立場であること等を理由として[43]、公判供述が裁面調書上の供述と異なる場合に「いずれの供述も証拠能力を有し、そのいずれを採用するかは裁判官の自由心証にまかされる」[44]という解釈がされるなど、後述する刑事訴訟法321条1項2号書面及び同3号書面に比して問題とされることが少ないように思われる。しかしながら、証人尋問権の本質を証人の証言に対して直接異議を申し立て尋問する権利であると解した場合、本号後段の場合でも基本的には反対尋問の機会が認められるべきであるし[45]、その例外を認める場合にも被告人にとって不当に不利な結果とならないよう、当該証言の証拠評価上の配慮が行われるなど、最大限の配慮が求められよう。上述した裁面調書とは違い、検察官の面前における供述録取書、いわゆる検面調書（刑事訴訟法321条1項2号）に関する伝聞例外要件は、実務的にも理論的にも最も多く議論の対象にされている[46]。以下では、特に検面調書の伝聞例外要件について検討を進める。

本号前段は、供述不能の場合に伝聞例外が認められる旨規定するが状況的信用性の保障が要求されないので、これが憲法違反となる疑いがあるとの指摘がされる[47]。検察官は、被告人にとっては相手方当事者であり、かつ検察官に対する証言には宣誓による担保もない。それ故、公益の代表者である検察官という側面のみを強調して、検察官に対して公判外になされた証言をそのまま証拠として採用することには疑問が残る。それ故、条文上に根拠規定はないが、特信情況の存在がある場合に限ってかろうじて合憲性が認められる[48]、とするのがぎりぎりの解釈であろう。以上に関して、とりわけ当該証言が被告人の有罪判決に大きな影響を与える場合には、信用性の情況的保障はもちろんのこと、当該証言の証拠評価上の配慮、当該証言を採用した場合でも被告人に十分な防御機会の保障が行われているかという観点から、最大限可能な範囲で裁判所による慎重な審査が行われなければならない。相手方当事者の主張を根拠付ける証言に対して、反対尋問の機会が認められないのであれば、上記のような手続上の配慮が求められるのは当然のことといえよう。

更に、刑事訴訟法321条1項2号後段は、検面調書上の証言と公判上の証言が「相反するか若しくは実質的に異なった」ものであり（自己矛盾供述の存在)[49]、前者の証言を後者のそれと比して信用することができる事情がある場合に（相対的特信情況の存在)、伝聞例外が認められることがある旨規定している。

自己矛盾供述について、判例を見ると、「相被告人の供述調書は、公判廷における夫々の供述と大綱においては一致しているが、供述調書の方が詳細であって、全く実質的に異ならないものとはいえないのであるから、同321条1項2号の要件をも満たしているということができる」[50]、として検面調書上の証言と比して公判上の証言が簡易な場合に、自己矛盾性を認めるという判断を下している。本号の規定は、伝聞証拠を用いる必要性を示す要件であるといえるが、上記判例のような解釈を肯定してしまうと証人尋問を簡単に打ち切り、その供述の不足を検面調書によって補うことを認めることになり[51]、被告人の証人尋問権に対する制限を不当に認めることになる。しかしながら、一方で伝聞証拠を許容するための必要性判断に際して、公判上の証言による場合と、検面調書上の証言による場合とで異なった結論が導かれるか否かが重要であるとされ、他の証拠との関係如何では、簡易な公判上の証言と詳細な検面調書上の証言の差異が異なった結論を導くことがあるとも指摘される[52]。とはいえ、いずれにせよ異なった結論を導くほどに重要な伝聞証言を採用する際には、被告人の防御権保障上不当とならないような証拠法上の取扱いが必要となるのであって、検面調書を公判上の証言に優先して採用し、被告人不利となる判断をすることの可否は慎重に判断されるべきであろう。結局のところ、相反性判断に際して、公判期日等における証言を総合的に考察することが必要となる[53]。この点について、わが国において実務上、主尋問において前の証言と実質的に異なった証言をした場合はもちろん、反対尋問においてはじめて前の証言と異なった証言をした場合にも相反性を肯定し、検面調書の証拠能力を認めている[54]。以上のように、わが国の実務は、幅広い範囲で相反性の存在を認め、検面調書の証拠能力を肯定する傾向にあるが、反対尋問権を含む証人尋問権の保障は、被告人に対して認められる憲法上の権利であることを考えると、反対尋問を経た証言と比して検面調書上の証言を優先することが肯定される場面は現在実務上行われている運用よりも限定されるべきであろう。そもそも、被告人がする反対尋問の主旨は、自らに向けられた証言に対して異議を呈し当該証人に対して直接尋問することを通じて訴追側の主張を基礎付ける証拠について争うことであり、現行法規定が訴追側有利で幅広く伝聞例外を認めることには当事者間の機会対等の観点からも問題があるように思われる。

刑事訴訟法321条1項2号後段の規定は、自己矛盾供述の存在以外に、「特信情況」の存在を検面調書の証拠能力が肯定されるための条件とする。ここでいう「特信情況」は、条文上「但し、公判準備又は公判期日における供述よりも前の供述を信用すべき特別の情況の存するときに限る」とされ、検面調書上の証言と公判上の証言とを比較すると読めることから、相対的特信情況であるといわれる[55]。実際に、検面調書上の証言が公判上の証言と比して相対的に信用できるとされ、検面調書の証拠能力が肯定された裁判例が散見される。その中には信用性に関わる外部的付随事情の存在無しに当該書面の証拠能力を肯定したものもある[56]。これは検面調書上の証言の内容自体を信用性判断の根拠とするものであるが、反対尋問を経て公判上の証言の信用性が低下した場合に、検面調書上のより信用できるとされた証言を採用して被告人に不利な結論を導くことが認められると、被告人に対して証言の信用性を争う機会を認めるという反対尋問権保障本来の主旨を歪めてしまうことになるまいか。裁判所の判断に際して、伝聞証言を用いてはならないという原則に照らせば、公判廷における証言に代えて書面を採用する場合には、それは被告人の防御権保障の観点から証拠評価上格別の配慮が求められるべきであり、当該書面を採用するコストは本来訴追側に課せられるべきである。それ故、検面調書をやむを得ず採用する場合にも、その判断は調書上の証言内容に基づいたものではなく、当該調書が公判上の証言と比して信用できることを示す何らかの独立した外部的事情の存在が求められることになり、訴追側に当該資料を示す義務が課せられるべきである。

更に、刑事訴訟法321条1項3号は、上記裁面調書と検面調書以外の書面についての伝聞例外規定について定めており、ここで特に重要となるのはいわゆる司法警察職員面前調書（員面調書）であろう。本条における伝聞例外要件として、供述不能の要件、不可欠性の要件、絶対的特信情況の存在の要件が併存することが求められる。員面調書は、先述の検面調書と比して証拠能力取得の条件が厳しく制限されているため、被告人がこれに同意しない限り、証人が公判廷で証言を行った場合にこれに代えて調書上の証言を採用することは困難であるとされる[57]。とはいえ、仮に員面証書を採用せざるを得ない場合には、同書の性質上、先に述べた検面調書と同等かそれ以上の補償的措置が被告人の防御権保障上求められることになるだろう。

以上、被告人の証人尋問権保障について、特に公判における反対尋問の機会を認める必要性の観点から若干の考察を加えた。証人尋問権の本質を、被告人に対して証人、特に自らに不利となる証言を行う証人と直接対峙する機会を認めることであると解する場合、わが国の刑事訴訟法の諸規定のうち、伝聞例外規定の他にも検討を要するものがある。現行法制度において、刑事訴訟法227条1項は、検察側が捜査段階において任意の供述をした者に対して公判期日前に証人尋問を行うことができる旨定める。ここでいう証人尋問に際して、被疑者・被告人、弁護人が立ち会うことができるかは裁判官の裁量に委ねられており（刑事訴訟法228条2項）、ここでも証人尋問権の保障を定める憲法37条2項との関係において問題が生じる可能性がある。刑事訴訟法227条における公判期日前証人尋問が実施される際に、被疑者・被告人または弁護人の立ち会いがなく、反対尋問の機会がないままになされた証人尋問について、憲法37条2項の要請が満たされているといえるのだろうか。公判期日前における検察官が行う証人尋問に際して、「弁護人を立ち会わせた方が、供述内容の一貫性担保の観点からも公判供述の有効な弾劾の観点からもより効果的であるということができる」とする意見もあるが[58]、当該証人尋問に際して、被疑者・被告人の防御権保障が行われているかという観点から検討が行われなければならない[59]。刑事訴訟法227条1項の立法趣旨は、主として捜査の必要上刑事訴訟法321条1項1号書面としての利用を見越して検察官が公判期日前に証人尋問を行うことであるとされる[60]。それ故、被告人が不同意とした場合においても、刑事訴訟法321条1項1号書面は、防御側からの反対尋問を経ることなく公判において裁判員の前で朗読され、その心証形成に大きな影響を与えうる[61]。平成16年の刑事訴訟法一部改正によって、227条１項から「圧迫を受け」という文言が削除され、これが検察官の立証負担の軽減に資するとされるが、証人尋問権保障との関係においては大きな疑問があり、これは適正手続違反、裁判の公正性に反するとの指摘がされる[62]。

憲法37条２項は、刑事被告人に「すべての証人に対して審問する機会」を保障しており、反対尋問権は憲法上の証人尋問権に由来するから、「少なくとも、当事者間に争いのある事実については、適法な証拠調を経た証拠によってその認定をせねばならぬと考えられるのである」[63]。反対尋問権は、当事者による真実発見の担保制度であり、コモンロー由来の真実発見のための技術的ルールであるのに対して、証人尋問権は、反対尋問権をも包摂したものであり、被告人の基本権に由来した権利の一つであると理解されるべきである[64]。わが国における被告人の証人尋問権の保障について、既述のとおり伝聞法則との関係において議論されているものではあるが、同権利は、被告人に認められる法的聴聞権に基づいた被疑事実に関する証人等によって行われる証言について「争う権利」であると理解されるべきである。わが国における刑事手続が当事者主義訴訟であることを強調するのであれば、当事者間の武器対等、機会対等の実現が必要となり、これは両当事者が保有する情報（証拠）についても同様のことがいえよう。特に検察側請求証人に対する効果的な尋問を行うためには、検察官の保有する証拠についての十分な情報を得ることが必要となる。被告人の公正な裁判を求める権利の保障にとって、わが国においても、検察官手持ち証拠の開示範囲のさらなる拡大、将来的には全面的な証拠開示の実現が叶うことが理想であるといえよう。

4　弁護人依頼権、接見交通権に関する問題

わが国の憲法37条３項は、「刑事被告人」[65]に対する弁護人依頼権を保障する。本条の規定は、刑事被告人が弁護人を依頼するための資力に欠ける場合、国がこの費用について負担しなければならない旨定め、これは国選弁護制度を保障すると理解されている。刑事訴訟法36条は、被告人が貧困その他

の事由により弁護人を選任することができない場合に、裁判所に弁護人選任義務を課すものであり、憲法37条３項の要請を具体化するものとして理解される。本条の規定は、国選弁護人の選任について、「被告人の請求」をその手続的要件として求めるが、通常、本条の規定が対象とする被告人が、自らの法的地位及び訴訟法上の権利について十分な知識を有しているとはいえないのであって、自らが積極的に本条に基づく弁護人依頼権を放棄するような事情がない場合には、本条にいう「被告人の請求」がなされたと解すべきであろう。また、被告人の防御活動が有効に行える時間的余裕が認められるよう、弁護人が選任されることも肝要である。更に選任された弁護人が、被告人の防御活動にとって不十分である場合には、当該弁護人を解任し、代わりの弁護人を請求できるようにしなければならないだろう。

また、わが国において、一定の条件を満たした場合、被疑者に対して無償での弁護人請求権が認められている（刑事訴訟法37条の２）。しかしながら同制度の対象は勾留状が発せられている場合に限られており、被疑者が、被逮捕者として身柄を拘束されている場合においては、国選弁護制度の対象とはならない。しかしながら、被疑者が逮捕され、未だ勾留状が発せられていない場合にも、その身柄が捜査機関によって拘束されている場合には、国選による弁護人依頼権が認められるべきであろう[66]。ここでは、捜査機関等による身体の拘束が与える被疑者の防御活動に与える影響が考慮されなければならない。とりわけ多くの否認事件において逮捕時の身体拘束の際に弁護人以外の者との接見制限ないし接見禁止措置がとられることに鑑みれば当然の結論である。身柄拘束時に弁護人による援助なくして、自らに認められる訴訟法上の権利を有効に行使することは、一部の法律的知識を有する者にとっても容易なことではないし、ましてや普段刑事司法と直接の関わりを持たない一般市民には不可能である。現実的問題として、被疑者国選弁護制度の為の弁護人の確保が困難であるという実情があるが、被疑者が捜査段階において身柄が拘束される場合において、原則無償の弁護人請求権が認められることが望ましい。捜査段階においてなされた自白の真実性の問題が顕在化している昨今において、取り調べの可視化等と併せて[67]、捜査段階において全ての身柄を拘束されている被疑者が弁護人による援助を何らかの形で得ることが叶えば、冤罪防止に資することは疑いない。立法的解決が望まれる。

また、被疑者の国選弁護制度について、それが憲法上の要請であるかについて議論がある。憲法34条、37条３項の規定は、被疑者国選弁護制度を憲法の要請とする説もあるが[68]、判例は、憲法37条の規定にいう「刑事被告人」は「公訴提起後の被告人に関する規定であって、これが公訴提起前の被疑者についても適用されるものと解する余地はない」[69]とする。これに反して、先に検討したヨーロッパ人権条約６条の規定においても、その対象は被告人に限定されるとの解釈も可能であるが[70]、本条の解釈は機能的かつ合目的に行なわれなければならないとされ、公訴提起前の被疑者も公正な裁判原則を根拠とした権利保障の対象となる。

憲法37条１項にいう「公平な裁判所」の解釈について判例は、「構成其他において偏頗の惧なき裁判所」[71]であると解しており、その為には「当事者の一方に不当に利益または不利益となる裁判をするおそれのない裁判所」[72]が実現されなければならない。既述のように、ヨーロッパ人権条約６条３項の規定は、被疑者・被告人に対して最低限認められる権利について規定し、６条１項の定める法律によって設置された公平な裁判所によって行なわれる公正に聴聞される権利及び、６条２項において規定される無罪推定原則との相互関係性を考慮した上で、判断者たる裁判所の公平をその前提としつつ、手続当事者である被疑者・被告人の権利保障を通じて、手続全体の公正性の担保を目的とする。国際自由権規約14条も、ヨーロッパ人権条約６条とほぼ同一の構成によって公正な裁判原則について規定するものであり、本条にいう公正な裁判を求める権利についても、人権条約におけるのと同様に、手続全体の公正性担保のため、判断者である裁判所の公正性を前提とした上で、公判開始前、とくに捜査手続における被疑者の権利保障を通じた公正性の担保をも要求すると解される。憲法37条１項が定める公平な裁判所の解釈について、一般的に、本条における「公平な」という文言は、「裁判」ではなく「裁判所」にかかるものとされ、公平な裁判は、公平な裁判所によって間接的に保障されるものとされる[73]。以上の理解に従えば、憲法37条は、もっぱら裁判所の構成及び、訴訟手続のあり方に関する公平性の保障について定めたものであり、個々の裁判の実質的内容についてまでをその対象とするものではないと理解されることになる。しかしながら、憲法37条１項の解釈について、憲法13条からの要請である個人の尊厳の観点を考慮した場合、同条が個別の裁判をその対象としないという解釈には疑問がある。更に、捜査手続から公判手続へと続く刑事手続に関する一連の流れを考えた場合、公判手続に加えて捜査手続をも憲法37条１項の対象として捉え、被疑者・被告人には公正な裁判を受ける権利が認められると考えるべきである。憲法13条が求める刑事手続における個人（被疑者・被告人）を尊厳主体として取り扱うという観点からも、捜査段階における被疑者の法的地位の保障が必要となり、その為には弁護人の援助が不可欠となる。憲法37条３項にいう「刑事被告人」に被疑者を含む解釈を行う余地がないとする判例の解釈は問題であり、被疑者に対しても捜査段階における弁護人による援助を受ける権利が認められなければならない。

刑事訴訟法39条１項は、接見交通権について規定し、被疑者には、基本的にいつでも弁護人と接見交通することが認められる。接見交通権の保障は、弁護人依頼権の実質的保障のために不可欠の要素であると考えられ[74]、これは憲法34条の規定に由来する[75]。従来の国家賠償訴訟においては、接見交通権は弁護人の固有権とされたが、弁護人はあくまでも手続における主体たる被疑者の援助者なのであって、弁護人自身が手続の主体というわけではない。故に接見交通権には、刑事手続において被疑者自身にも帰属する権利としての性格が認められるべきであろう[76]。

捜査段階における被疑者への接見交通権の保障は、自己負罪拒否権の実質的保障という観点からも重要である。一般に被疑者が自らに認められる権利について熟知しているわけではなく、黙秘権告知が法によって義務付けられているとはいえ（刑事訴訟法198条２項）、被疑者が警察署等において身柄を拘束されている場合、弁護人との十分な接見の機会が与えられることなしには公判の開始を見据えた後の効果的な防御活動を行うことは難しい。無罪推定原則は、刑事手続における鉄則とされ[77]、国際自由権規約14条２項においても同様の要請がなされるが、現実問題として、捜査段階における自白が、公判において重視され有罪判決の基礎とされる可能性があることから、捜査段階における被疑者にとって、弁護人との十分な接見の機会が認められることは極めて重要である。捜査段階において、被疑者に十分な弁護人との接見が認められていない場合において、仮にそのような状況で自らの犯行について認める旨の供述がなされていたとしても、そのような自白の任意性、適法性には疑いが残り[78]、その証拠能力が否定される場合も想定できる[79]。公正な裁判の実現は、公判における被告人の防御権保障のみならず、捜査段階における被疑者の防御権保障なくして実現することはできない。

接見交通権の問題は、取り調べ受忍義務をめぐる弾劾的捜査観と糾問的捜査観との争いに密接に関わる問題であり、判例は、刑事訴訟法39条３項は、捜査の接見交通権の制限についてこれを許容する場合がある旨明示し、「捜査のために必要があるとき」には、被疑者に認められる接見交通権を制限することができるとした。確かに憲法は、刑罰権の発動ないし刑罰権発動のための捜査権の行使が、国家の権能であることを当然の前提としているのであるから、被疑者と弁護人等との接見交通権が憲法の保障に由来するからといって、これが刑罰権ないし捜査権に絶対的に優越しているとまではいえず、捜査権と、接見交通権の調整を図ることが必要となる。しかしながら、被疑者・被告人は、捜査権行使の単なる客体として扱われてはならず、その主体的地位が尊重されなければならない。被疑者の主体的地位の実質的保障のためには、弁護人の援助は不可欠であり、接見制限が行なわれる頻度については、最低限必要な程度に限られるべきである。刑事訴訟法39条３項が定める接見制限の要件について、平成11年大法廷決定[80]によって一応の決着がついたものとされ[81]、本条がいう「捜査のために必要があるとき」とは、「現に被疑者を取調べ中である場合」、「間近い時に取り調べを行うことが確実である場合」であり、かつ接見を認めることで「捜査に顕著な支障が生じる場合」であることが示され、接見制限交通権の保障が原則であり、接見指定権は例外的にやむを得ない限度で行使されるものであるとされた[82]。

学説においては、以前より「捜査のための必要があるとき」とは、現に被疑者を取調べ中とか実況見分や検証等に立ち会わせるなどして、現に身柄を利用している場合であり、物理的に接見が不能ないしは困難である場合であるとし、接見交通権の制限についてこれを限定的に解釈するものが通説的見解であるとされてきた（限定説）[83]。しかしながら、先にも述べたように、身柄拘束中の被疑者にとって、有効な防御活動を行うためには、弁護人の援助が不可欠なのであり、特にその必要性は初回取調の際に強調される。接見指定が行われる場合であっても、被疑者の防御権保障の観点から、少なくとも捜査機関における最初の取調べが行われる前には、被疑者に対して弁護人との接見の機会が認められるべきであろう[84]。更に、接見交通権の制限について、現に被疑者が取調べ中であるとか、実況見分中であるような場合であっても、特にその必要性が認められる場合には、被疑者と弁護人の接見交通が認められなければならないし、防御権に配慮するという観点からは被疑者を伴う捜査自体への弁護人の立ち会いが必要となる場面も想定できよう[85]。この様な主張に対しては、捜査の実行を困難にする、捜査権に対する過度な制限であるなどの批判が予想されるが、そもそもわが国における逮捕、起訴前勾留が容易に認められている現状を考慮すれば、身体拘束中の接見交通を幅広く認めたとしても、未だに刑事手続全体を通じての捜査・訴追側の有利は変わらないのではないか。現行法下において、起訴前段階での捜査・訴追側のする被疑者への取調べが禁止ないしは制限されないのであれば、せめて弁護人との接見を基本的に制限しないとの運用が行われないことには、刑事手続における当事者主義を標榜してみたところで絵に描いた餅である。

わが国の憲法は、弁護人依頼権を憲法上の権利であると規定しており、その実質的保障のために接見交通権の保障が必要となる。しかしながら、刑事訴訟法39条３項の文言を見れば、この原則、例外関係が逆転しているようにも見え、実務上の運用においても接見交通権に対する制限が幅広く認められている。前記、最高裁の示した判断においても、接見交通権の保障が原則であるとしながら、事実上捜査権の行使がこれに優越するという運用が認められている。弁護人依頼権及び接見交通権の保障が原則、その制限は例外であるという言質に即した実務上の運用が求められる。

5　通訳権・翻訳権に関する問題

被疑者が日本語を理解しない又は、十分に理解しない外国人の場合に、検察官、検察事務官又は司法警察職員は通訳・翻訳の嘱託をなすことができるとされる（刑事訴訟法223条1項）。外国人にとって、捜査段階及び公判において、自らに認められる権利について把握し防御活動を行うに際して、通訳人の援助は不可欠である。しかしながら刑事訴訟法223条1項の規定における通訳人の請求権者は捜査官に限られているのであって、被疑者本人の通訳人を請求する権利について何らの定めはない。先に述べたように、ヨーロッパ人権条約6条eは、全ての被疑者・被告人に対して無償（その資力の有無に関わらず）の通訳権を認めるものであり、国際自由権規約14条3項fも同様に規定する。これは、ヨーロッパ人権条約6条3項c、国際自由権規約14条3項dの弁護人依頼権に関する規定が、被疑者・被告人の資力の有無を無償の弁護人依頼権を認めるか否かについての判断基準としているのとは異なる。これは、公正な裁判の実現をするために、捜査機関及び裁判所等において使用される言語の理解は極めて重要な要素なのであって、被疑者・被告人が外国人であり、かつ当該手続において使用される言語の理解が不十分ある場合においては、通訳権が被疑者・被告人らにとって刑事訴訟法における最重要の権利の一つであると理解されている所以であろう。刑事手続において、必ずしも被疑者・被告人に対して母語を使用する権利が保障されるわけではないが、防御権保障に必要な範囲で通訳・翻訳権が保障される必要がある[86]。

以上見たように、被疑者・被告人が外国人である場合には、無償の通訳権を保障することが、その主体的地位を保障し公正な裁判を実現する上で不可欠の要素であると考えられるが、わが国においてこれに関する明文の規定は存在しない。刑事訴訟法175条は、被告人の通訳権の保障について規定するが、一般的に通訳の費用は訴訟費用に含まれるとされており（刑事手続の費用等に関する法律2条）、仮に実務上裁判費用が免除されるような運用がなされているとしても（刑事訴訟法181条）、この問題は立法によって解決されるべきである[87]。

また、捜査においては裁判手続での通訳人に対して要求されるほどの能力や中立性が確保できなくてもやむを得ないとされる傾向があるとの指摘がある[88]。実際に、無償の翻訳権について規定する国際自由権規約14条3項fは、捜査手続をその対象としないとする裁判例がある[89]。供述調書が証拠採用されることが多い現行実務の実情を考えると、不正確な通訳を介して外国人被疑者の取調べが行われる可能性があることには、大きな問題があるといえる。

被疑者・被告人の権利保障にとって、通常、弁護人が極めて重要な役割を担うものではあるが、被疑者・被告人が外国人であって、手続において使用される言語を十分に理解出来ない場合、弁護人の援助を有効に受けるためにも通訳人の援助が必要となる。既述のように、被疑者・被告人にとって弁護人との接見交通が非常に重要となることから、弁護人との接見時に通訳人が必要となることはいうまでもなく、通訳人の同行のために接見禁止処分の解除（刑事訴訟法81条）を求める必要はないとされるべきである[90]。また、刑事手続において、被疑者・被告人に対して認められるとされる諸権利について、これを有効に行使するために必要であると認められる範囲において[91]、通訳権の保障が認められなければならないのであって、以上の点についても立法による解決が望まれる。また裁判所は、通訳人が行う通訳の内容について、それが被疑者・被告人が行う防御活動にとって十分であるかを審査し、仮にこれが十分でないと判断される場合には代わりの通訳人を選任するなどの措置を取るべきである[92]。通訳・翻訳人の質的保障についても、わが国の刑事訴訟法は何らの規定も置いておらず、実際に誤訳等により被告人の人権侵害が起こっているとの指摘がされる[93]。訴訟指揮権を有する裁判所には、通訳・翻訳人の質的保障をも含めた公正な裁判の実現を担う存在であることが期待されるのであり、不適切な通訳・翻訳を職権で是正し、その適正化をはかることが求められる[94]。

6　小　括

以上、わが国の刑事手続における被疑者・被告人に対する告知権に関する問題、証拠開示に関する問題、証人尋問権に関する問題、弁護人依頼権・接見交通権に関する問題、通訳・翻訳権に関する問題について若干の考察を加えた。これらの要素は、そのいずれもが被疑者・被告人が刑事手続において自らが置かれている状況の現状を把握するための情報収集を行い、当該情報を基礎として国家が主たる運用を担う刑事手続において自らの主体的地位を確保するために重要なものとなるが、わが国においてこれが十分に満たされていない現状があることが明らかになった。

第3節　おわりに

被疑者・被告人は、刑事手続制度に関する十分な知識をもたないことが一般的であるため、できるだけ早期に弁護人の援助を受けることが防御活動を行う際に不可欠となるが、そもそも被疑事実の告知がされなければ防御活動自体を行い得ない。また、刑事手続において攻撃・防御側双方の主張の基礎には証拠による一定の事実の証明が必要となることから、証拠収集活動こそがすべての訴訟活動の基本となる。しかしながら、証拠収集能力に関して刑事捜査・訴追機関のそれと被疑者・被告人、これを援助する弁護人のそれとでは圧倒的な差があり、実質的武器対等の観点からも特に警察、検察の証拠開示の必要性が強調されてきた。また、被疑者・被告人が外国人であり日本語を十分に解し得ない場合には、通訳・翻訳人の援助も重要となり、これを欠く場合には訴訟進行の把握どころか弁護人との十分な意思疎通を行うことすらもできないということになってしまう。

以上に関してわが国の現状を見ると、公正な裁判原則の要請を満たした法の整備、刑事手続の運用が十分に行われているとはいえない実情がある。公正な裁判原則の求める要請は、被疑者・被告人の刑事手続上の人権保障の実現にとって必要となる最低限基準を示すものにすぎず、国家に対して過大な負担となるような高すぎる水準の要求をするものではない。先に見たように、わが国においても憲法13条及び憲法31条以下の規定を窓口として、公正な裁判原則の具体的内容を刑事法規範の解釈に援用できる可能性があることから、これを踏まえた刑事手続の運用が求められると理解することもできるように思われる。わが国の刑事手続上の被疑者・被告人に対する権利保障について、より一層の改善が求められるのであり現行法がカバーできない部分については立法的措置をも含めた根本的対策が必要となる。

注

1　最大判昭37年11月28日刑集16巻11号1593頁。

2　久岡康成「起訴状の役割及び訴因の機能と防禦―Accusation の性質及び理由の告知を受ける権利（ECHR 6§3(a)）と2012年 EU 指令を参考に―」立命館法学345・346号661頁（2012年）。

3　酒巻匡「審理・判決の対象(1)」法学教室375号85頁、88頁（2011年）。

4　久岡・前掲註(2)・661頁。

5　中浜辰男『米国刑事手続手続における訴因』13頁（司法研修所、1954年）。

6　起訴状の果たす役割について、起訴状の記載内容をめぐって争いがあった。すなわち、訴因の区別機能を基準とする「識別説」と、訴因の防御機能を重視する「防御権説」の対立である。防御権説の立場に立った場合、訴因の特定ができないという批判がされるが、これは本来的なものではないという反論がされている。以上、起訴状の役割をめぐる争いについて、田口守一『刑事訴訟法〔第6版〕』209頁（弘文堂、2012年）。訴因の特定にとどまらず、争点の明確化等によっても防御権保障を行うことができる。しかしながら、被疑者・被告人は起訴状の送付によって自らに向けられた被疑事実について、初めてこれを正式に伝達されることになり、その内容をもとにして公判における防御計画を立てることになる。起訴状記載の内容にのみ基づいて、防御計画が立てられるわけではないにしても、被疑事実の具体的内容について、早期にこれを知らされる必要があることから、起訴状についても被疑者・被告人の防御権保障に資する機能を認めるべきであろう。

7　大久保隆志『刑事訴訟法』170頁参照（新世社、2013年）。

8　後藤昭＝白取祐司編『新・コンメンタール刑事訴訟法〔第2版〕』478-479頁〔多田辰也〕（日本評論社、2013年）。

9　大久保・前掲註(7)・250頁。

10　従来から行われてきた、訴訟指揮権の行使による証拠開示命令と、争点整理のために行われる証拠開示はその性質を異にしており、現行刑事手続において共存することができるとする見解が主張されている。以上について、大久保・前掲注(7)・254頁参照。現行法規定における証拠開示は、判例における運用はともかくとして、あくまでも公判前整理手続を前提としているものであり、これを補完する役割を担うものとして従来制度を利用するということが考えられるであろう。

11　白取祐司「刑事証拠開示の諸相」札幌学院法学第30巻2号197頁（2014年）。

12　証拠開示の類型は、検察官請求証拠開示（刑事訴訟法316条の14）、類型証拠開示（316条の15）、被告人、弁護人請求証拠開示（刑事訴訟法316条の17）、被告人、弁護人がする主張関連証拠開示（316条の20）、に大別される。以上いずれの類型についても、第一次的に開示・不開示を決定するのは検察官なのではあるが、当事者は裁判所に証拠開示請求を行うことができる（刑事訴訟法316条の26）。

13　白取・前掲註(11)・198頁。

14　①最三決平19年12月25日刑集61巻9号895頁、②最一決平成20年6月25日刑集62巻6号1886頁、③最一決平成20年9月30日刑集62巻8号2753頁等。①の事案において、証拠開示の範囲は検察官の手持ち証拠に限られず、捜査機関において保管される書面にも及ぶとされた。②、③の事案において、警察官の捜査メモは証拠開示の対象となり得るものとされ、特に③の事案において、警察官個人が私費で購入したノートも証拠開示対象となり得るとされた。

15　しかしながら、最高裁における証拠開示規定についての解釈には無理があり、結果的に証拠開示範囲の不明確化を招き当事者間の争いを激化させるものである、とする批判もある。以上について、酒巻匡「証拠開示制度の構造と機能」酒巻匡編著『刑事証拠開示の理論と実務』25頁参照（判例タイムズ社、2009年）。

16　白取・前掲註(11)・214頁。

17　酒巻・前掲註(15)・11頁。

18　白取・前掲註(11)・214頁。

19　アメリカにおける証拠開示制度を参考として、検察側の収集した証拠、資料を被告人に再分配し両当事者がこれを共通して利用できる場を設けたうえで、両当事者が立証活動を展開しこれを公平かつ公正に裁判所が判断するということは、当事者追行主義の訴訟に他ならないとする主張がされる。以上について、酒巻匡『刑事証拠開示の研究』287-288頁参照（弘文堂、1988年）。

20　以上、わが国における証拠開示が制限的な理由に関して、斎藤司『公正な刑事手続と証拠開示請求権』365－366頁参照（法律文化社、2015年）。

21　例えば、ドイツにおいて、手続の迅速化、効率化を目指して全面的な証拠開示制度が導入された。ドイツにおける証拠開示請求権発展の経緯について、斎藤・前掲註(20)・257頁以下参照。

22　斎藤・前掲註(20)・367頁。

23　斎藤・前掲註(20)・375頁。

24　しかしながら、わが国では、近年、冤罪事件の問題を契機として最高検察庁から「検察再生の提言」が出されるなど、「公益の代表者としての」検察官の立場が強調されているように思われる。

25　斎藤・前掲註(20)・377頁。

26　田宮博士は、無罪推定原則が妥当する刑事手続において、必罰主義を目標とするのではなく、無罪を主張する被告人のために可能な限り防御機会を認めなければならず、「真実主義からデュー・プロセスへ」への転換を主張された。田宮裕『刑事手続とデュー・プロセス』249頁 -250頁（有斐閣、1972年）。
27　白取・前掲註(11)・218頁。
28　わが国において、一般的に当事者主義訴訟構造を採用するとされつつも、未だにこれを補完するものとして職権主義的制度が維持されている。従来からも、「表面だけの考察によって、当事者主義が職権主義を駆逐したものと考えるのは、刑事裁判の本質をみあやまるものだ」という指摘がされた。団藤重光『刑事訴訟綱要〔七訂版〕』87頁（1967年、創文社）。以上の指摘は、現在においても当てはまるものといえ、捜査手続における取調べの肯定、公判手続における訴因変更命令、等裁判官に幅広い裁量権が認められる事情等を考慮する必要がある。当事者主義、職権主義という表面的な分類に依存することなく、公正な裁判の実現に何が必要かという観点からの実質的な議論が求められよう。
29　斎藤・前掲註(20)・367頁。
30　斎藤・前掲註(20)・373-374頁。
31　斎藤・前掲註(20)・375頁。
32　斎藤・前掲註(20)・381。
33　わが国の現状について、斎藤・前掲註(20)・382-383頁参照。
34　斎藤・前掲註(20)・383頁。
35　捜査の密行性論と問題点について、斎藤・前掲註(20)・387-389頁。
36　平場安治ほか『注解刑事訴訟法・中巻』683頁〔鈴木重嗣〕（青林書院、1982年）。
37　最大判昭24年5月18日刑集3巻6号789頁。
38　田宮裕『刑事訴訟法〔新版〕』366頁（有斐閣、1996年）。
39　田口・前掲註(6)・397-398頁。
40　大久保・前掲註(7)・345頁。
41　これは、主に英米法における伝聞例外の考えかたに準ずるものであろう。以上に関して、渡辺直行『刑事訴訟法〔第2版〕』470頁（成文堂、2013年）。
42　渡辺・前掲註(41)・470-471頁。
43　本条の規定の合憲性について言及するものとして、田宮・前掲註(38)・383頁（有斐閣）。
44　高田卓爾『刑事訴訟法〔2訂版〕』227頁（青林書院、1984年）。
45　渡辺・前掲註(41)・473頁。
46　渡辺・前掲註(41)・473頁。
47　最大判昭和27年4月9日刑集6巻4号584頁は、本条前段を合憲とするが、違憲の疑いを指摘する見解として、例えば、江家義男『刑事証拠法の基礎理論〔訂正版〕』98頁（有斐閣、1953年）。
48　例えば、平野龍一『刑事訴訟法』209頁（有斐閣、1958年）。
49　渡辺・前掲註(41)・478頁。
50　最決昭和32年9月30日刑集11巻9号2403頁。
51　名古屋高判昭和30年7月12日裁特報2巻15号770頁。

52　石井一正『刑事実務証拠法〔第５版〕』168頁（判例タイムズ社、2014年）。
53　石井・前掲註(52)・169頁、渡辺・前掲註(41)・479頁。
54　例えば、実務上、刑事訴訟法321条１項２号にいう相反性は「主尋問に対する供述のみに限らず、反対尋問に対する供述を含むものと解するのが相当」であるとされている（東京高判昭和30年６月８日高刑集８巻４号623頁）。以上に関して、渡辺・前掲註(41)・481頁参照。
55　渡辺・前掲註(41)・481頁。
56　最判昭和30年１月11日刑集９巻１号14頁。
57　石井・前掲註(52)・176頁。
58　丸山哲巳「裁判員裁判において刑事訴訟法321条１項２号後段による検察官面前調書（いわゆる２号書面）の採否が問題となる事案の審理について」『植村立郎判事退官記念論文集―現代刑事法の諸問題』第３巻（公判前整理手続及び裁判員裁判編）389頁（立花書房・2011年）。
59　井田良／井上宜裕ほか編『浅田和茂先生古稀祝賀論文集［下巻］』小山雅亀「公判期日前の証人尋問制度再考の必要性」273頁289頁（成文堂、2016年）、安冨潔「刑事訴訟法第227条について」慶応法学第27号189頁以下参照（2013年）。
60　刑事訴訟法227条１項の立法趣旨について、安冨・前掲註(59)・193頁参照。
61　安冨・前掲註(59)・218頁。
62　安冨・前掲註(59)・217頁。
63　江家・前掲註(47)　３－４頁。
64　ヨーロッパ人権条約６条３項ｄにおいて、被告人に対して認められる証人尋問権の保障は、公正な裁判を求める権利の一つであるとされる。公正な裁判を求める権利は、刑事手続における被疑者・被告人の法的地位の保障のために最低限認められるべき権利保障について定めるものであるとされ、被告人の基本権保障に基づくものであるとされるのである。
65　本条にいう「刑事被告人」に、被疑者も含まれるかについて議論がある。判例は、憲法37条の規定にいう「刑事被告人」は「公訴提起後の被告人に関する規定であって、これが公訴提起前の被疑者についても適用されるものと解する余地はない」とする（最大判平成11年３月24日民集53巻３号514頁）。
66　2018年６月１日、改正刑事訴訟法の施行により、勾留されている全ての被疑者は、国選弁護人を請求できることとなった。しかしながら、逮捕時点で被疑者がその資力に欠ける場合、国費による弁護人を請求できないというのは、被疑者にとっての公正な裁判の実現を阻害し、妥当ではない。
67　2016年の刑事訴訟法改正によって、裁判員裁判対象事件、検察独自捜査事件等において、取り調べの録音・録画制度が導入されることになった。しかしかながら、同制度は、身柄拘束中の全ての被疑者取り調べを対象とするものではない点に留意されるべきである。
68　白取祐司『刑事訴訟法〔第７版〕』194頁参照（日本評論社、2012年）。

69　最大判平11・3・24民集53巻3号514頁。
70　この問題について、本稿第2章5.(3)参照。
71　最大判昭23年5月5日刑集2巻5号447頁。
72　法学協会（編）『註解日本国憲法上巻』643頁参照（有斐閣、1953年）。
73　渋谷秀樹『憲法』230頁（有斐閣、2007年）。
74　白取・前掲註(68)・194-195頁参照。
75　最大判平11・3・24民集第53巻3号514頁。
76　小早川義則「接見交通の現状と課題」法律時報79巻12号53頁参照（2007年）。
77　田口・前掲註(6)・349頁。
78　捜査機関等によって不当な接見交通権の制限が行なわれた場合にされた自白排除の根拠として、当該自白の任意性が否定されるとするもの（河上和雄「弁護権侵害により得た自白」警察学論集34巻9号134頁参照（1981年））、違法な接見制限によって得られた自白に対して、その手続きの違法性から証拠能力が否定されるとするもの（田宮・前掲註(38)・349頁以下参照））、弁護権侵害の程度が著しく、その保障の趣旨を没却するほどの高度な違法性を伴う場合に、当該自白が排除されるとするもの（谷口敬一「弁護権侵害による自白」判例タイムズ397号30頁参照（1979年））、等がある。
79　不当な接見交通権の制限を認定しながらも、捜査段階でされた自白の任意性についてこれを肯定した判例がある。本件事案において、最高裁は、当該自白のなされた前日に被疑者と弁護人の接見が行なわれた事実を重要視し、自白の任意性を肯定したものである（最二決平1・1・23判時1301号155頁）。接見交通権の制限が、自白の証拠能力について与える影響について、自白の任意性に関わるもの以外にも、当該接見制限による被疑者の防御権への影響が、国際自由権規約14条の規定に抵触するものでないかについて、当該刑事手続全体についての総合的判断が行われなければならない。
80　最大判平11・3・24民集53巻3号514頁。
81　田中優企「接見交通権の新局面(3)」法学新報115巻1・2号137頁（2008年）。
82　田中・前掲註(81)・136頁参照。
83　渡辺・前掲註(41)・198頁参照。
84　近年では初回接見の重要性が認識されており、判例にも初回接見の場合に捜査機関の接見指定権に一定の制限を課す判断を行ったものがある（最二判平12・6・13民集54巻5号1635頁）。
85　以上について、一部実務においては、電話等の手段による接見を認める。近年の通信機器の発達により、被疑者と弁護人との接触が、物理的な理由から一切不能である場合というのは最早想定できないのではないだろうか。取り調べの最中であっても、被疑者が弁護人とのコンタクトを希望し、それが不当に捜査の遅延等を企図したものではない限り、ごく短時間であっても、出来る限りこれを許容すべきであろう。
86　坂巻静佳「刑事裁判手続において通訳の援助を付する自由権規約上の義務の射程」水野かおる＝津田守編『裁判員裁判時代の法廷通訳人』267頁、280頁（大阪大学出版会、2016年）。

87　田口・前掲註(6)・131頁参照。

88　後藤昭＝白取祐司編・前掲註(8)・364頁〔淵野貴夫〕。

89　東京高判平４・４・８判時1434号140頁。

90　後藤昭＝白取祐司編・前掲註(8)・365頁参照〔淵野貴夫〕。

91　被疑者・被告人の権利行使に必要な範囲で通訳・翻訳権の保障がされなければならない。具体的には、逮捕状に示された被疑事実の内容、自らの罪責の証明となるような裁判資料等が対象となるべきであり、また上訴審が行なわれる予定がある際には、原審となる裁判所における判決もその対象となろう。

92　通訳の正確性を事後的に点検するために、公判はもちろん捜査手続段階における録音が行われることが求められるように思われる。

93　坂巻・前掲註(86)・268頁。

94　坂巻・前掲註(86)・292頁。

終　章　結論

本書では、刑事手続における公正な裁判について、主にヨーロッパ人権条約6条及び国際自由権規約14条が定める公正な裁判原則に関する議論を素材として研究を行った。また、公正な裁判原則とわが国において広く浸透している適正手続論との比較検討を行うことで、わが国の刑事手続における諸問題を検討し、わが国の刑事司法制度が被疑者・被告人の主体性を尊重し運用されているかについて考察を行った。本書における研究を通じて明らかになったのは以下の通りである。

ヨーロッパ域内における人的、物的資源に関する移動の自由が促進されるに伴い、犯罪のヨーロッパ化、刑事訴追のヨーロッパ化という問題が顕在化している。これに伴う、刑事手続における共通基準の構築が模索されており、刑事捜査・訴追に関わるものはもちろん、ヨーロッパ域内における被疑者・被告人の法的地位の保障を目指した議論も活発に行われている。以上の状況において、公正な裁判原則は、ヨーロッパ域内の刑事手続における中心的基準として認識されるものではあるが、これはあくまでも刑事手続における最低限基準を示すものに過ぎず、各条約締約国においては公正な裁判原則が示す内容に加えて、さらなる被疑者・被告人保護に関する措置を講ずることが求められる。公正な裁判原則は、刑事手続における理想を示すものではなく、あくまでも最低限守られるべき基準を示すものに過ぎないが、同原則が求める水準は決して低いものではない。実際に、人権裁判所による人権条約違反が指摘された結果、ドイツ等、ヨーロッパ諸国において刑事司法制度に関する法改正が行われた例も多い。以上のように、ヨーロッパ、とくにドイツにおいて、ヨーロッパ人権条約6条が示す公正な裁判原則は、国際的基準であり、常にこれが遵守されなければならないと認識がされている。特に、ドイツにおいては国際法的基準に対して常にこれを尊重する姿勢がうかがわれ、刑事法実務家からもその影響力の大きさは十分に認識されている。公正な裁判原則等、国際法的基準は学界においても肯定的に受けとめられている。例えば、ヨアヒム・フォーゲル元ミュンヘン大学教授は、国際法的基準は、国際社会に対する信頼性を確保するためにも常に遵守されなければならず、実効力確保のために必要な措置を講じる義務を国家が負うものであると主張する[1]。

わが国の批准する国際自由権規約14条も公正な裁判原則について規定しており、その構成はヨーロッパ人権条約６条のそれと内容的に類似する部分が多い。国際自由権規約が採択された経緯からしても人権条約からの影響を受けていることがうかがわれ、その具体的内容の解釈についても両者のそれが一致する部分が多いと考えられる。しかしながら、わが国の裁判所は、国際自由権規約を適用して事件処理を行うこと及び、国内法の解釈に援用することには消極的であり、国際条約の国内的効力の問題が顕在化する。ドイツにおいても、公正な裁判原則の有用性が認められる一方で、国際法に由来する原則を国内において直接適用することに対しては批判的な意見も存在し、国内憲法規範にその正当化根拠を見いだすべきであるという主張がされる。公正な裁判原則は、公平な裁判所における公正な聴聞、無罪推定原則、被疑者・被告人に対して認められなければならない権利保障の三つの要素からなり、各要素の相互作用によって刑事手続における公正な裁判の実現を図るものであるといえよう。ドイツにおいて、被疑者・被告人が刑事捜査・訴追という国家的活動の客体となってはならないとする考えから、人間の尊厳（§ 1 Abs. 1 S. 1 GG）を公正な裁判原則の根拠の一つであるとする。更に、人間の尊厳を前提とした刑事手続の実現は、ドイツにおける国家目標の一つであるとされることから、公正な裁判の実現は法治国家原則の重要な要素の一つであると考えることができる（§ 20 Abs. 3 GG）。以上のように、ドイツにおける公正な裁判原則の国内法的根拠として、基本法１条１項及び20条３項を挙げることができ、両規定はわが国において憲法13条（個人の尊重、尊厳）及び31条以下（適正手続論）の規定と対応関係にあると考えることができる。わが国においても、被疑者・被告人には刑事手続においてその尊厳の保障を前提とした取り扱いを求めることができると考えることができ（憲法13条）、その具体的内容は憲法31条以下の要請を満たしたものである必要がある。刑事手続は国家が主たる運用主体となることから、憲法から要請された被疑者・被告人（個人）が尊厳主体として取り扱われることを実質的に保障する義務は国家に課せられることになる。以上に関して、わが国の刑事手続に関する憲法規範の解釈を見ると、被疑者・被告人の取り扱いに関して公正な裁判原則の要請と比して不十分な部分が認められるが、わが国の国内裁判所において国際法上の原則が直接適用されないとする立場に立つ場合でも、憲法13条及び31条の規定を媒介として公正な裁判原則を国内法解釈に援用することが可能となる（憲法98条２項）。

公正な裁判原則の示す内容は、被疑者・被告人の人権保障を前提とした公正な裁判の実現にとって最低限基準となることから、これに反する刑事捜査・訴追機関の行動によって得られた証拠によって証明された事実に基づく裁判が行われた場合、当該裁判の公正性は否定されることになる。このような事態に対処するため、問題のある刑事捜査・訴追機関の行動によって獲得された証拠を手続から排除するという方法が考えられるが、排除法則の適用によって被害者及び公益にとって不当な結果がもたらされてはならない。公正な裁判原則は人間（個人）の尊厳を前提とするが、刑事手続における被疑者・被告人の尊厳保障を考える際にも、被疑者・被告人、国家との関係はもちろん、これに社会全体、犯罪被害者との関係をも考慮した議論がされる必要がある。刑事手続における問題は、いわゆる法的三極関係が考慮され論じられなければならないのであるから、被疑者・被告人の人間の尊厳保障の相対化が想定されるべき場面もあり、公正な裁判原則の内容についても他者との関係において相対的に考えられるべきであるとの主張もあり得る。実際にわが国における排除法則の現況を見ると、刑事捜査・訴追機関の違法性が肯定される場合にも、公共の福祉との関係を考慮してか証拠排除が否定されるという裁判所の判断が多く見られる。これに対して、公正な裁判原則は最低限の基準を示すものであり、この例外を認めるべきではないという反論もされる。以上に関して、刑事手続において被疑者・被告人に認められる権利保障のうち、他者の権利・利益及び公共の利益との比較衡量に開かれた部分とそうではない絶対的保障が認められなければならない要素が存在するというのが本書の立場である。とはいえ、わが国における刑事手続に関する憲法規範の解釈が不十分であることに加えて、刑事訴訟法規範においても証拠法について法の欠缺ともいえる状況が生じていることも事実である。このような事態は、刑事捜査・訴追機関の法的統制を行い難くすることからわが国の最高裁が強調する排除法則の違法捜査抑止の観点からも問題があるが、何よりも被疑者・被告人が自らの訴追に用いられる証拠について争う機会を不当に奪われるという事態をも招きかねない。近年、GPS 捜査の許容性をめぐる問題を契機として、わが国の刑事捜査・訴追機関の行動に対する法的規制のあり方が再検討されている。ここでは、従来の強制処分法定主義と令状主義を中心とした捜査方法に対する統制方法の見直しまでをも含めた議論が行われており、技術革新によって発展を続ける新しい捜査手法に対する法整備の必要性が主張されている[2]。

また、わが国の刑事手続における被疑者・被告人の権利保障水準が十分ではない部分が散見される。公正な裁判原則の要請と比較すると、告知権に関する問題、証拠開示に関する問題、証人尋問権に関する問題、弁護人依頼権・接見交通権に関する問題、通訳・翻訳権に関する問題が顕在化してくる。これらの諸問題を解決しないことには、刑事手続における被疑者・被告人の主体性の尊重を前提とした公正な裁判の実現は困難となるが、その為には国家による作為的介入、特に制度的保障に向けた立法的措置が必要となる。

国際自由権規約についての報告書等から日本政府の見解を推察するに、わが国において公正な裁判原則の内容を満たした刑事司法制度の構築が行われているとされているが、上記の問題が存在することに加え、国内裁判所において公正な裁判原則等、国際条約における基準が示す内容について、これを考慮する必要性は低いとする裁判例が散見される。昨今わが国においても、国際化、グローバル化の重要性が認識されているように思われるが、刑事手続に関する国際条約上の基準に対する刑事司法の姿勢は必ずしも積極的なものであるとはいえない。わが国が今後、国際化、グローバル化を更に推進していく（いかざるを得ない？）のであれば、国際自由権規約14条及びヨーロッパ人権条約６条において示される「公正な裁判原則」、すなわち刑事手続における最低限基準と、わが国の刑事手続における現行法制度との乖離を埋めていくことについて、真剣に検討し立法等問題解決のための具体的な措置を講じていく必要がある。

本書は、ヨーロッパにおける議論を参照しながら刑事手続における公正な裁判について研究したものであるが、ここでいうヨーロッパとはドイツ視点から見た一つのヨーロッパ像に過ぎないという見方をすることもできる。本書における公正な裁判原則の検討には不十分な部分も多いことを認めざるを得ない。ヨーロッパ人権条約に関する申立の処理機能が認められるヨーロッパ人権裁判所判決は、フランス語、英語で書かれており、公正な裁判原則の研究についてもフランス、イギリス等の視点を取り入れながら更なる検討を行う必要性がある。この点については今後の課題としたい。

注

1　*Vogel*, Perspektiven des internationalen Strafprozessrechts, 2002, S. 54ff.

2　例えば、笹倉宏紀「総説（小特集強制・任意・プライヴァシー「監視捜査」をめぐる憲法学と刑訴法学の対話）」法律時報87巻５号58頁以下参照（2015年）。

著者紹介

水 野 陽 一（みずの よういち）

1983年　山口県に生まれる

2006年　広島大学法学部卒業

2010年　ドイツ学術交流会奨学生としてドイツ・テュービンゲン大学留学

2012年　日本学術振興会特別研究員、ドイツ・ミュンヘン大学留学

2014年　広島大学大学院社会科学研究科博士課程後期単位取得退学

現　在　北九州市立大学法学部准教授

博士（法学）（広島大学）

公正な裁判原則の研究

2019年3月20日　初版第1刷発行

著　者　水　野　陽　一

発行者　阿　部　成　一

162-0041　東京都新宿区早稲田鶴巻町514

発行所　株式会社　成　文　堂

電話 03(3203)9201(代)　FAX 03(3203)9206

http://www.seibundoh.co.jp

製版・印刷　藤原印刷　　製本　弘伸製本

ISBN978-4-7923-5274-5　C3032　検印省略

定価（本体4500円＋税）